中國學術思想 研究輯刊

九 編

林 慶 彰 主編

第 18 冊

朱子對《論語》的詮釋

鄧 秀 梅 著

孟子民本思想之研究

沈 錦 發 著

花木蘭文化出版社

國家圖書館出版品預行編目資料

朱子對《論語》的詮釋　鄧秀梅 著／孟子民本思想之研究
沈錦發 著 — 初版 — 台北縣永和市：花木蘭文化出版社，
2010〔民 99〕
目 2+118 面＋目 2+124 面；19×26 公分
（中國學術思想研究輯刊 九編；第 18 冊）
ISBN：978-986-254-284-2（精裝）
1.（宋）朱熹　2.（周）孟軻　3.論語　4.學術思想
5.研究考訂　6.民本思想
121.227　　　　　　　　　　　　　　　　　99014471

ISBN - 978-986-254-284-2

9 789862 542842

中國學術思想研究輯刊
九 編　第十八冊　　　　　　ISBN：978-986-254-284-2

朱子對《論語》的詮釋
孟子民本思想之研究

作　　者　鄧秀梅／沈錦發
主　　編　林慶彰
總 編 輯　杜潔祥
出　　版　花木蘭文化出版社
發 行 所　花木蘭文化出版社
發 行 人　高小娟
聯絡地址　台北縣永和市中正路五九五號七樓之三
　　　　　電話：02-2923-1455／傳眞：02-2923-1452
網　　址　http://www.huamulan.tw 信箱 sut81518@ms59.hinet.net
印　　刷　普羅文化出版廣告事業
封面設計　劉開工作室
初　　版　2010 年 9 月
定　　價　九編 20 冊（精裝）新台幣 33,000 元

朱子對《論語》的詮釋

鄧秀梅　著

作者簡介

鄧秀梅，中國文化大學哲學博士，曾任教於華梵大學中文系，現為環球技術學院通識教育中心副教授。著有《儒學中有關「天命流行」一義之探討》、《儒家心學解易與道德形上學的心氣之論》。

提　要

　　本書主要從朱熹註解《論語》的注文探討他的哲學內容與特色，自三個角度切入：朱子論仁、朱子論聖人、朱子論天。「仁」不僅是孔子全幅生命的精神重心，也是整個儒學發展的根本基石。觀朱子註解《論語》有關「仁」的章節，可充分見出朱子如何論述道德原理，由此也能引申出他對「聖人」的看法，進一步還可推述朱子關於形而上之「天」的理論。這三個觀點環環相扣，一方面呈現《論語》的中心內涵，另一方面也勾勒出朱子的哲學體系，讀者可由此書同時掌握《論語》與朱子的哲學思想

目次

第一章　緒　論

　　朱子，諱熹，字元晦，南宋理學大家。自師事李延平以來，一生精力全注於孔、孟聖學之參研力行。其人爲學重思辨分解，概念分析極強，前人無能出其右；兼之好學博聞，兼採北宋諸家之說，遍註群經，此亦是古人所無，因之多有譽朱子爲理學之集大成者，或目之爲孔、孟道統之傳統者。然至近代，多位學者深研朱子學問之後略有不同之看法：錢穆先生以爲朱子於理學中確是一集大成者，其人著有《朱子新學案》專論朱子之學；〔註1〕唐君毅先生則以爲朱子與象山、陽明都是儒家義理規模之中可以發展出來的兩個不同形態，並無孰爲正宗之別；〔註2〕至於牟宗三先生則獨樹一幟，他認爲朱子乃是「別子爲宗」，爲證明此一觀點，牟先生於《心體與性體》第三冊專論朱子之學有別於孔、孟心學，以證證成他的看法。〔註3〕

　　另外大陸學者陳來先生則將整個宋明理學分爲四個階段：氣學、理學、心學及物學，而以朱子爲理學階段集大成者。〔註4〕

　　上列數位學者的見解都極其寶貴，每人均是下極大功夫方提出自己認爲最恰當的評斷。但是吾人面對數種不同的見解總不能盲目地全盤接受，最終仍是要擇一而從，於是吾人依舊要親自登臨朱子學問的殿堂。然而朱子之學何其浩翰！除《語類》一百四十卷之外，尚有《文集卷》、《精義》、《或問》，動輒上百卷，另外還有不收錄的經註，亦不可勝數。如此龐大的書冊典籍，

〔註1〕參見錢穆，《朱子新學案》第一冊「朱子學提綱」部分。
〔註2〕參見唐君毅，《中國哲學原論・原性篇》之附篇「朱陸異同探源」。
〔註3〕參見牟宗三，《心體與性體》第一冊「綜論」部分。
〔註4〕參見陳來，《朱熹哲學研究》「引言」部分，頁12至14。

吾人應由何處著手？誠為一大問題。所幸朱子學問雖博，理論系統卻是一以貫之，脈絡條理分明，每一觀念皆承自另一觀念而來，非虛妄而發，因此只要由一概念或一理脈而入，皆能通達整個系統；待其系統浮顯朗現，即可與《論》、《孟》作一對照，當可察覺朱子是別子為宗，還是儒學之集大成者。

由於朱子遍註群經，尤屬《四書章句集註》更是他畢生精血所注，緣於《四書》尤其《論語》一書，乃孔門薪傳的大本初源，欲知儒學為何，必讀《論語》。昔程子曰：「學者當以《論語》、《孟子》為本。《論語》、《孟子》既治，則《六經》可不治而明矣。」又曰：「學者先讀《論語》、《孟子》，如尺度權衡相似，以此去量度事物，自然見得長短輕重。」可知論語之重要。而朱子不論註解何書，大抵其註解皆不離其系統宗旨，是以欲求其學問理路之彰顯，除《朱子語類》之外，自其所註之書入手亦是可行之徑；且又欲與孔門之學作一對照，直接由〈論語章句集註〉著手研究，應是最佳途徑，可收一石二鳥之效，由此本論文《朱子對論語的詮釋》就在此機緣下寫成。

縱觀《論語》全文，文雖簡要，但所涵蓋之層面亦甚廣泛，蓋孔子所學，舉凡射、御、書、數、禮、樂無所不精，雖然孔子曾道：「君子多乎哉？不多也。」但其本人確實為一「天縱之聖」而又多能也。蓋孔子之踐仁，是在日用之間下學而上達，所學有何止境？故孔子無所不學，其人不只德業隆盛，亦兼為一音樂家、政治家、史學家……等，朱子欲註解《論語》，當然對孔子所涉獵之範圍亦應知之。可是本人才疏學淺，又兼本論文宗旨乃在於朱子道德哲學之考究，故於《論語》中所涉及之歷史意識、音樂、美學等，皆略而不談，以求論文之簡潔完整。

本文擬欲自三個角度闡述朱子如何詮釋《論語》：朱子論仁，朱子論聖人，朱子論天。首先「仁」是整部《論語》的中心概念，是孔子畢生念念在茲的精神理念，欲了解孔子的生命方向，首要了解「仁」的意義。朱子之註解《論語》，當然得對「仁」，這個《論語》的核心要旨，有所認識。前文曾提及朱子之學問系統甚為一貫，由某一概念而入自然可通達整個體系，故本文由「朱子論仁」為始，詳考其如何詮釋孔子所言之「仁」，再配合《語類》中朱子與其門人的討論，又兼之以《論語或問》之記載，務必呈露朱子對「仁」之定義解釋背後所隱伏的義理體系，再與其他理學家互相比照，凸顯朱子之學問性格，最後重審《論語》原文，細度孔子「仁」之意涵，以決定朱子的解釋是否洽合孔子的本意。

　　從朱子對仁的解釋又可引申他的修養工夫論，畢竟「仁」不能只是紙上空談，尚須付諸實踐力行。而什麼形態的工夫論即可模擬出什麼樣的聖人，所以自朱子的「格物致知」之工夫論可察及他對聖人的看法，再加上《論語》的註解更可清楚烘托出朱子的聖人觀。明白了朱子的聖人觀，又可再一次印證他的學問體系之特色。

　　最後聖人之所以為聖人，其道德心性的超越根據亦需瞭解明白。孔子踐仁知天，孟子盡心知性以知天，「天」之超越意識在兩位聖賢心中亦有不可輕估的份量。「知天」即代表了孔子於踐仁修德中充分證知宇宙真理，儒家之道德哲學必需至此方為圓足充盡，故「天道」、「天命」之意識不可輕忽。朱子亦充分了解這一點，故其討論天道的內容篇幅甚多；而就其討論天道之觀點，吾人亦可發現朱子仍未偏離他的理論體系，而且幾乎是以討論天道之觀點－理氣論－做為他的學問基石，一切觀念皆由此發展引申，故「朱子論天」一單元必需充分討論，方能徹底完整地將朱子之學展露無餘。

　　自下一章始即討論朱子如何論仁，第三章討論朱子如何論聖人，第四章討論朱子對孔子天論的解釋，最後一章則總論朱子的學問系統是否真符合孔、孟道統，再作一評斷。本論文的安排次序大致如此，期能達到既能凸顯朱子的學問體系，又能予以定位，此乃本文最終的宗旨。

第二章　朱子論仁

　　孔子於《論語》中處處說仁，時常以仁訓示門人弟子，且不輕許人爲仁者。孔門弟子皆知仁在夫子學問中的重要地位，也無不以問仁之方式來做爲入德之徑。仁，既然是整部《論語》核心要旨，亦是解悟孔子全幅德性生命的關鍵，那麼朱子是如何闡釋這個仁？他們詮釋的是否全合於孔子的心意？畢竟孔子並無明白確定的定義來規定仁，僅是以隨機指點的方式指點學生，其中多有含蓄未盡處，留予後人很大的發展空間。朱子乃一窮理問學之學者，自是要對孔子所談之仁作一明確解釋，只是此解析是否道盡孔子未明說之心意？抑是朱子依其自己的理解方式，即循其理論系統的架構而套在孔子的仁上？學者依其本身的理解方式來理解對象知識，這不算錯，只是此理解是否客觀而貼切，則須謹慎衡量。

　　朱子學力深厚，遍註群經，所註之經典或多或少皆附有其思想色彩，故由其對《論語》的註解可看出朱子對仁的看法，間接得出他的理論架構，再與《論語》原文及其他理學家作一比較，即可見出朱子對仁的詮釋是否眞符合孔子本懷。本章擬欲從朱子的《四書章句集註》及《朱子語類》與《四書或問》等書中，找出與「仁」有關的條例，解析此等條例中所隱伏的理論架構，再者參考當代學人的相關見解，以求呈顯朱子對仁之完整識見；而後再與其他理學家作一比較，以突顯朱子獨特的理論，也更可見出朱子之註解與《論語》的精神相符合的程度。

第一節 仁者，愛之理，心之德也──釋「仁者愛之理」之義

朱子平素對于經典所表達的觀念喜作清晰明確的定義，對於仁當然也不例外。此定義首見於〈學而篇〉第二章。

> 有子曰：「其爲人也孝弟，而好犯上者鮮矣。不好犯上而好作亂者，未之有也。君子務本，本立而道生。孝弟也者，其爲仁之本與！」

《集註》曰：「仁者，愛之理，心之德也。爲仁，猶曰行仁。」這就是朱子對「仁」所下的定義，只是此定義中所用的辭語觀念，若不參看《語類》的討論，恐怕仍是一頭霧水。何謂「仁者愛之理」？《語類》中有一條例：

> 「仁者愛之理」，只是愛之道理，猶言生之性，愛則是理之見於用者也。蓋仁，性也，性只是理而已。愛是情，情則發於用。性者指其未發，故曰「仁者愛之理」。情既已發，故曰「愛者仁之用。」（卷第20，頁464）

人間處處可見愛的表現，諸如愛親、愛友、愛人、愛物等等皆是，這種種愛的活動何以能夠存在？此乃由於有「愛之道理」使之存在，是「愛」之所以然的道理。有「然」，就有「所以然」之理，譬如言生之性，生之所以然者謂之性，爲何有「生」，由於有「所以生之理」，即是性也。「仁者愛之理」即同於「性者生之理」一般，仁，就是使愛之活動得以存在的理。

推而廣之，一切存在莫不有其所以存在的道理，使得存在不如此而如彼，這樣的理不可能是經驗之理，該當是超越之理，超越於存在物之上而定然有法則地使物如此如此。這種所以然的超越之理是由「然」上而見，亦是由「然」上溯逆推出來的。這種「以然推其所以然」的論證，是人的思辨推理的結果，西方哲人大多擅長此種推論方式，朱子亦然。

愛之活動表現是實際的存在，而所以使愛得以存在的理，就是仁。仁顯現於愛之活動上，如勉強分體用，則仁是體，愛是用，故言「愛則是理之見於用者也」。另外，「仁」這個超越之理，它不只是理，亦是性。理與性之差別在於側重的角度不同，說理，是就事事物物各有其則而言，說性，是就其全體而萬物所得以爲生者而言，其實爲一。（《語類》卷第5，頁82）這是朱子的見解。總而言之，仁不即是愛，兩者非同質亦非同層。仁是愛所賴以發生的超越的根據，是天所賦予，而人物所受之爲性之理；至於愛，則是展現仁的資具，它是氣化之情，沒有這個氣化之情爲憑藉，則仁之理無所著，只

是隱具於未發之性中，當遇事而發時，則爲愛之情，故言「性者指其未發」，而已發即是情。如以體用關係譬之，則仁是體而愛是用，可以由用上見體，卻不可喚用爲體。故《集註》特別引用程伊川之言以澄清兩者易被混淆的關係：

> 程子曰：「孝弟，順德也，故不好犯上，豈復有逆理亂常之事。德有本，本立則其道充大。孝弟行於家，而後仁愛及於物，所謂親親而仁民也。故爲仁以孝弟爲本。論性，則以仁爲孝弟之本。」或問：「孝弟爲仁之本，此是由孝弟可以至仁否？」曰：「非也。謂行仁自孝弟始，孝弟是仁之一事。謂之行仁之本則可，謂是仁之本則不可。蓋仁是性也，孝弟是用，性中只有箇仁、義、禮、智四者而已，曷嘗有孝弟來。然仁主於愛，愛莫大於愛親，故曰孝弟也者，其爲仁之本與！」

根據上述所論仁是性、愛是情這套「仁」性「愛」情的模式，朱子必將「孝弟也者其爲仁之本與」之「爲仁」解釋成「行仁」，否則義理不通。孝弟只是仁之事用，焉有用反成爲體之本？是以孝弟惟是行仁之本，非仁之本。蓋仁展現爲愛的活動時，必從孝弟開始，能孝弟方能愛民，愛民方能愛物。《語類》有多處表明仁與孝弟的關係，例如：

> 仁是性，孝弟是用。用便是情，情是發出來底。論性，則以仁爲孝弟之本；論行仁，則孝弟爲仁之本。如親親，仁民，愛物，皆是行仁底事，但須先從孝弟做起，舍此便不是本。（卷第20，頁472）

又如：

> 道理都自仁裡發出，首先是發出爲愛。愛莫切於愛親，其次便到弟其兄，又其次便到事君以及於他，皆從這裡出。如水相似，愛是箇源頭，漸漸流出。（卷第20，頁472）

這是以水爲譬，水有水源，就像行仁亦有個動力源頭。朱子謂「愛是箇源頭」，此乃比對親親、仁民、愛物等事用而言，這些事用必自「愛」之情而來；然則愛之情又來自一個超越的源頭，此即仁之理。故「道理都自仁裡發出」。只是水之流行必是循序漸進，有先後緩急，是故仁之施爲亦有差等，先是親親，而後方是仁民愛物。以此解儒家之「愛有差等」十分恰當，雖然有差等，可是愛之動力卻是源源不絕，因爲它的源頭來自天理；至於墨子之「兼愛」，看似更理想，實則非基於人性之實。

又如另一則云：

> 本只是一箇仁，愛念動出來便是孝。程子謂：「爲仁以孝弟爲本，論
> 性則以仁爲孝弟之本。仁是性，孝弟是用。性中只有箇仁義禮智，
> 曷嘗有孝弟來。」譬如一粒粟，生出爲苗。仁是粟，孝弟是苗，便
> 是仁爲孝弟之本。又如木有根，有幹，有枝葉，親親是根，仁民是
> 幹，愛物是枝葉，便是行仁以孝弟爲本。（《語類》卷第20，頁472）

種種譬喻無非是要人知曉不可將仁與孝弟，或是仁與愛混爲一談。本質上，
仁是形而上的性理，愛是形而下的氣化之情，而孝弟則是表現愛之情的事用。
仁與愛，兩者脈絡相通，說得緊些，亦可直接指愛爲仁，但仍不可忘記「仁
性愛情」這個架構。雖可由愛看出仁之端緒，畢竟仁與愛是不同層次的分屬。

至於朱子要以「愛之理」做爲仁之定義，可能與孟子言「惻隱之心，仁
之端也」有關，直接以「愛」釋「惻隱」；又或者如唐君毅先生所言，以愛言
仁者，可以有一正面的實踐工夫歷程中之物事，以愛物而通物，至其極亦可
萬物一體之感。〔註1〕是以朱子以愛之理釋仁。

除了愛的活動表現以外，人尙有其他恭敬、辭讓、是非、羞惡等之情，
對於此諸種種情，它們的來源是否皆源自仁？亦或各有其所以然之理？《論
語或問》中有詳列諸情之體用關係？

> 木神日仁，則愛之理也，而其發爲惻隱。火神日禮，則敬之理也，
> 而其發爲恭敬。金神日義，則宜之理也，而其發爲羞惡。水神日智，
> 則別之理也，而其發爲是非。土神日信，則實有之理也，而其發爲
> 忠信。是皆天理之固然，人心之所以爲妙也。（《論語或問》卷1）

姑不論朱子以五行來比配五德是否恰當，我們應當注意的是恭敬、羞惡、是
非及忠信等諸情，亦皆各自有其所以然之理；所以恭敬之理是禮，所以羞惡
之理是義，所以是非之理是智，所以忠信之理是信，再加上所以惻隱之理是
仁，仁義禮智信具存於性中，皆爲超越之性理，所發而爲情，亦各自有不同
的情態，井然有序，絲毫不亂。

既然性中仁義禮智信並存，則五德該當並重才是，何以孔子處處說仁，
卻甚少提及其他四德？且孔門弟子亦皆以問仁爲要，鮮少請問其他四德，此
爲何故？而孔子回答弟子問仁，除了樊遲直接告之以「愛人」之外，其餘皆
非以「愛」來釋仁，此與朱子所言「仁主於愛」或「仁者愛之理」似乎有點

〔註1〕參見唐君毅，《中國哲學原論・原性篇》，頁415。

相悖，換言之，此處我們應慎思朱子對於仁之定義是否可以完全應用於孔子之仁上？例如〈顏淵篇〉第一章：

> 顏淵問仁。子曰：「克己復禮爲仁。一日克己復禮，天下歸仁焉。爲仁由己，而由人乎哉？」顏淵曰：「請問其目。」子曰：「非禮勿視，非禮勿聽，非禮勿言，非禮勿動。」顏淵曰：「回雖不敏，請事斯語矣。」

此章孔子即以「克己復禮」回答顏子的問仁。但是克己復禮顯然不是愛之情的表現，倒像是恭敬之情的表現，故而孔子此答，若依朱子那套格式，應該是回答「問禮」的答案，而不是「問仁」之答。於此章，朱子該如何解方能不與上述論仁義禮智信有衝突？《集註》云：

> 仁者，本心之全德。克，勝也。己，謂身之私欲也。復，反也。禮者，天理之節文也。爲仁者，所以全其心之德也。蓋心之全德，莫非天理，而亦不能不壞於人欲。故爲仁者必有以勝私欲而復於禮，則事皆天理，而心之德復全於我矣。

欲解此段文字之前，首先得了解何謂「心之德」？本節闡釋「仁者愛之理」之義，下節即釋「仁者心之德」之義。

第二節　仁者，愛之理，心之德也——釋「仁者心之德」之義

根據上節所論，有惻隱、羞惡、恭敬、是非之情發，源於有所以惻隱、羞惡、恭敬、是非之理，亦即仁義禮智之理爲諸情之超越根據，有是情必有是性，因其情之發而性之本然可得而見；此是上溯逆推，以然推其所以然的結論，由情之然而可上推一個所以然之理，那麼由所以然之理是否可以立即下推出必有相之情？即有是情必有是性，則有是性亦必有是情？理論上應當是成立的，至少於朱子的論理系統是可以成立，此乃根據他的「理氣論」而可如此言。（朱子的理氣論於下章所討論）性是理，情是氣。有是理必有是氣，同樣的，有是性必有是情。理論上可以如此言，但事實上是否如此？朱子常言「性是未發，情是已發」，宛似性可以直接發出情，若如此則何必涉及「心」？

假設在朱子的理論體系內，性有直接發出情之動力，即直接可以創造道德活動，則談「心」之用意，只因性與心之對比，人較可親切體貼到心，至

於性，則是模糊而抽象，以心攝性，性乃藉著心而步步彰顯形著，此時的心非心理學意義的心，而是可以自立道德法則，自定方向以主宰一切知意言行的心。這樣的心，其內容全幅是天理，與性無二無別，心即是性，亦即是理，心、性、理本質上是一，惟是論述角度不同而有差別，性乃就其全體而萬物所得以生者而言，理則就其事事物物各有其則者言之，心則是就人最能感受道德實踐之動力處而言。其實三者是一。

朱子言心的目的是否在此？察《語類》中有關「心、性」之對比的條例即可知：

（1）心是知覺，性是理。（卷第5，頁85）

（2）性是理，心是包含該載，敷施發用底。（卷第5，頁88）

（3）性便是心之所有之理，心便是理之所會之地。（卷第5，頁88）

（4）或問心性之別。曰：「這箇極難說，且是難為譬喻。如伊川以水喻性，其說本好，卻使曉不得者生病。心，大概似箇官人；天命，便是君之命；性，便如職事一般。此亦大概如此，要自理會得。如邵子云：『性者，道之形體。』蓋道只是合當如此，性則有一箇根苗，生出君臣之義，父子之仁。性雖虛，都是實理。心雖是一物，卻虛，故能包含萬理。這箇要人自體察始得。」（卷第5，頁88）

（5）心有善惡，性無不善。（卷第5，頁89）

由上述諸條例看來，可知心與性絕非一物。依朱子的看法，心不是性，當然心亦不是理，故本質上，心與性，或心與理為二非一。據此可知，朱子言心並非上述那個目的，即以心為人較可親切體會，於道德實踐較有著力處，但心與性、與理仍是一。而是另一個理由，迫使朱子非得談心不可。

以「仁者愛之理」為例，之所以能發現肯定仁之性理，是源於愛之情的發用，由此情而推論出必有此性。故仁之性是由愛之情推論出來的，這種推論是存有論的推證，是思惟推理而非親身體證出來的。此即是「以然推其所以然」。「以然推其所以然」，所推論出的「所以然」僅僅是說明如此如此存在的理由而已，它只能以靜態的、解釋性的道理姿態呈現，若依西哲萊布尼茲所言，它只是一個「充足理由」罷了。循此格式，人所受之於天性惟是理而已矣。不具有創造實踐的動力。「性」可以做為道德實踐的充足理由，超越根

據，但在現實上，人如何起現道德活動，這實踐的動力可要另覓他處。此動力即來自於心。

那麼心是什麼？它有何功能作用？在性與情之間，它是何等地位？朱子在《語類》中如此規定「心」之意義：

（1）心者，氣之精爽。（卷第5，頁85）

（2）心官至靈，藏往如來。（卷第5，頁85）

（3）心是知覺，性是理。

（4）所覺者，心之理也；能覺者，氣之靈也。（卷第5，頁85）

（5）問：「靈處是心，抑是性？」曰：「靈處只是心，不是性。性只是理。」（卷第5，頁85）

（6）虛靈自是心之本體，非我所能虛也。（卷第5，頁87）

心之本體，即心之本質是「虛靈」；其作用是「知覺」，所知覺者是「理」。由上列幾則大致可歸納出這幾項原則。其實心甚難言，它既非無形跡之理，亦非粗而有渣滓的氣化，它是「氣之精爽」，亦即氣化中最清靈的那部分，謂之氣之精爽。心的地位，照朱子的描述，似乎是介於性與氣中間的獨立一物，其言：「心比性，則微有迹；比氣，則自然又靈。」（卷第5，頁87）心之所以比性微有迹，緣於心不是理，而是一個知覺作用，一有知覺即有個動態的起現，若是純理則無動靜之態，動靜僅能就氣化說。就這麼一點知覺的動態，即有迹痕，有迹痕則不能納「心」於理界中。雖然比性微有迹，可是比起氣來，則自然又靈，因為心不像一般氣化而有形體，它全然是知覺作用的呈現而已，其他氣化之物焉能如此？故心比氣又靈，它是氣中最精爽的那一部分。

至於心為何有知覺作用，一則原於有「所以知覺之理」與氣相合，便能知覺，朱子云：

先有知覺之理。理未知覺，氣聚成形，理與氣合，便能知覺。譬如這燭火，是因得這脂膏，便有許多光焰。（卷第5，頁85）

此處又是「以然推其所以然」。有知覺，即有所以知覺之理，單有此理尚未能實現知覺功效，必得與氣合方有此知覺作用。故此知覺之理只是形式上的虛說而已，與仁、義、禮、智之理不一樣，不能就此而言心即是理，或心本來就具備理。

心之有知覺作用另一理由則是原於它的「虛靈」本性。何謂「虛靈」？

唐君毅先生有精闢的解釋：

> 虛言其無形，心即以其無形之虛，而寂然不動，以上通於內具之無
> 形之理；更以其靈，以感而遂通，更不滯於所感之物，而顯其內具
> 之生生不息之理之全，而不陷於一偏；復以其不昧，使其相續感物，
> 而有相續之明照之及於物與物之理；並使此心內具之生生不息之性
> 理，亦得相續明通於外，而無始終內外之阻隔。此中後一是消極說，
> 前二是積極說。前二中，第一之虛是靜態地說，第二之靈是動態地
> 說。〔註2〕

心之「虛靈不昧」也者即如上述。然則心之可貴不僅是由於它是「氣之靈」
為可貴，而是它能內具理而使得天理可以表現於現實生命中；無此心，則天
理自是天理，無根著於人身之處，其自身即不得彰顯。

　　既然心之可貴處在於它能「具理」，則它如何才能「具理」？心之具理有
兩種方式，一是心本來就具理，換言之，心本來就是理，只要通過察識內省
的方式即能朗現本具之天理；另一則是心於理論上應當具理，它之具理是通
過知覺作用，以認知的方式而收攝理，使得具於心中，以敬涵養不使其放失，
久而久之，理自然與心為一，即成為「心之德」了。所謂心之德者，為心所
實得，而成為心之特質、內容。

　　那麼朱子言「心具眾理」是以何種方式具眾理？朱子常言：「性便是心之
所有之理，心便是理之所會之地。」又言：「所覺者，心之理也；能覺者，氣
之靈也。」心與理，一為能覺，一為所覺，有能所之分別，則尚能言心即是
理乎？故心具眾理非依第一種方式具理，而是依第二種認知的方式具理。

　　心知覺理即便收攝理，理便在心中，隨事而發出恰當之情，性理不能直
接發情，惟賴心之作用統攝性、情二者，而完成道德行為。朱子簡別此三者
為：

> 性是心之道理，心是主宰於身者。四端便是情，是心之發見處。四
> 者之萌皆出於心，而其所以然者，則是此性之理所在也。（《語類》
> 卷第5，頁90）

雖然人稟天而生即受此性，但此性卻不能直接在人身上起作用，真正為身之
主宰者是心。它虛明洞澈，知覺收攝眾理而發出相應之情。對情而言，心是
情之發動處，惻隱、羞惡、辭讓、是非等四端之乃直接發自於心，但為何有

―――――――――――――――――――――――――

〔註 2〕參見唐君毅，《中國哲學原論・原性篇》，頁398。

此四端之情之萌現？卻是緣於仁義禮智之性。故心對性而言，性爲心之主，心要依著性才能發出合理之情。此即是「心統性情」之說。《語類》中有許多區別心、性、情三者的條例：

> 心，主宰之謂也。動靜皆主宰，非是靜時無所用，及至動時方有主宰也。言主宰，則混然體統自在其中。心統攝性情，非儱侗與性情爲一物而不分別也。（卷第5，頁94）

此條明言心、性、情並非一物，心與情固然有差別，所差者在於一爲氣之精爽，一爲氣之粗雜；至於心與性更是有差別，一爲形下之氣，一爲形上之理。

> 心者，主乎性而行乎情。故「喜怒哀樂未發則謂之中，發而皆中節則謂之和」，心是做工夫處。（卷第5，頁94）

> 問：「人當無事時，其中虛明不昧，此是氣之自然動處，便是性？」曰：「虛明不昧，便是心；此理具足於中，無少欠闕，便是性；感物而動，便是情。」（卷第5，頁95）

虛明不昧自是心，性皆爲實理，無所謂虛明不虛明。由於心之虛明，故能包含該載萬理。

> 問心、性、情之辨。曰：「程子云：『心譬如穀種，其中具生之理是性，陽氣發生處是情。』推而論之，物物皆然。」（卷第5，頁95）

> 性主許多道理。昭昭然者屬性；未發理具，已發理應，則屬心；動發則情。所以「存其心」，則「養其性」。心該備通貫，主宰運用。呂云：「未發時心體昭昭。」程云：「有指體而言者，有指用而言者。」李先生云：「心者貫幽明，通有無。」（卷第5，頁95）

上列數條皆爲解釋「心統性情」之義，亦同時強調三者各有各的分際，雖然心、性是渾然一體呈現，仍舊有其區別。主宰於身者爲心，而心又必以性爲其主，若心失其主，則所發之動靜皆不如理，如何能有恰當的道德行爲？故要使得性理能內在於吾人之現實生命，必得賴此虛靈不昧之心。果眞心能永保虛靈不昧的本性，則仁義禮智之理皆全具於心中，而成爲心之德。是以不惟仁才是心之德，義禮智亦爲心之德，而可分別以規定仁之格式規定之；義者，宜之理，心之德也；禮者，敬之理，心之德也；智者，別之理，心之德也。四者全具，方爲心之全德。

明白「心之德」是何意義之後，對於朱子註解〈顏淵問仁〉的那段文字當可稍略清楚一些。其言：「爲仁者，所以全其心之德也。蓋心之全德，莫非

天理,而亦不能不壞於人欲。故爲仁者必有以勝私欲而復於禮,則事皆天理,而本心之德復全於我矣。」虛靈不昧之心收攝性理使之成爲心之德,天理有多少,心之德隨之有多少,故「心之全德,莫非天理」。雖然朱子常言:「知覺不離理,理不離知覺。」不過一旦心蔽於物而昏沈迷闇,則發揮不了虛靈的作用,理將如何內具於其中?又如何影響現實生命?即使已成爲心之德的理恐亦庶幾離去,此即是「心之失其主」。這一切全由於心蔽於物,換言之,即是心壞於人欲。因此,欲本心之全德復全於我,必得勝私欲而復於禮,方能事事皆天理。

然則這種全心之德的工夫必得由仁做起不可?仁者只是愛之理,這種溫然厚物之心何以是復全本心之德的關鍵?下節即討論仁不僅限於「愛之理」,尚可包其餘三德。

第三節　釋「仁包四德」

依朱子之意,仁有專言之仁,有偏言之仁。偏言之仁專主於愛,所謂「愛之理」也;專言之仁則能包四者;義禮智皆包含於仁中。《語類》中有一則:

> 「愛之理」,是「偏言則一事」;「心之德」,是「專言則包四者」。故合而言之,則四者皆心之德,而仁爲之主;分而言之,則仁是愛之理,義是宜之理,禮是恭敬、辭遜之理,知是分別是非之理也。(卷第20,頁466)

可是何以仁能包義禮智而爲之主呢?朱子以四時氣候做譬喻:

> 如春夏秋冬,須看它四時界限,又卻看春如何包得三時。四時之氣,溫涼寒熱,涼與寒既不能生物,夏氣又熱,亦非生物之時。惟春氣溫厚,乃見天地生物之心。到夏是生氣之長,秋是生氣之斂,冬是生氣之藏。若春無生物之意,後面三時都無了。此仁所以包得義禮智也,明道所以言義禮智皆仁也。(卷第20,頁467)

仁便如春之生氣一般,有溫厚利物之生意。有此生意,自然能引發氣動而生起萬物,義禮智方可行得出來。又云:

> 大抵人之德性上,自有此四者意思:仁,便是箇溫和底意思;義,便是慘烈剛斷底意思;禮,便是宣著發揮底意思;智,便是箇收斂無痕跡底意思。性中有此四者,聖門卻只以求仁爲急者,緣仁卻是

四者之先。若常存得溫厚底意思在這裡，到宣著發揮時，便自然宣
著發揮；到剛斷時，便自然會剛斷；到收斂時，便自然會收斂。若
將別箇做主，便都對副不著了。此仁之所以包四者也。（卷第6，頁
110）

總而言之，必先有仁這箇生意，三者方能推出。於此，偏言之仁乃為仁之本
體，禮者即為仁之節文，義者則為仁之斷制，而智者則為仁之分別。猶春夏
秋冬雖不同，而同出於春也。（卷第6，頁109）

　　朱子論仁，有〈仁說〉一專文，其文曰：

天地以生物為心者也。而人物之生又各得夫天地之心以為心者也。
故語心之德，雖其總攝貫通，無所不備，然一言以蔽之，則曰仁而
已矣。

夫天地以生物為心，意即天地以實現萬物之存在為主事。卻生成萬物，必得
有生之理與生之氣的配合，方能生生不息。故天地之心，實際上只是「理、
氣」的運作，而以「心」虛擬之；至於人物之心又以天地之心為心，意即人
物得此生生之理而內具於心，以為其性，則人物之心亦即以「生意」為主，
此生意周流貫通，無所不潤，朱子即以「仁」名之。〈仁說〉繼之曰：

請試詳之。蓋天地之心，其德有四，曰元亨利貞，而元無不統。其
運行焉，則為春夏秋冬之序，而春生之氣無所不通。故人之為心，
其德亦有四，曰仁義禮智，而仁無不包。其發用焉，則為愛、恭、
宜、別之情，而惻隱之心無所不貫。故論天地之心者，則曰乾元坤
元，則四德之體用不待悉數而足。論人心之妙者，則曰仁人心也，
則四德之體用亦不遍舉而賅。

以孟子之言「仁，人心也」解仁為心之主德，而仁之為心之主德蓋原於惻隱
之心無所不貫，惻隱之心正如春生之氣無所不通於四時。

蓋仁之為道，乃天地生物之心即物而在。情之未發，而此體已具，
情之既發，而其用不窮。誠能體而存之，則眾善之源，百行之本，
莫不在是。此孔門之教所以必使學者汲汲于求仁也。

　　上述為〈仁說〉之前文，意在說明「仁之體」，即仁的內在本源處，仁乃
本於天地生物之心，而下貫其餘三德，依唐先生之解說仁包四德之義為：

四德之在人，初步只是人自去己私，以向他而愛，此是仁之直接表
現；次則對所愛者自身之一尊重恭敬，是為禮之表現；再次則為就

所愛者之爲如何，而知愛之之道，以何者爲宜而正當，是爲義之表現；最後則爲依此宜而正當之道，使事物亦得其宜，而有正當之成就，以貞定爲一存在：而吾人之心亦知其如此如此地成就而存在，而亦得貞定其自己。此即爲智之表現。……故此整個之愛人利物之情，必落實到一一具體之人物之愛利。具體之人物無窮，則此仁之表現於愛人利物之情之事，亦無窮。故可言此仁之體無不包，此愛人利物之惻隱之心無不貫。此仁之心亦「即物而在」，「其用不窮」。〔註3〕

仁之包四德，即如唐先生之所言，關鍵就在於仁乃一溫和之生氣，可以引發其他之善德百行。此處所應慎思的是：於朱子之理論中，「仁之包四德」是否意謂仁乃一全德，在現實生命中可表現各種樣態，如可表現義之樣態，或表現禮之樣態，而由各種表現之樣態可以直指仁體。朱子是否有此意？他曾說過：「仁者，仁之本體；禮者，仁之節文；義者，仁之斷制；知者，仁之分別。」此言乍看之下，似乎果真可以由仁義禮智而直指仁體，然而事實上並非如此。因爲朱子於此條例緊接著說：「猶春夏秋冬雖不同，而同出於春。春則生意之生也，夏則生命之長也，秋則生意之成，冬則生意之藏也。」（《語類》卷第6，頁109）於朱子，仁亦只是一生意，仁義禮智皆爲此生意所引發通貫，而其引發也是有順序的。故以四時爲譬，所重者惟在一「生意」而已。

是故仁包四德，事實上只是「氣與情之相引生上而見其外在地相關聯」，非仁者果真可以統攝一切德。牟宗三先生這般解釋朱子之「仁包四德」：

其言「仁無不包」（從性說），「惻隱之心無所不貫」（從情說），此包此貫實只是落在氣與情之相引生上而見其外在地相關聯而已。此朱子之所以喜從陰陽與春夏秋冬之氣變而說也。……此顯是落在氣與情之相引生之第二義上說。由氣與情之相引生直接地說惻隱之心（溫和底意思、春生）之「無所不貫」，間接地見仁（性）之「無不包」，此種包貫顯然是外在地相關聯義。此不是仁心覺情自身之當機表現一切德，因而亦不是仁體之內在地統攝一切德于其自身。〔註4〕

牟先生的看法並非無道理，因爲從《語類》中所錄的相關條例中，仁之包四德的確是以「生氣之引發」而關聯其餘之德，蓋仁畢竟只是對應於惻隱之情

〔註3〕 參見唐君毅，《中國哲學原論·原性篇》，頁416。
〔註4〕 參見牟宗三，《心體與性體》第三冊，頁280。

之一理，至於恭敬、羞惡、是非之情也都有其對應之理，在朱子的理論中，仁實不能統攝一切德。所謂「克己復禮爲仁」，依朱子看來，也不過是要存得此生意，非以克己復禮便是仁。以下即討論朱子如何運用此原則以解釋《論語》中有關「仁」之章節。

第四節　朱子對「仁」之節的詮釋

〈顏淵問仁〉一章之註解云：「爲仁者，所以全其心之德也。」意即能保生意不斷，則心自然虛靈不昧，其所內具之眾理也就能實現於氣化的生命。克己復禮，即是去除阻塞生意，使天理流行之方法。是故朱子引程子言：「非禮處便是私意。既是私意，如何得仁？須是克盡己私，皆歸於禮，方始是仁。」又《語類》中有幾條相關之條例云：

> 「克己復禮」本非仁，卻須從「克己復禮」中尋究仁在何處，親切貼身體驗出來，不須向外處。（卷第 20，頁 470）

> 正如疏導溝渠，初爲物所雍蔽，才疏導得通，則水自流行。「克己復禮」，便是疏導意思；流行處便是仁。（卷第 20，頁 471）

天理、人欲互相消長，必得去人欲方能存天理。克己復禮的工夫就是疏導被人欲壅塞之處，使心活起來，再度發揮虛靈知覺的作用，而復全本心之全德。是以克己復禮之功便如去除路障而使得行人車馬通行無阻，它有保存生意的功效，就此保存生意而言便是仁。有此溫厚之生意才能引生其餘善德，故「爲仁者，所以全其心之德也。」

「克己復禮爲仁」，朱子作如是解，至於其他章節的解法亦大抵如是。如〈仲弓問仁〉一章：

> 仲弓問仁。子曰：「出門如見大賓，使民如承大祭。己所不欲，勿施於人。在邦不怨，在家無怨。」仲弓曰：「雍雖不敏，請事斯語矣。」
> 〈顏淵第 12〉

《集註》解曰：

> 敬以持己，恕以及物，則私意無所容而心德全矣。

「出門如見大賓，使民如承大祭」，即是敬以持己；「己所不欲，勿施於人」，即是恕以及物。照朱子看來，這兩項工夫雖不如「克己復禮」之剛健勇決，然亦不失爲一種從容涵養的好方法。孔子意在要仲弓平穩做去，漸漸消磨己

私，亦能復得那天理流行。《語類》中有一則：

> 持敬行恕，雖不曾著力去「克己復禮」，然卻與「克己復禮」只一般。
> 蓋若是把這箇養來養去，那私意自是著不得。「出門如見大賓，使民
> 如承大祭」時也著那私意不得；「己所不欲，勿施於人」時，也著那
> 私意不得。（卷第 42，頁 1072）

句中的「把這箇養來養去」，「這箇」指的即是敬恕工夫。人若確實地做持敬工夫，則精神自能時刻收斂警醒，不放逸恣縱，吾心便能當保虛靈不昧，不使走作。朱子言：「人心常烱烱在此，則四體不待羈束而自入規矩。只為人心有散緩時，故立許多規矩來維持之。但常常提警，教身入規矩內，則此心不放逸，而烱然在矣。心既常惺惺，又以規矩繩檢之，此內外交相養之道也。」（《語類》卷第 12，頁 200）所謂「惺惺」也者，心不昏沈墮落，與內外感通無隔之謂。若心昏沈，便如人昏睡一般，什麼都不知了。朱子云：

> 人有此心，便知有此身。人昏昧不知有此心，便如人困睡不知有此
> 身。人雖困睡，得人喚覺，則此身自在。心亦如此，方其昏蔽，得
> 人警覺，則此心便在這裡。（《語類》卷第 12，頁 200）

要保持一顆心常惺惺，平時就應養成莊敬涵養的習慣，使心收斂凝聚，至遇事而發用時自然合理。是以孔子告知仲弓的「持敬行恕」也是十分重要。《語類》有一則：

> 平日涵養之功，臨事持守之力。涵養、持守之久，則臨事愈益精明。
> 平日養得根本，固善，若平日不曾養得，臨事時便做根本工夫，從
> 這裡積將去。若要去討平日涵養，幾時得！」（卷第 12，頁 204）

按朱子之意，孔子所告知顏淵與仲弓的都是平日涵養之則，主要目的就是要使那私意著身不得，如此便能回復心之全德，也便是仁了。

又如〈司馬牛問仁〉一章：

> 司馬牛問仁。子曰：「仁者其言也訒。」曰：「其言也訒，斯謂之仁
> 已乎？」子曰：「為之難，言之得無訒乎？」（〈顏淵〉第 12）

此章上文朱子註曰：「仁者心存而不放，故其言若有所忍而不易發，蓋其德之一端也。」下文解曰：「牛意仁道至大，不但如夫子之所言，故夫子又告之以此。蓋心常存，故事不苟，故其言自有不得而易者，非強閉之而不出也。」

信口開河、道聽塗說，皆為「德之棄」也，豈是仁者所為？仁者心存而不放，即是心常警醒收斂著，對己身之言語行事必是慎重不忽，由於慎言，

故出言若有所忍而不易發。孔子亦告誠子張：「慎言其餘，則寡尤；慎行其餘，則寡悔。」這些皆來自持敬的工夫，其意皆在常保虛靈不昧之心。

又如〈子張問仁〉一章：

> 子張問仁於孔子。孔子曰：「能行五者於天下，爲仁矣。」請問之。
> 曰：「恭、寬、信、敏、惠。恭則不侮，寬則得眾，信則人任焉，敏則有功，惠則足以使人。」（〈陽貨〉第 17）

《集註》曰：「行是五者，則心存而理得矣。」「心存而理得」，其義同於前幾章所述，只是復心之全德之方而已。

再看〈回也其心三月不違仁〉一章：

> 子曰：「回也，其心三月不違仁，其餘則日月至焉而已矣。」（〈雍也〉第 6）

《集註》曰：「三月，言其久也。仁者，心之德。心不違仁者，無私欲而有其德也。」又引程子之言：「三月，天道少變之節，言其久也，過此則聖人矣。不違仁，只是無纖毫私欲。少有私欲，便是不仁。」

此解與前面幾章大致相同，同是以無私欲便是仁的解法釋之。不過仁既是心之德，則仁與心究竟是一還是二？《語類》中有學生如此地問朱子。依朱子的理論系統，仁是性、是理，心自是心，與性理有別，仁之所以能成爲心之德乃由於心有知覺作用，可以攝理歸心，使之成爲心之德。可是朱子卻說：

> 仁與心本是一物。被私欲一隔，心便違仁去，卻爲二物。若私欲既無，則心與仁便不相違，合成一物。心猶鏡，仁猶鏡之明。鏡本來明，被塵垢一蔽，遂不明。若塵垢一去，則鏡明矣。（《語類》卷第 31，頁 781）

又有一則：

> 問「三月不違仁」。先生曰：「如何是心？如何是仁？」曰：「心是知覺底，仁是理。」曰：「耳無有不聰，目無有不明，心無有不仁。然耳有時不聰，目有時不明，心有時不仁。」問：「莫是心與理合而爲一？」曰：「不是合，心自是仁。然私欲一動，便不仁了。所以『仁，人心也』。學，理會什麼事？只是理會這些子。」（同上書上卷，頁 784）

若仁之義僅限於「偏言之仁」，則此兩條例與前文所論顯然有抵觸；但若

就著「專言之仁」細究之，則我們或可試著如此了解朱子的講法。仁可以包義禮智，其理由在於仁乃一溫厚之生意，由此生意，其他三德方可漸漸引生出來。前文所引朱子之言：「『仁』字須兼義禮智看，方看得出。仁者，仁之本體；禮者，仁之節文；義者，仁之斷制；知者，仁之分別。」若無仁，則其餘便消了，再也生發不起來。有了此生意之仁，心才是活的，才是醒的，意即心才是處於虛靈不昧的本性中，方能感應知覺；若心逐於外物（此即是不仁），則如同陷於泥淖，心將如何知覺天理而感應萬物？是故仁乃維繫心之虛靈本性的要樞，恰似耳之聰、目之明一般，聰之於耳，明之於目，總不能說是兩物吧？聰與明只是耳、目的正常功能，仁之於心亦然。

心之本性是虛靈，虛靈要在感動處見，就此感動處而言即是仁。朱子曾道：「仁之所以包四者，只是感動處便見，有感而動時，皆自仁中發出來。」（《語類》卷第 20，頁 466）心之感動便是仁，而感動又是心之本來作用，則尚能分仁與心為二物嗎？仁直是心之功用矣。所以朱子道：「仁與心本是一物。」又言：「心自是仁。」其意在此。非謂「心即是理」。而所謂「違不違仁」只是被私欲壅塞，感動之生意無法暢通，心即無從保持虛明感應，好似心與其本性作用有隔一般。

朱子於前意詳釋如下：

> 或曰：「仁人心也，則心與仁宜一矣；而又曰心不違仁，則心之與仁又若二物焉者何也？」曰：「孟子之言，非以仁訓心也，蓋以仁為心之德也。人有是心則有是德矣，然私欲亂之，則或有是心而不能有是德，此眾人之心所以每至於違仁也。克己復禮，私欲不萌，則即是心，而是德存焉，此顏子之心所以不違於仁也。故所謂違仁者，非有兩物相去也；所謂不違仁者，非有兩物而相依也。深體而默識於言意之表，則庶乎其得之矣。」（《論語或問》卷 6）

朱子以為孟子之言「仁人心也」非「以仁訓心」之意，而是「仁者心之德」也，此言即明示心非仁之理，只是仁之理內具於心而成為心之德，心之特質，焉有一物可與其性質分屬為二物而可獨立存在？有是心即有是德，無是德即非此心也。正如鏡子的特質是光可鑑人，若被塵垢障蔽而失去明亮照鑑的特質，即非原初的鏡子。一旦塵垢拭去，又可恢復明亮的本質。但明亮與鏡子非二物相依相合，它本是一物。仁與心亦然。故朱子要人深體而默識之方能知曉這層道理，這層道理的確令人十分費解。

　　一般人常常有是心而無是德，乃緣於私欲障蔽之故，以致「違仁」，而顏子能將私欲清理乾淨，使本心常放光明至三月之久，庶幾乎達聖人之域。此即是顏子可學習之處。所謂「不違仁」即是這般，故朱子註曰：「心不違仁者，無私欲而有其德也。」朱子對於「仁」的詮釋，大致上即是如此。

　　故為仁首重打疊自家精神，清理心上之塵垢，使之無纖毫之留，非是抑制住而已。單是抑制私欲尚不能稱仁，因為根未拔除。原憲之病即在此。

> 「克、伐、怨、欲不行焉，可以為仁矣？」子曰：「可以為難矣，仁則吾不知也。」（〈憲問〉第 14）

　　此章承上章〈憲問恥〉而來，故此亦是原憲之發問。這是原憲以其所能而問也，欲得夫子之印證。然夫子卻答「可以為難矣，仁則吾不知也。」實是澆了原憲一頭冷水。「克、伐、怨、欲不行焉」何其之難！為何孔子不稱許以仁？《集註》引程子之言：

> 人而無克、伐、怨、欲，惟仁者能之。有之而能制其情使不行，斯亦難能也。謂之仁則未也。此聖人開示之深，惜乎憲之不能再問也。

克伐怨欲不行焉，惟仁者能之；原憲非仁者而能行此，只是強抑制克伐怨欲之情，使之不逸出爾，這是忍者之為，非仁者之行。《集註》接著又引程子之言：

> 克去己私以復乎禮，則私欲不留，而天理之本然者得矣。若但制而不行，則是未有拔去病根之意，而容其潛藏隱伏於胸中也。豈克己求仁之謂哉？學者察於二者之間，則其所以求仁之功，益親切而無滲漏矣。

同樣是「克己」，顏淵與原憲即有天懸地壤之別。顏子之「克己」是真正不使私欲留存而全然復於天理，至於原憲之「克己」則徒是壓抑自己的毛病而已，其實病根尚且牢牢地隱伏於胸中，仍是會無意識中阻礙仁之生意的流行，故不能謂之仁矣。朱子總結之曰：「有是四者而能制之，使不得行，可謂難矣。仁則天理渾然，自無四者之累，不行不足以言之也。」

　　這種苦苦遏住私欲之功是否也是為仁之方呢？《語類》中有幾則表示朱子的看法：

> 問：「『克伐怨欲不行』，孔子不大段與原憲。學者用工夫，且於此不行焉亦可。」曰：「須是克己，涵養以敬，於其方萌即絕之。若但欲不行，只是過得住，一旦決裂，大可憂！」（卷第 44，頁 1116）

苦苦遏住私欲，初時尚可，若爲時太久，恐爆發決裂之憂更甚於任克代怨欲之行的人。

> 不行，只是過在胸中不行耳，畢竟是有這物在裡。才說無，便是合下掃去，不容它在裡。譬如一株草，劃去而留其根，與連根劃去，此箇意思如何？而今人於身上有不好處，須是合下便劃去。若只是在人面前不行，而此箇根苗常留在裡，便不得。（《語類》卷44，頁1116）

真正仁者之不行克伐怨欲，非強自壓抑，而是見得道理本來不當如此，惟順理而行而已，自然便無克伐怨欲。

> 若見得本來道理，亦不待說與人公共、不公共。見得本來道理只自家身己上，不是箇甚麼？是伐箇甚麼？是怨、欲箇甚麼？所以夫子告顏子，只是教他「克己復禮」。能恁地，則許多病痛一齊退聽。「出門如見大賓，使民如承大祭」，這是防賊工夫。「克己復禮」，這是殺賊工夫。（《語類》卷44，頁1117）

原憲聽聞孔子告之以如此，何以不復再問？正如上章〈憲問恥〉一般，夫子告之以「邦有道，穀，恥也；邦無道，穀，恥也。」「邦無道，穀，恥也」易於了解，至於爲何連「邦有道，穀」一併都是恥呢？憲即不復問，不知是原憲天性寡言？還是魯鈍？

> 問：「『克伐怨欲』章，不知原憲是合下見得如此，還是他氣昏力弱，沒奈何如此？」曰：「是他從來只把這箇做好了，只要得不行便了，此所以學者須要窮理。只緣他見得道理未盡，只把這箇做仁。然較之世之沉迷私欲者，他一切不行，已是多少好。惟聖道廣大，只恁地不濟事，須著進向上去。『克伐怨欲』，須要無始得。若藏蓄在這裡，只是做病。」（《語類》卷44，頁1119）

原憲雖是忍者之工夫，畢竟也比凡人高出一籌。於此亦可見出義理無窮，須不斷窮理才行。原憲只緣他道理看不盡，若他道理看得盡，其所行之「克己」工夫，亦與顏回庶幾無差矣。是以朱子畢生提倡「格物致知、即物窮理」之工夫，意即在此。道理須要一層一層深入，鮮少有人可以一次看得透盡，此時即需有窮理之工夫，人人方可登聖域之境。

以原憲爲例，他尚且不能稱爲仁，一般人之乍能勉強一時者，更難望其項背。觀〈不仁者不可以久處約〉一章即可知：

子曰：「不仁者不可以久處約，不可以常處樂。仁者安仁，知者利仁。」
（〈里仁〉第 4）

《集註》曰：「約，窮困也。利，猶貪也，蓋深知篤好而必欲得之也。不仁之
人，失其本心，久約必濫，久樂必淫。惟仁者則安其仁而無適不然，知者利
於仁而不易所守，蓋雖深淺之不同，然皆非外物所能奪矣。」所謂「失其本
心」者，仁之生意不通，心之全德不復在己，皆已亡失，故曰「失其本心」。
既已失其本心，何以還能暫時處約而不立即濫淫？

問：「既是失其本心，則便解濫淫，而必以久言之，何故？」曰：「也
有時下未肯恁地做底，聖人說話穩。而今說道他不仁，則約便濫，
樂便淫，也有不便恁地底。」賀孫錄云：「亦有乍能勉強一時者。」
（《語類》卷第 26，頁 642）

勉強處約而不濫，或處樂而不淫，皆非出自「本心」，僅是一時壓抑自己罷了，
非果真能久處約、久處樂。

至於行仁之心態亦有「有意」與「自然無意」之區別，此即知者與仁者
之不同。仁者安仁，知者利仁，不能說有大差別，唯一的差別應當在工夫相
之執著不執著而已。《語類》中有一條：

仁者溫淳篤厚，義理自然具足，不待思而為之，而所為自帖帖地皆
是義理，所謂仁也。知者知有是非，而取於義理，以求其是而去其
非，所謂知也。（卷第 26，頁 642）

又有一條：

「仁者安仁」，恰似如今要做一件事，信手做將去，自是合道理，更
不待逐旋安排。如孟子說：「動容周旋中禮者，盛德之至也。哭死而
哀，非為生者也；經德不回，非以干祿也；言語必信，非以正行也。」
這只順道理合做處便做，更不待安排布置。（《語類》卷 26，頁 643）

「仁者安仁，知者利仁」，其義即同於《中庸》所云：「堯舜，性之也；湯武，
反之也。」天資高低的不同，以及氣質清濁的不同。仁者天賦清明，較少渣
滓，易順理而行，故不待逐旋安排，自然就能周旋中禮；至於知者，天賦亦
不可謂不高，只是性情不若仁者一般溫淳篤厚，雖然見理亦明，但要具體地
實踐，即需有「擇善固執」之工夫相。依朱子言：「知者利仁，未能無私意，
只是知得私意不是著腳所在，又知得無私意處是好，所以在這裡千方百計要
克去箇私意，這便是利仁。」（《語類》卷 26，頁 642）知者就是多了那麼一

點「思慮安排」，而未能如仁者一般周旋中禮。

最後《集註》引謝上蔡之言證之：

> 仁者心無內外遠近精粗之間，非有所存而自不亡，非有所理而自不亂，如目視而耳聽，手持而足行也。知者謂之有所見則可，謂之有所得則未可。有所存斯不亡，有所理斯不亂，未能無意也。安仁則一，利仁則二。安仁者非顏閔以上，去聖人為不遠，不知此味也。
>
> 諸子雖有卓越之才，謂之見道不惑則可，然未免於利之也。

朱子對於謝氏此言十分讚賞，直嘆「此公見識直是高」，尤其再三誦「安仁則一，利仁則二」之句，以為諸解中未有及此者。謝氏此言直是句句打中朱子的心坎上。不過讚賞歸讚賞，朱子是以何種角度來看待這一段文字？

> 或問：「『仁者心無內外遠近精粗之間』，如何？」曰：「仁者洞然只是一箇心，所以無內外精粗遠近之間。然須看自家有間底心是如何，然後看無間底心是如何。」又問：「『無內外之間』，是如何？」曰：「表裡如一。」又問：「如何是『遠近精粗之間』？」曰：「他當初若更添『高下、顯微、古今』這樣字，也只是一理。」又問：「才有些箇攪絕間斷，便不得。」曰：「才有私意，便間斷了。所以要『克己復禮』，便是要克盡私意。蓋仁者洞然只是這一箇心。如一碗清水，才入些泥，有清處，有濁處。」（《語類》卷第26，頁643至644）

姑不論謝氏所言之義理是否全同於朱子所想，至少吾人清楚朱子仍舊以「為仁者復其本心之全德」的格式去解析謝氏之言。其言「無間底心」、「有間底心」，後者即是有私意攪入的心，私意一旦攪入，則仁之生意即被堵絕，心之虛靈不得作用，天理也就無法呈現於現實生命中；比照「有間底心」，「無間底心」即是無私意之心，無私意堵絕，自然生意流通，表裡如一，天理可以完全純淨地表現出來，正如一碗清水一樣，完全沒有渣滓。所以講來講去，還是「這麼一箇心」。「安仁則一」，固不待說；「利仁則二」，則是朱子以為知者尚未能全化掉氣質之渣滓，仍有私意存焉，故與仁為二。

若不能保持心之虛靈不昧，則不論表面言行如何地依禮循義，亦是枉然。〈人而不仁〉一章如是說：

> 子曰：「人而不仁，如禮何？人而不仁，如樂何？」（〈八佾〉第3）

《集註》引游氏之言：「人而不仁，則人心亡矣，其如禮樂何哉？言雖欲用之，而禮樂不為之用也。」又引程子之言：「仁者天下之正理。失正理，則無序而

不和。」

　　對於程子所言，朱子稍有意見，他認爲「仁者天下之正理」一句說得稍疏闊了些，難道其他義、禮、智就非天下之正理？這不打緊，重要的是他如何解釋「人而不仁，則人心亡矣」。其言：

> 人既不仁，自是與那禮樂不相管攝。禮樂雖是好底事，心既不在，自是呼喚它不來，他亦不爲吾用矣。心既不仁，便是都不醒了。如人身體麻木，都不醒了，自是與禮樂不相干事。所以孟子說：「學問之道無他，求其放心而已矣。」只是一箇求放心，更無別工夫。（《語類》卷第 25，頁 604）

何謂「心在」、「心不在」？依前面的理論推演，可知所謂「心在」其實就是心依然保持虛明不昧，可以自如地感理應事；而「心不在」即是心無法發揮其本性作用，由於人欲的堵塞而致心亡。前者即是心尚保有仁之德時，後者即是有是心而無是德。故心既不仁，便什麼都不醒了，因爲生意既已堵絕，將如何引發其餘之德呢？而人對外物又如何有感有動呢？恰如身體麻木一般，手足似與己身不相干。是以人而不仁，禮樂自是與己不相干。是故朱子常常告誡弟子：

> 人惟有一心是主，要常常喚醒。（《語類》卷第 12，頁 201）

> 人之本心不明，一如睡人都昏了，不知有此身。須是喚醒，方知。恰如磕睡，彊自喚醒，喚之不已，終會醒。某看來，大要工夫只在喚醒上。然如此等處，須是體驗教自分明。（《語類》卷第 12，頁 200）

> 人常須收斂箇身心，使精神常在這裡。似擔百十斤擔相似，須硬著筋骨擔！（《語類》卷第 12，頁 201）

《語類》卷第十二、學六、持守篇中，尚有許多類似的訓示，無非是要人趕緊喚醒本心。心若不醒，什麼都不用談。

　　禮者，天理之節文也；樂者，天理之和樂也。而仁者便是人心之天理也。詳言之，即是仁者乃本心之全德也。有此仁，本心方能具足眾理在。人心存得這天理，便與禮樂湊合得著；若無此天理，便與禮樂湊合不著。而程子所謂「仁者，天下之正理。失正理，則無序而不和。」朱子解其意爲：

> 所謂正理，即心之德也。若天理不亡，則見得禮樂本意，皆是天理中發出來，自然有序而和。若是胸中不有正理，雖周旋於禮樂之間，但見得私意擾擾，所謂升降揖遜，鏗鏘節奏，爲何等物！不是禮樂

> 無序而不和,是他自見得無序與不和,而禮樂之理自在也。」(《語類》卷第 25,頁 607)

理自是理,若心中私意擾擾,非出於理而行禮樂,則恰如孟子所言之顛倒:「非由仁義行,而是行仁義也。」

人而不仁,不僅與禮樂湊合不著,其好惡亦不得其正,〈里仁第 4〉有一章如此云:

> 子曰:「唯仁者能好人,能惡人。」

不仁者當然亦有好惡,只是其好惡皆出於自私之情,好則可以「愛之欲其生」,惡則可以「惡之欲其死」。這種愛憎之情欲實無資格好惡,意即其所好者非眞値得人人所好,其所惡者亦未必眞値得人人所惡,不仁者之好惡,僅繫於一己主觀之感情,非繫於公正無私之心,故所好惡不能客觀普遍化。能出於公正無私之心而好惡者,唯仁者能之。

《集註》解之曰:「唯之爲言獨也。蓋無私心,然後好惡當於理,程子所謂『得其公正』是也。」又引游氏之言:「好善而惡惡,天下之同情,然人每失其正者,心有所繫而不能自克也。惟仁者無私心,所以能好惡也。」仁者無私意紛擾,心之全德具備,好惡當於理,故能好人,能惡人。其所好眞値得人人所好,其所惡眞値得人人所惡,仁者之好惡有客觀之普遍性,不同於一般人之私情的好惡。

「仁」之理論已闡述於前,至於仁之實地踐行,則莫過於孔子之踐仁。下節即論一現實具體之仁者——孔子實踐仁德之境界。

第五節　朱子對「仁」之境界的詮釋

雖然孔子常自謙:「若聖與仁,則吾豈敢?」但自有生民以來,能勝任「仁者」,一名,捨孔子其誰?茲細觀夫子踐仁之具體表現,再看朱子如何註解彼文,藉以襯托朱子對「仁」之境界的詮釋。

> 子絕四:毋意、毋必、毋固、毋我。(〈子罕第 9〉)

依照前面的理論,仁者之心無纖毫私意,生意流暢無間,心之全德無一有失,性理可以全然爲吾身之主。夫子之「毋意、毋必、毋固、毋我」正表現了一具體仁者之生命。《集註》解曰:「絕,無之盡者,毋,《史記》作『無』是也。意,私意也。必,期必也。固,執滯也。我,私己也。四者相爲終始,

起於意，遂於必，留於固，而成於我也。蓋意必常在事前，固我常在事後，至於我又生意，則物欲牽引，循環不窮矣。」

此解極佳，表達了私意之害仁甚重。一旦私意起現，不論多麼細微，終究會妨礙理理流行，有「意」定有「必」，緊接著「固」與「我」就會根著心中，所有的「親親、仁民、愛物」一齊都推開了。若能當下懸崖勒馬，猛然醒轉，尚有重新恢復生機的希望；若不然，則惟有一再陷落「意必固我」之循環，如陷泥淖一般。仁者心與理為一，觀其氣象便似天地氣象，故朱子引張橫渠之言：

　　四者有一焉，則與天地不相似。

天地無私，仁者亦無私，無私意間隔之生命便與天地相似，此於孔子之具體生命中得到印證。

對照於「不仁者不可以久處約，不可以長處樂」，仁者即能「素富貴，行乎富貴」，「素貧賤，行乎貧賤」。如〈飯疏食飲水〉一章：

　　子曰：「飯疏食飲水，曲肱而枕之，樂亦在其中矣。不義而富且貴，
　　於我如浮雲。」（〈述而第七〉）

《集註》曰：「聖人之心，渾然天理，雖處困極，而樂亦無不在焉。其視不義之富貴，如浮雲之無有，漠然無所動於其中也。」又引程子言：「非樂疏食飲水，雖疏食飲水，不能改其樂也。不義之富貴，視之輕如浮雲然。」又曰：「須知所樂者何事。」

夫子毋意必固我，絕不能就此推論夫子之心必是槁木死灰，而是去了執滯的私意之後，原來之生意活潑再度湧現，所行自是依循天理，因為此時「聖人之心渾然天理」，無限之悅樂自然寓於其中。孟子曰：「理義之悅我心，猶芻豢之悅我口。」故夫子自有所樂之事，即樂天理、樂理義，非富貴貧賤所能移。故《語類》中朱子告學生曰：

　　這有三十來箇字，但看那箇字是先。只「樂」字是先。他是先理會
　　得那樂後，方見得「不義而富且貴，於我如浮雲」。（卷第34，頁883）

誠如朱子所言，此章之重點在一「樂」字，但須知所樂者何事，又須知為何夫子能有此樂。

　　問：「『樂亦在其中』，聖人何為如是之樂？」曰：「正要理會聖人之
　　心如何得恁地。聖人之心更無些子渣滓。故我之心淘來淘去，也要
　　知聖人之心。」（《語類》卷34，頁883）

夫子之所以有此樂，正由於其心更無些子渣滓。至於吾心則尚未能與聖人一般純淨虛明，純是天理的顯現，但也要努力去除心之渣滓以知聖人之心。文中所謂「我之心淘來淘去」，這是以「淘米」譬喻「復其本心」。米未洗淨前，總帶有糠粒沙石，必得以撞擊沖洗的方式，方能獲得純淨白米。正如吾心初時亦帶著習氣私意，必得下工夫正心誠意，使心漸漸復全虛靈本性，方能具眾理而應萬事。

孔子七十二徒之中，亦有一人庶幾乎達於夫子樂天理之境，而不為貧窶動心，此人即是「三月不違仁」之顏回。

> 子曰：「賢哉，回也！一簞食，一瓢飲，在陋巷。人不堪其憂，回也
> 不改其樂。賢哉，回也！」（〈雍也第6〉）

《論語》以簡短的九個字明白勾勒出顏子匱乏困窘的情境，處於此，有幾人可堪其憂？但回也依舊不改其樂。

《集註》曰：「顏子之貧如此，而處之泰然，不以害其樂，故夫子再言『賢哉回也』以深歎美之。」的確，如顏子這般泰然處於貧境，而不怨天尤人，亦不汲汲求富貴，甚難也。所難者非顏子可以強忍抑制受富貴之欲望，而勉強居陋巷；而是在於顏子雖處此境，亦能泰然而樂。所樂者當然非樂單瓢陋巷，而是另有所樂。所樂者何？《集註》引程子之言：

> 「簞瓢陋巷非可樂，蓋自有其樂爾。其字當玩味，自有深意。」又
> 曰：「昔受學於周茂叔，每令尋仲尼顏子樂處，所樂何事？」

對於程子之言，朱子於《集註》中只下一案語：「程子之言，引而不發，蓋欲學者深思而自得之。今亦不敢妄為之說。學者但當從事於博文約禮之誨，以至於欲罷不能而竭才，則庶乎有以得之矣。」於此可看出朱子註解《論語》之慎重，聖賢之化境的確難言之。不過，儘管《集註》不言所樂何事，《語類》免不了自有一番討論。

> 顏子私欲克盡，故樂，卻不是專樂簞貧。須知他不干貧事，元自有
> 簞樂，始得。（卷第31，頁794）

> 顏子見得既盡，行之又順，便有樂底滋味。（同上卷，頁795）

> 問：「顏子之樂，只是天地間至富至貴底道理，樂去求之否？」曰：
> 「非也。此以下未可便知，須是窮究萬理要極徹。」已而曰：「程子
> 謂：『將這身來放在萬物中一例看，大小大快活！』又謂：『人於天
> 地間並無窒礙，大小大快活！』此便是顏子樂處。這道理在天地間，

須是直窮到底，至纖至悉，十分透徹，無有不盡，則於萬物爲一無
所窒礙，胸中泰然，豈有不樂！」（同上卷，頁 795 至 796）

上列幾則可清楚看出朱子以何義來詮釋顏子之所樂。朱子仍舊以「私欲
既盡，天理流行」之義來詮釋，以此義釋之亦不錯，只是欲將私欲盡去，亦
得窮究萬理至極至徹，去私去欲方能窮盡乾淨，因爲私欲要在天理的逼顯對
照之下，方顯出私欲之害處。若見理不明，則去惡亦只是斬莖摘葉一般，無
法連根拔除。朱子曾就著此義分辨凡人與聖者之別：「人之生，各具此理。但
是人不見此理，這裡都黑窣窣地。如貓子狗兒相似，飢便求食，困便思
睡。……聖人之心，直是表裡精粗，無不昭徹，方其有所思，都是這裡流
出。」又曰：「聖人便是一片赤骨立底天理。」（《語類》卷 31，頁 797 至 798）
是以照朱子的看法，去私欲尚得附帶「窮理」不可，甚至可說「窮理」是去
私欲的必要條件，因爲一般人也是全具此理而生，只是人不見此理，那裡都
黑窣窣地，終究只一凡夫而已。因此縱使我們不能明確釐清「去私」與「窮
理」，何者爲先，何者爲後，至少可以確定此兩者是相依不可分的。至於朱子
以何者方式窮理，俟下一章討論。

既然顏子於簞瓢陋巷之境，亦能不改其樂，則顏子之境與孔子同一了？
其實不然，這中間尚有些子差別。

恭父問：「孔、顏之分固不同。其所樂處莫只一般否？」曰：「聖人
都忘了身，只有箇道理。若顏子，猶照管在。」（《語類》卷第 31，
頁 796）

雖同此樂，然顏子未免有意，到聖人則自然。（同上卷，頁 796）

孔顏之樂，大綱相似，難就此分淺深。唯是顏子止說「不改其樂」，
聖人卻云「樂亦在其中」。「不改」字上，恐與聖人略不相似，亦只
爭些子。聖人自然是樂，顏子僅能不改。如云得與不失，得是得了，
若說不失，亦只是得。但說不失，則僅能不失耳，終不似「得」字
是得得隱。此亦有內外賓主之意。（同上卷，頁 797）

能夠在《論語》簡單的行文中看出顏子之「有意」與孔子之「自然」，朱子之
見識實在高。孟子言：「可欲之謂善，有諸己之謂信。充實之謂美，充實而有
光輝之謂大，大而化之之謂聖，聖而不可知之之謂神。」（《孟子・盡心下》）
顏子，四之中，二之下也。惟差於未能臻於純化之境，而列屬賢人之位。縱
然如此，顏子亦是千古難得之大賢。

再看〈吾與點也〉一章：

> 子路、曾皙、冉有、公西華侍坐。子曰：「以吾一日長乎爾，毋吾以
> 也。居則曰：『不吾知也！』如或知爾，則何以哉？」子路率爾而對
> 曰：「千乘之國，攝乎大國之間，加之以師旅，因之以饑饉；由也為
> 之，比及三年，可使有勇，且知方也。」夫子哂之。「求！爾何如？」
> 對曰：「方六七十，如五六十，求也為之，比及三年，可使足民。如
> 其禮樂，以俟君子。」「赤！爾何如？」對曰：「非能之，願學焉。
> 宗廟之事，如會同，端章甫，願為小相焉。」「點！爾何如？」鼓瑟
> 希，鏗爾，舍瑟而作。對曰：「異乎三子者之撰。」子曰：「何傷乎？
> 亦各言其志也。」曰：「莫春者，春服既成。冠者五六人，童子六七
> 人，浴乎沂，風乎舞雩，詠而歸。」夫子喟然歎曰：「吾與點也！」
> （〈先進第 11〉）

不解孔子之精神者，見「吾與點也」一句，可能會百思不解。此章正可見出
夫子之「極高明而道中庸」，故欲註解此章非具備深厚的學力與高明的見地，
方能貼切地表達孔子「吾與點也」之深意。《集註》解曰：

> 曾點之學，蓋有以見夫人欲盡處，天理流行，隨處充滿，無少欠闕。
> 故其動靜之際，從容如此。而其言志，則又不過即其所居之位，樂
> 其日用之常，初無舍己為人之意。而其胸次悠然，直與天地萬物上
> 下同流，各得其所之妙，隱然自見於言外。視三子之規規於事為之
> 末者，其氣象不俟矣，故夫子歎息而深許之。

此註極美，亦極有境界，單止「人欲盡處，天理流行，隨處充滿，無少欠闕」
數句，便可烘托出一灑落開闊而又生機充滿的高明境界。朱子於《論語》其
他章節鮮少用此等言語註解，故引起學生不停的質問。

何以曾點寥寥數語即可博得夫子之讚賞？依朱子之見，蓋緣於曾點已見
得箇道理大原了，而僅就眼前景致上說將去。與三子比較起來，三子是就事
上理會，曾點見得大意，故其悠游從容如此。《語類》云：

> 曾點言志，如鳳凰翔於千仞之上。（卷第 40，頁 1026）

> 曾點見得事事物物上皆是天理流行。良辰美景，與幾箇好朋友尋樂。
> 他看那幾箇說底功名事業，都不是了。他看見日用之間，莫非天理，
> 在在處處，莫非可樂。他自見得那「春服既成，冠者五六人，童子
> 六七人，浴乎沂，風乎舞雩，詠而歸」處，此是可樂天理。（同上卷，

頁 1026）

故不可見曾點之語「無啥作爲」而輕之。蓋曾點直接見到天理本源所在，在在處處，莫非天理流行，何須再以事業作爲限定之？其實三子之志趣皆止於所能，不及曾點直接據著源頭。再看一則：

> 問：「《集註》云：『曾點之學，有以見於日用之間，莫非天理流行之妙，日用之間，皆人所共。』曾點見處，莫是於飢食渴飲，冬裘夏葛以至男女居室之類，在曾點見則無非天理，在他人則只以濟其嗜欲？」曰：「固是。同是事，是者便是天理，非者便是人欲。如視聽言動，人所同也。非禮勿視聽言動，便是天理；非禮而視聽言動，便是人欲。」（《語類》卷 40，頁 1031）

若不仔細參究曾點之志與夫子與點之深意，則會流於西方所謂「自然主義」。所爭只在是否見得「大本源頭」。

又一則：

> 只是他見得許多自然道理流行發見，眼前觸處皆是，點但與其一事而言之耳。只看他「鼓瑟希，鏗爾，舍瑟而作」，從容優裕悠然自得處，無不是這箇道理。……這道理處處都是：事父母，交朋友，都是這道理；接賓客，是接賓客道理；動靜語默，莫非道理；天地之運，春夏秋冬，莫非道理。人之一身，便是天地，只緣人爲人欲隔了，自看此意思不見。如曾點，卻被他超然看破這意思，夫子所以喜之。日月之盈縮，晝夜之晦明，莫非此理。（同上卷，頁 1027）

事父母之理、交朋友之理、接賓客之理……等等，這些莫不是天理，處處都有天理具於其中，故《集註》所云「天理流行，隨處充滿，無少欠闕」正是此意。而此意正爲曾點看破，故其動靜之際，優裕從容。而其言志，亦無需如三子一般規規於事爲之末，心存期必之意，只是就其所居之位，樂其日用之常，無非有所作爲之心，亦無舍己爲人之意。於此可見曾點「胸次悠然，直與天地萬物上下同流」，故《集註》引程子之言：

> 孔子與點，蓋與聖人之志同，便是堯、舜氣象也。誠異三子者之撰，特行有不掩焉耳，此所謂狂也。子路等所見者小，子路另爲不達爲國以禮道理，是以哂之。若達，卻便是這氣象也。

何以見得曾點與聖人之志同？而又是堯舜氣象？《語類》論之如下：

> 曾點但開口說一句「異乎三子者之撰」時，便自高了。蓋三子所志

者雖皆是實，然未免局於一國一君之小，向上更進不得。若曾點所見，乃是大根大本。使推而行之，則將無所不能，雖其功用之大，如堯舜之治天下，亦可爲矣。蓋其所志者大，而不可量也。（卷第40，頁1035）

「孔子與點，與聖人之志同」者，蓋都是自然底道理。安老、懷少、信朋友，自是天理流行。天理流行，觸處皆是。暑往寒來，川流山峙，「父子有親，君臣有義」之類，無非這理。如「學而時習之」，亦是窮此理；「孝弟仁之本」，亦是實此理。所以貴乎格物者，是物物上皆有此理。此聖人事，點見得到。蓋事事物物，莫非天理，初豈是安排得來！安排時，便湊合不著。這處便有甚私意來？自是著不得私意。聖人見得，只當閒事，曾點把作一件大事來說。他見得這天理隨處發見，處處皆是天理，所以如此樂。（同上卷，頁1033）

問：「曾點言志，如何是有『堯舜氣象』？」曰：「明道云：『萬物各遂其性處。堯舜之心，亦只是要萬物皆如此爾。孔子之志，欲得『老者安之，少者懷之，朋友信之』，亦是此意。」（同上卷，頁1034）

上列三則，首先明示曾點「志大」。所謂「志大」，並非有志於做何等大事功，而只是見得處處都是自然底道理，無少欠闕，故如此樂。雖未有實際事功之爲，卻隱含有「堯舜事業」之功用，非其他三子所能比，故言其「志大量大」。再者，聖人所見亦不過如此，所謂「老者安之，朋友信之，少者懷之」，亦只是各遂其性，合道理該當如此。堯舜事業也不過這樣。文中「安老、懷少、信朋友」引自〈顏淵、季路侍〉一章：

顏淵、季路侍。子曰：「盍各言爾志？」子路曰：「願車馬、衣輕裘，與朋友共。敝之而無憾。」顏淵曰：「願無伐善，無施勞。」子路曰：「願聞子之志。」子曰：「老者安之，朋友信之，少者懷之。」

《集註》引程子之言：「子路勇於義者，觀其志，豈可以勢利拘之哉？亞於浴沂者也。顏子不自私己，故無伐善；知同於人，故無施勞。其志可謂大矣，然未免出於有意也。至於夫子，則如天地之化工，付與萬物而己不勞焉，此聖人之所爲也。今夫羈靮之生由於馬而不以制牛，人皆知羈靮之作在乎人，而不知羈靮之生由於馬，聖人之化，亦猶是也。先觀二子之言，後觀聖人之言，分明天地氣象。凡看《論語》，非但欲理會文字，須要識得聖賢氣象。」

孔子見老者合安，便安之；朋友合信，便信之；少者合懷，便懷之。其

中不需思慮安排，私意自著不得，這便如天地之生成化育，付與萬物而己不勞焉，自有一番氣象在，此便是天地氣象、聖賢氣賢。依朱子意，曾點有見到此，故雖僅寥寥數語閒閒道來，亦不同凡響。至於曾點是否真可做到堯舜事業，不得而知，因《論語》上再無記載曾點事跡。程子稱其為「狂」，特行有不掩焉耳；朱子亦以其為「狂」，蓋只像他資質明敏，見得大意！卻少事上工夫，於細微工夫不曾做得。雖有堯舜氣象，但堯舜是實有之，而曾點只是偶然綽見在。

　　曾點是不是真有實力做到堯舜一般，非本文重點。本文重點在於朱子如何解釋「天理流行」之化境。其解「天理流行」乃意謂天理處處都是，事父母、交朋友、待賓客等，觸處皆有道理在。此亦是「以然推其所以然」必含之義，蓋每一存在皆有其所以存在之理，而其所以存在之理便是天理，依此而推，當然事事物物皆有天理在其中，這是邏輯推論的結果，非親身體證而見天理果然流行周遍，無一稍闕。順此格式，故朱子特重「格物」者，乃由於其認為物物上皆有此理，故格物乃窮理之最佳途徑。

　　以上即是朱子對「仁」之境界的詮釋，這種詮釋是否最恰當、最合乎孔子之意？其他理學家是否有更好的詮釋？下節即採幾位理學家的說法與之對照。

第六節　與其他諸家比較

　　由以上朱子如何釋「仁」之理論說明，大致可以歸納出幾項要點：首先，朱子將仁定義為「愛之理，心之德」，並以此定義為顛撲不破的真理。如此一來，仁是有局限的，它局限於「愛之理」上，不能同時又是敬之理、宜之理、是非之理等等。縱使朱子一再強調仁有「偏言之仁」，有「專言之仁」。偏言則一事，專主愛之理而言；專言則包四德，而為心之全德。但仁之所以可包四德，非仁即是義、仁即是禮及仁即是智之義；也不是義禮智乃仁之當機而特殊的表現，不只是慈愛的展現才是仁，羞惡、辭讓、知是知非的展現亦是仁，它們的源頭皆來自於仁。朱子非此兩義也。他僅是以仁為溫厚之生意，就此生意可以引發其餘善德。這是以氣的相引相生而言「專言之仁」，非以仁即是「全德」也。此中之「全德」不採朱子義，而是其他德目之總德目之義。故朱子重仁是重視仁可引生其他善德，因為若心不仁，則像一窪死水，何能

具眾理而應萬事？

　　是以許多《論語》中孔子告知弟子何者爲仁的當機指點，在朱子看來，全成了爲使仁之生意流行無礙的方法，「克己復禮」非仁，而是有克己復禮之功乃可除障而使心再度活絡起來；「出門如見大賓」、「執事敬、與人忠」亦然。繼前〈述仁說〉上文之後，下文接著說道：

　　其言有曰：「克己復禮爲仁」，言能克去己私，復乎天理，則此心之體無不在，而此心之用無不行也。又曰：「居處恭，執事敬，與人忠」，則亦所以存此心也。又曰：「事親孝，事兄弟，及物恕」，則亦所以行此心也。又曰：「求仁得仁」，則以讓國而逃，諫伐而餓，爲能不失乎此心也。又曰：「殺身成仁」，則以欲甚于生，惡甚于死，而能不害乎此心也。此心何心也？在天地，則塊然生物之心，在人，則溫然愛人利物之心，包四德而貫四端者也。

此心何心也？曰「虛靈不昧」之心也，非「心即理」之心也。然則夫子對仁的體會果眞爲了保存「虛靈不昧之心」耶？其他理學家對《論語》的詮釋則與朱子有別，在此列舉幾個實例。例如謝上蔡註〈其爲人也孝弟〉一章，即與朱子大異其趣。謝曰：

　　上章論爲學之體，此一節論求仁之方也。夫仁之爲道，非惟舉之莫能勝，而行之莫能主，而語之亦難。其語愈博，其去仁愈遠。古人語此者多矣，然而終非仁也。如恭寬信敏惠爲仁，若不知仁則止恭寬信敏惠而已；克己復禮爲仁，若不知仁，則止克己復禮而已；出門如見大賓，使民如承大祭，此特飾身而已，何以見其爲仁？仁者其言也訒，此特慎言而已，何以見其爲仁？有子之論仁，蓋亦如此爾。爲孝弟者近仁，然而孝弟非仁也。可以論仁者莫如仁心，人心之不僞者莫如事親從兄，莊子曰：子之事親，命也，不可解於心。此可見其良心矣。至於從兄則自有生以來，良心之所未遠者，以事視從兄而充之，則何往而非仁也？夫事親從兄之心，行之而不著，習矣而不察，終身由之而不知者，尚能不好犯上作亂，況於眞積力久擴而充之者乎？今夫出必告，反必面，冬溫夏清，昏定晨省，亦可以爲孝矣，閭巷之人亦能之；長幼有序，徐行後長，亦可以爲弟矣，閭巷之人亦能之。然而以閭巷之人爲有道，不可也；以爲終不可入道，亦不可也。但孝弟可以爲仁，可以入道，在念不念之間。

蓋仁之爲道，古人猶難言之，其可言者止此而已。若實欲知仁，則
在力行自省察吾事親從兄時，此心如之何？知此心則知仁矣。（《論
語精義》卷1上）

此一大段文字可大致看出謝氏對「仁」的解析的確與朱子不同。首先他
明示「仁」是很難用言語文字表達，意即孔子之仁是不能以正面的定義方式
去說明，蓋語之愈博，則去仁愈遠。看似富麗堂皇的說辭，其實與仁不相干。
而朱子正是用這種方式說仁。接著謝氏又提醒人：單只恭寬信敏惠的舉止就
是仁嗎？純就克己復禮的行爲果眞是仁了嗎？似乎恭寬信敏惠與克己復禮之
行爲與仁是兩截事。以克己復禮爲非仁，朱子亦有相同的見解，但是兩人的
義理背景可是一致？顯然是不一致的。因謝氏之意：乃若不知仁，則止恭寬
信敏惠而已，並非是仁，克己復禮亦然。不知仁，即是不反省日常道德行爲
的價值根源從何而來，徒然依照家庭的教養、社會的要求而恭寬信敏惠，此
時這些行爲便不能說是具有道德價值的，只能說此人具有良好素養罷了。尤
其像「其言也訒」，若不出於仁而僅是言訒，當然沒有任何價值，徒然只是愼
言罷了。心機深沈之人更懂得要養成愼言的習慣。是以要使這種種道德行爲
果具有道德價值，唯有知仁。那麼要如何知仁？

知仁是否便是就著惻隱之情而認識有一個所以發出惻隱之情的「仁之
理」？這是朱子論仁的方式，非上蔡所謂「知仁」。其言：「可以論仁者莫如
人心，人心之不僞者莫如事親從兄。」要論仁，必得即心而言，不可離心而
推理抽象出一個「仁之理」即謂之仁。就著心之僞不僞而論仁不仁，人心僞
者不可言仁，故仁者乃人心之不僞。何處最可見出人心之不僞？由事親從兄
處最可見出人心之不僞。人縱使在其他地方無法坦誠待人，然而在面對至親
至愛的雙親、兄弟，恐怕很難再假裝應付，因人之愛親乃出於天性，不可解
也，故由此處最可見出人心之眞誠不僞。此眞誠不僞便是仁。人若能在事親
從兄之際省覺吾心之眞誠不僞，則可入道矣。故「孝弟也者，其爲仁之本與！」
此中之「爲仁」乃「是仁」之義，非「行仁」之義。孝弟乃人發現其仁心之
眞切處，也是仁心發用之根本處。依此，上蔡的「知仁」說乃是有所省覺察
識到人心之眞誠惻怛爲仁。不能覺察到此仁心，則雖終身行乎孝弟亦未免於
閭巷之人。

不惟上蔡言「知仁」，程明道亦主「識仁」。其道：

學者須先識仁。「仁者」渾然與物同體。義禮智信皆仁也。識得此理，

以誠敬存之而已，不須防檢，不須窮索。若心懈，則有防。心苟不懈，何防之有？理有未得，故須窮索。存久自明，安待窮索？此道與物無對。大，不足以明之。天地之用皆我之用。孟子言「萬物皆備於我」，須「反身而誠」，乃爲大樂。若反身未誠，則猶是二物有對，以己合彼，終未有之，又安得樂？《訂頑》意思，乃備言此體。以此意存之，更有何事？〔註5〕

明道對於「仁」之看法乃是渾然與物同體，此言何意？明道曾在他處說道：

醫書言手足痿痺爲不仁，此言最善名狀。仁者以天地萬物爲一體，莫非己也。認得爲己，何所不至？若不有諸己，自與己不相干。如手足不仁，氣已不貫，皆不屬己。故博施濟眾，乃聖人之功用。仁至難言，故曰：「己欲立而立人，己欲達而達人。能近取譬，可謂仁之方也已。」欲令如是觀仁，可以體仁之體。〔註6〕

此條亦被朱子收錄於集註中，解釋〈子貢曰如有博施於民〉一章。痿痺麻木爲不仁，即示人對其言行之應當不應當已無所謂「安不安」、「忍不忍」的感覺，如宰予對於三年之喪中錦衣玉食無任何不安一樣。人心完全安於現狀，再也無法起現悱惻之感。故安或不安，忍或不忍之感即可決定人之仁不仁，這種不安之感絕非普通所謂由感性而來之感覺，而是有感於自己不仁之行所起現的不安之情，由此不安之情而省覺自己不應當如此做。這種覺情是客觀普遍的，人人皆有的。有此覺情，人才不會只局限於區區一己之身中，而以天地萬物莫非己也，因爲覺情的感潤是沒有限制的，終必周遍天地萬物而後止。此覺情不是由背後有個所以如此感覺的仁之理而發，而是直接發自於心。心一感不安，即知己之不仁，無需再比照一仁之理方知己之行爲不仁。此時，心全體即是仁，謂之「仁心」。故仁不只是理、是性，亦是道、亦是體，更是心。如明道所言「欲令如是觀仁，可以體『仁之體』」，又言「此道與物無對」，此道即是仁道，此體即是仁體。明道訓示學者需先「識仁」，亦即需先識仁之體、仁之道，此中之「識」非「認識」義，而是「省覺察識」的意思。那麼要如何才能察識仁之體？即需「反身而誠」。己身之誠不誠，吾心必知之。若反身不誠，則己心必不安、不忍，由此不安、不忍之覺中即可察識到仁之體。

〔註5〕見《二程全書》、《遺書》第二上，《二先生語》二上。此條下注一明字，示爲明道語。

〔註6〕見《二程全書》、《遺書》第二上，《二先生語》二上。亦爲明道語。

識得此理以誠敬存之，不須防檢，不須窮索。之所以要防檢，乃緣於心懈，苟心不懈，何防之有？理有未得，故須窮索，但理本已在心中，存久自明，安待窮索？故對明道而言，朱子那套格物窮理的工夫，根本不需要。

仁心不失，見父自然知孝，見兄自然知弟，當辭讓即辭讓，當羞惡即羞惡，當知是非即知是非，故不僅惻隱慈愛是仁，義禮智信皆仁也。此仁隨著心之感應無遠近而遍潤四方，萬物皆在仁心之感潤中，焉能與物有對？故大不足以明之，誰能形容天地宇宙有多大呢？天地之用皆我之用，此「我」非區區五尺之軀之我，而是認天地萬物莫非己也之我；既認天地萬物莫非己也，則天地之用當然就是我之用，正如陸象山所言「宇宙之事即吾分內事；吾分內事即宇宙之事」一般，故明道以「仁者與天地萬物為一體」釋仁。

談仁，朱子所重的是仁乃客觀普遍之「理」，而明道、上蔡所重的卻是不安、不忍之「覺情」，或真誠不偽之「心」，此時後者所言之仁是心，亦是情，不僅是普遍之理而已。此種釋仁之法，名曰「以覺訓仁」。朱子對於「以覺訓仁」有何看法呢？在《答胡廣仲書》中其云：

> 至于仁之為說，昨兩得欽夫書，詰難甚密，皆已報之。近得報云，卻已皆無疑矣。今觀所論，大概不出其中者更不復論，但所引孟子知、覺二字，卻恐與上蔡意旨不同。蓋孟子言知、覺，謂知此事，覺此理，乃學之至而知之盡也。上蔡之言知覺，謂識痛癢、能酬酢者，乃心之用而智之端也。二者亦不同矣。然其大體皆智之事也。今以言仁，所以多矛盾而少契合也。（《朱文公文集》卷第 42）

朱子將上蔡之「知仁」之知說成是心之用智之端，而非屬於仁。其實孟子所言「是非之心，智之端也」的知是知非，亦是仁心的表現，可是朱子一看到「知」就想到知解、知覺這個意義上去，而不細辨上蔡之「知仁」乃「省覺察識」之義，非知覺之義，故爾其總認為上蔡言仁多矛盾而少契合。

《語類》中有多處討論仁與覺的關係：

> 仁固有知覺；喚知覺做仁，卻不得。（卷第 6，頁 118）

> 覺，決不可以言仁，雖足以知仁，自屬智了。（同上卷，頁 118）

> 又問：「知覺亦有生意。」曰：「固是。將知覺說來冷了。覺在知上卻多，只些小搭在仁邊。仁是和底意。然添一句，又成一重。須自看得，便都理會得。」（同上卷，頁 119）

朱子仍是本著仁者乃一溫和之生意，若以「知覺」言之，則過於冰冷，失了

和之意。此自是朱子誤解上蔡等人之「以覺訓仁」義，並非上蔡等人眞的以知覺訓仁。

又如朱子在《論語或問》中批評上蔡解〈其爲人也孝弟〉一章，爲只知一活物而不在乎父兄其所以事而從。其言：

> 其意不主乎爲仁而主乎知仁，比之或說其失益遠耳。蓋其平日論仁，嘗以活者爲仁，死者爲不仁，但能識此活物，乃爲知仁，而後可以加操存踐履之功。不能識此，則雖能躬行力踐極於純熟，而終未足以爲仁也。夫謂活者爲仁，死者爲不仁，可矣；必識此然後可以爲仁，則其說之誤也。其誤如此，故其於旁引四條者皆有若不知仁則但爲某事而已。之說而又以爲孝弟特爲近仁而非仁也。夫四條者皆所以求仁之術，謂之非仁猶可也，若孝弟則固仁之發而最親者，如木之根、水之源，豈可謂根近木而非木，源近水而非水哉？其曰以事親從兄充之則何往而非仁，又以不好犯上作亂特爲閭巷之人由而不知之事，必其深念自省而有以察夫事親從兄之時之心，然後爲知仁，皆此意也。夫曰由孝弟充之而後爲仁，則是孝弟非仁，必其識此活物而充之，然後爲仁也。故又以爲閭巷之人徒能謹於事親從兄而不識其爲活物，則終不可以入道，必其潛聽默伺於事親從兄之時，幸而得其所謂活物者，然後可以爲知仁也。然直曰知仁而不曰爲仁，則又與其擴充之云者而忘矣。必如其說，則是方其事親從兄之際，又以一心察此一心而求識夫活物，其所重者乃在乎活物，而不在乎父兄其所以事而從之，特以求夫活物而初非以爲吾事之當然也。（《論語或問》卷1）

最後朱子的結論是：此蓋源於佛學之餘習而非聖門之本意。

由此長篇大論更可見出朱子對上蔡深深的不滿，而此不滿又源於對他人無眞誠客觀的理解，故許多地方顯得強辭奪理。首先上蔡言「活者爲仁，死者爲不仁」乃是一個譬喻，以活者四肢血氣一貫相通喻仁者與萬物可以感應交流，認天地萬物莫非己也；而死者即血脈不流，四肢僵硬，以譬不仁者其心痿痺麻木，已無任何「安不安」的感覺。此譬喻顯是源自明道而來，而謝上蔡正是明道的大弟子，故其學說多承自師說。以活者喻仁，只是要點出仁者心是常惺惺，而非死的，並非另有一個「活物」爲仁。而上蔡必言知仁只是提醒道德活動必得賴自覺後方有道德價值可言，其要人在事親從兄之際反

省己心如何，即是救人自覺有個不容欺掩的眞心爲己之主宰。有此省覺體悟，不僅孝弟是行仁，其言也訒是行仁，「辭欲巧、色欲令」也是行仁。若不知仁而徒做一些善行善事，則很可能僅是出於溫厚慈愛的氣質，甚者或出於沽名釣譽之動機，這些可說是「行仁」嗎？孟子曰：「善人者，不踐跡，亦不入於室。」正是指這種純出自氣質行善的人，是無法入道的。故行仁並不僅謂行善而已，還要其人眞有道德自覺方可。

孝弟固是行仁，但也有可能出自人類的本能，就算是動物，也偶一有此表現。故上蔡言「爲孝弟者近仁，然而孝弟非仁也」，人可經由孝弟最容易眞切明白地省察仁心主體，故爲近仁；但一般人仍是行之而不著，習矣而不察，終身由之而不知，似此即非行仁。果眞能於事親從兄之際覺察吾人之仁心主體，則不僅加倍認可孝弟之當然，更能擴而充之，於孝弟以外的行爲保障其合理而正當。有子雖曰「其爲人也孝弟，而好犯上者鮮矣」，「鮮」是少之義，並不表示絕無這樣的人。故朱子之評深不諦當。

當然朱子對上蔡言「爲孝弟者近仁，然而孝弟非仁也」這般反感，並非毫無來由。蓋朱子以「愛之理」訓仁，而孝弟正是慈愛之情最眞接的表現，等于是行仁之源頭處，焉能道僅是近仁而非仁？是以朱子方有「豈可謂根近木而非木，源近水而非水哉」之質問。

朱子對上蔡之批評如上所述，然則其對明道訓仁的方式又如何？其言：

> 無私，是仁之前事；與天地萬物爲一體，是仁之後事。惟無私，然後仁；惟仁，然後與天地萬物爲一體。要在二者之間識得畢竟是甚模樣。（《語類》卷第6，頁117）

所謂「前事」者，即仁必要條件，意即需得無私方能談仁，若有私意橫隱心中，焉能談仁？所謂「後事」者，即行仁之果。依朱子之見，此兩者皆非說至仁之本源，故其不從前賢之義，而另定仁者乃爲愛之理也。

> 曰：「龜山言『萬物與我爲一』云云，說亦太寬。」問：「此還是仁之體否？」曰：「此不是仁之體，卻是仁之量。仁者固能覺，謂覺爲仁，不可；仁者固能與萬物爲一，謂萬物爲一爲仁，亦不可。譬如說屋，不論屋是木做柱，竹做壁，卻只說屋如此大，容得許多物。如萬物爲一，只是說得仁之量。」（《語類》卷第6，頁118）

〈仁說〉之文亦論及其他諸賢說仁之弊：

> 或曰：程氏之徒言仁多矣。蓋有謂愛非仁，而以「萬物與我爲一」

爲仁之體者矣。亦有謂愛非仁，而以「心有知覺」釋仁之名者矣。今子之言若是，然則彼皆非與？曰：彼謂「物我爲一」者，可以見仁之無不愛矣，而非仁之所以爲體之眞。彼謂「心有知覺」者，可以見仁之包乎智矣，而非仁之所以得名之實也。觀孔子答子貢博施濟眾之問，與程子（伊川）所謂「覺不可以訓仁」者，則可見矣。子尚安得復以此而論仁哉？抑泛言「同體」者，使人含糊昏緩，而無警切之功，其弊或至於認物爲己者有之矣。專言「知覺」者，使人張皇迫躁，而無沈潛之味，其弊或至于認欲爲理者有之矣。一忘一助，二者蓋胥失之。而知覺之云者，于聖門所示樂山能守之氣象，尤不相似，子尚安得以此而論仁哉？因並記其語，作〈仁說〉。

〈仁說〉全文至此結束。此段主要批評明道與上蔡等人論仁之方式，對于上蔡之批評，已述之於前文，茲不復述；至於評明道之「仁者與天地萬物爲一體」爲仁之量，非仁之體，且同於夫子答子貢博施濟眾之問，則有待商確。

夫子貢之問：「如有博施於民而能濟眾，何如？可謂仁乎？」固是以行仁之結果、功效來問仁，此可見子貢爲一「量之頭腦」，此問當然不切問，夫仁者豈是在於博施濟眾？故孔子答道：「何事於仁，必也聖乎！堯舜其猶病諸！夫仁者，己欲立而立人，己欲達而達人。能近取譬，可謂仁之方也己。」（〈雍也第六〉）連堯舜等聖王都恐怕難以做到，以此來了解仁之道，實非正確之道。

朱子以爲「仁者與天地萬物爲一體」等同於「博施濟眾爲仁」，實不恰當。蓋明道之意在於點出仁心之感應無方，遍潤一切，使人正視吾心之怵惕惻隱、不安不忍之覺，而以誠敬存養之，繼而擴充之，此正是生命之警策，眞心之流露，焉能等同於子貢之問？又何至「使人含糊昏緩，而無警切之功，其弊或至于認物爲己」？是故朱子之評不諦當。

又如〈觀過知仁〉一章更可見出朱子對「以覺訓仁」之方式深深不滿。

子曰：「人之過也，各於其黨。觀過，斯知仁也。」（〈里仁第四〉）

《集註》曰：「黨，類也。程子曰：『人之過也，各於其類。君子常失於厚，小人常失於薄；君子過於愛，小人過於忍。』尹氏曰：『於此觀之，則人之仁不仁可知矣。』愚按：此亦但言人雖有過，猶可即此而知其厚薄，非謂必俟其有過，而後賢否可知也。」

朱子引程子之言乃詮釋上句「人之過也，各於其黨」，此處無疑異，因人通常皆依其氣質之偏而犯錯，可是爲何「觀過，斯知仁矣」？照朱子的案語，

「觀過知仁」成了「知人之賢否」的方法。由觀人之過偏於何類，若偏於薄、忍，則爲小人，若偏於厚、愛，則爲君子。蓋君子雖過於厚，亦不礙爲君子。若循此釋，則「觀過知仁」成了「觀過知人」矣。「仁」、「人」相通，古訓亦有之，朱子此解亦不錯。然若依夫子平日訓示弟子之「仁」以解此章，則當如何解？

謝上蔡即解之曰：

> 仁之道不易知，聖人於此語以知仁之方。黨，偏蔽也。君子小人之注心處也。君子注心於義，小人注心於利，自其過中皆可謂之過。既曰過，安可謂之仁？然於此特可見仁矣。（《論語精義》卷第 2 下）

依上蔡「以覺訓仁」之方式，則觀仁正是一個提供反省自察的機會，由觀過而不安之處，即知吾仁心灼灼然，未嘗有失，由上可體悟仁之體。朱子的學生亦曾聽問此說，故以此請教朱子。

> 問：「世有因謝氏之說而推之者，曰人能自觀其過則知其所以觀此者即吾之仁。是說如何？」曰：「此說最爲新奇而可喜，吾亦嘗聞而悅之矣。然嘗以質之於師而曰不然，既又驗諸行事之實而後知其果不然也。蓋方其無事之時，不務涵養本原，而必欲求過以爲觀省之資，及其觀之之際，則又不速改其過而徒欲藉之以爲知仁之地，是既失其所以求仁之方矣。且其觀之而欲知觀者之爲仁也，方寸之地，俄頃之間，有過者焉，有觀者焉，更相攪挈迭相排逐，煩擾猝迫應接不暇，蓋不勝其險薄狂怪，而於仁之意味愈不得其彷彿。原其所以然者，蓋亦生於以覺爲仁，而謂愛非仁之說耳。」（《論語或問》卷 4）

在〈其爲人也孝弟〉一章，朱子評上蔡是「源於佛學之餘習而非聖門之本意」，此章更是責其「險薄狂怪」，可見朱子對於「以覺訓仁」是多麼反感！始終不能平心靜氣地來體會上蔡之意。平心而論，上蔡之言並無誤，當人自省其過時，其心當不會只是在一旁冷眼旁觀，視其過如視一個不相干的外物一般，冷靜而無感覺，他自然會湧現怵惕不忍，由衷難安之感，於此時他若能進一步反省不安不忍之感源何而生，當可察覺到原是由仁而生。察覺心中有仁並不礙其改過，且省察與改過也絕不會造成煩擾猝迫、應接不暇，何以朱子不允許觀過之時省察其心？何以一省過必得即刻改過，不准再有其他念頭？縱使如此，我們亦可問這改過的動力由何而來？是故「以覺訓仁」，朱子焉能反對！

由上述的比較，至少我們得知對於夫子所言之「仁」，並不僅限於朱子一

家的詮釋，程明道、謝上蔡等人對「仁」的詮釋即不同於朱子。兩方的差異
徵結究竟爲何？所導致的工夫入路是否也有差別？此問題將於下一節「結論」
部分討論。

小　結

　　綜和上述謝氏與明道之論，可與朱子之論仁作一比較。首先是對仁的發
現之路徑不同：朱子乃就著惻隱慈愛之情而推論出有個所以慈愛之理，即是
仁。這是「以然推其所以然」而推論出有「仁」，仁之發現由於愛之活動而使
然，使仁主於愛。於此，我們得到兩個結論：第一，朱子將仁局限於「愛之
理」，另外恭敬、羞惡、知是非各有其所以然的道理；第二，以然推其所以然，
只能就著現實存在而言有使之所以如此存在的道理，換言之，即是存有之理。
然而，此存有之理是否即具有實現存在的動力，即，它本身可以創造存在？
在朱子而言，「理」本身不具有實現的動力，它無形跡、無造作，更無有創造
之動力。只是在氣化流行不失條緒中，而見理在其中，故理只是形式地規定
氣化如此或如彼地存在，無法直接生氣。

　　是以朱子談仁，以愛之情而推出有一愛之理，原本與心是不大相干的，
之所以必須涉及到「心」是由於仁義禮智等諸理不能直接發出情用，雖則它
們都是天之賦予而人受之爲性，卻是靜態而不能起現活動，即不能直接影響
現實生命而激使人行道德活動，必得經由人心知覺到理而起現相應之情方
可。是故「心」在朱子的理論系統之中，是十分重要的，其爲重要乃緣於心
可以統性、情，唯有它才是人身之主宰。縱使人具全性理而生，但要使性理
完全顯露而表現於人身上，必得靠心之作用不可。心扮演著這麼重要的角色，
可是它的定位究竟歸屬於何？是屬於理？還是氣？朱子在《文集》卷 42〈胡
廣仲書〉提及：

　　　未發而知覺不昧，此非心之主乎性者乎？已發而品節不差，此非心
　　　之主乎心情者乎？心字貫幽明、通上下，無所不在，不可以方體論。

心之爲物，是這般至廣至靈，幾近神妙不測，可是它就必須歸屬於氣，由前文
第二節所引之條例即可證明。心既屬於氣，則無論它是如何虛靈不昧、神妙不
測，畢竟只是一個有限之心靈。一個有限之心靈有可能天生即具全眾理嗎？恐
怕不能。是以心必須透過知覺，亦即認知的方式具理而爲其德。雖然人具性理

而生，人之生是一氣化之凝聚，自然理便在其中，籠統地說亦可言心具眾理，但若心要實質地具眾理必得認知地具，不可能天生就實得眾理而具於心。

對於朱子「心」的定位詮釋，唐君毅先生如此言：

> 心乃以其未發之寂，上通內通於性理，而主乎性；以其已發之感，
> 外通、下通於氣，而主乎情。〔註7〕

唐先生這般解釋是有根據的，朱子曾言：「性是未動，情是已動，心包得已動未動。蓋心之未動則為性，已動則為情，所謂『心統性情』也。」（《語類》卷第5，頁93）又言：「心之全體湛然虛明，萬理具足，無一毫私欲之間；其流行該遍，貫乎動靜，而妙用又無不存焉。故以其未發而全體者言之，則性也；以其已發而妙用者言之，則情也。」（同上卷，頁94）這般言心，固然至神至妙，可是此似乎是聖人之化境方可如此，一般人現實之心氣恐怕不然。唐先生體貼朱子意而如此言，固不錯，但未能識清心之具理是否可以如朱子所言。且朱子如此言心，則心之窮理只需反身窮其自己即可，何需「即物」而窮理呢？是故心之虛靈不昧，不必然定能自發自立道德法則，它必須知覺理而後依理行事。

唐先生言：「心之主宰運用，唯在『氣既有而能使之無，或未有而使之生；或於理之表現者之偏而失正，而能矯其偏失，以復其全正』等上見之。」〔註8〕如上言心當然吻合心之本義，但若因此而下結論道：「心本應為居氣之上一層次，以承上之理，而實現之於下之氣之一轉捩開闔之樞紐。」〔註9〕則有問題。依朱子理、氣二分之理論，有什麼東西可以既不屬於理、又不屬於氣，而居於理、氣中間之層次？恐無這樣的東西。心既然不是理，那麼它就必須歸屬於氣，雖云「心者氣之精爽」，終究是形而下之氣。唐先生如此言，過於抬高心之地位了。

是以釐清心之具理是何種方式具理，是十分重要的問題。牟宗三先生判此心之具理而成為其德是『當具』而不是『本具』，是外在關聯地具，而不是本質地必然地具，是認知地靜攝地具，而不是本心直貫之自發自律地具。」〔註10〕他根據的原則是「心理是否為一」。若心理不即是一，理之發現是由存在之然而

〔註7〕 參見唐君毅，《中國哲學原論·原性篇》，頁398。

〔註8〕 參見唐君毅，《中國哲學原論·原性篇》，頁401。

〔註9〕 參見唐君毅，《中國哲學原論·原性篇》，頁401。

〔註10〕 參見牟宗三，《心體與性體》第三冊，頁243。

推證其所以然，則理即不能言內在於心而爲心之自發，因爲由此方式之推論，與心有何相干？「如是朱子所言之理或性乃只成一屬於存有論的存有之理，靜擺在那裡，其於吾人之道德行爲乃無力者，只有當吾人敬以凝聚吾人之心氣時，始能靜涵地面對其尊嚴。」〔註11〕牟先生如是言。以此原則論仁，則仁焉能包四德？《論語》中所有孔子指點學生行仁之方，完全成了去除私意、保存溫厚生意的方法。

至於明道與上蔡則不然。他們之發現仁是直接就心上說，當心表現眞誠不僞或不安不忍之時的當下那一刻，反身而覺悟到仁。此「仁」乃一切價值之源，縱是克己復禮、出門如見大賓、使民如承大祭，亦得出自仁心方有價值。客觀地說，它是天理；主觀地說，它是仁心覺情。「所謂天理者，自然底道理，無毫髮杜撰。今人乍見孺子將入於井，皆有怵惕惻隱之心。方乍見時，其心怵惕，即所謂天理也。」（《宋元學案》卷 24）此是上蔡之言，天理者並非有一個主宰者所發的誡律法則，而是人心自然無僞必然會發出之理。如何見天理？「勿忘，又勿助長，正當恁地時，自家看取，天理見矣。」（同上卷）故天理自始即不離自身，它是自家仁心覺情之所發。故就義理分析的分際上而言，「天理」二字有客觀普遍的意義，顯示道德實踐有客觀根據；然此客觀根據又是從自家發出來的。是以言天理或言仁心，乃言談之中所側重的角度不同，其實爲一物。由發現仁之路徑的不同而決定了兩方的系統不同，一方是心即是性、即是理，心本身可以自發自律，無需依著外於心之理而行事，天理可以直接影響於吾人之生命；另一方則爲心不即是理，唯性才是理，則理只是一存有而不能直接活動影響吾人之生命。兩個系統之差異，也決定了他們工夫取向的不同。朱子以「格物窮理」及「莊敬涵養」爲其工夫要訣。其故在於心不即是理，若要具眾理必得格物致知以窮其理。而要隨時能格物窮理必得保持心之虛靈不昧，則平時必需持敬涵養，使心凝聚收斂不使散漫，如此方能應理而發情。

至於明道、上蔡則是以當下反身省察爲工夫，牟先生稱這一體系的工夫爲「逆覺體證」。其言：「『逆覺』即反而覺識之、體證之之義。體證亦函肯認義，言反而覺識此本心，體證而肯認之，以爲體也。」〔註12〕此工夫重「省覺」，一覺便能當下認取吾人生命中實有一淵然定向爲之主宰，逆此定向，心

〔註11〕參見牟宗三，《心體與性體》第三冊，頁242。
〔註12〕參見牟宗三，《心體與性體》第二冊，頁476。

即刻感到不安，非順此定向不可。此便是「仁」。故仁自始即是吾心體貼察覺出來的，非是抽象推理而推論出來。

與另一系比較對照之下，朱子之論道德顯然不是扣緊道德本質而言，關鍵在於對性、理的體會，是否可以直貫注於人身而起道德活動。縱使不與其他理學家比照，就著《論語》原文來看，夫子談仁恐亦不似朱子這般曲折複雜，又是專言之仁，又是偏言之仁。首先，孔子並未將仁局限於愛人這一面，由《論語》原文即可看出。「愛人」只是夫子回答像樊遲這般資質較差的學生的答案，至於天資聰穎敏銳的學生，夫子根本不會以這麼簡單的答案應答，故夫子並未將仁局限於「愛」之情上。

仁對夫子而言，應當是個興發心志的活潑動力，激使人嚮往一個理想、豐富、不限於俗的自由生命，它時刻提醒人不要死於自然生命的習氣障蔽之下。人皆嚮往有價值的事物，而一切價值之源，事實上，並非來自社會的認可與讚美，而是來自於自己真實的心靈。《論語》每一章皆表現了孔子活潑而豐富的生命，此活潑豐富的生命皆原於夫子徹達仁之為價值主體而展現出來的，故每一章皆是言仁，不僅是有「仁」出現之處才是論仁的篇章。「學而時習之」即是仁的表現，「克己復禮」是仁，「發憤忘食，樂以忘憂」也是仁，「恥巧言、令色、足恭」亦不離仁，甚者「浴乎沂，風乎舞雩，詠而歸」也是仁者的生命。仁是這般具體而活潑，卻被朱子講成「愛之理，心之德」，至此仁只是存有之理，那種生機無限的活潑動力即減殺掉了。仁本身沒有動力作用，得靠心之知覺而發情才能起現，而相應於仁所發之情卻僅限於惻隱慈愛而已。這般說仁，豈不將道德動力完全減殺而變成了「他律道德」？蓋真正之道德必是自律道德方可。所謂「自律道德」即是心可以自發自立道德法則，而「他律道德」則是心必需接受外來已成的道德法則，不論是來自社會習俗、權威教導、上帝或是天命所賦予的性理，此皆非真實的道德。

朱子雖未扣緊道德本質而論道德，可是他的理論亦有輔助實踐道德的作用。例如在〈克伐怨欲不行〉一章，朱子批評原憲「只緣也見得道理未盡」，此批評極為恰當，因為人生義理無窮，必需不斷窮理才行。但是要如何窮理呢？朱子之窮理工夫待下一章詳釋之。由於此「即物窮理」之工夫，亦導至朱子對聖人有求全之看法。

第三章　朱子論聖人

　　由朱子論仁之方式，不免影響他的修德之工夫論；而順此工夫論，又難免左右了他的聖人觀，蓋聖人乃踐仁行義至純熟者，非天生而成者，是以如何踐德成聖之修養工夫，即有關係於所成就之聖人之型態。在論朱子之聖人觀以前，我們有必要了解朱子的工夫論，再循其工夫論而考察朱子心中的理想聖人是何種型態。

第一節　朱子之工夫論——格物致知，即物窮理

　　順著上一章朱子論仁的理論，我們很清楚他是由「然推其所以然」的推理方式而推出「仁之理」，用這種方式推論有道德之理之存在，必得涉及外物，因為事事物物皆有理存焉，故「即物」乃朱子窮理的必然方式。

　　在〈吾與點也〉一章，曾引一則：「天理流行，觸處皆是。暑往寒來，川流山峙。……所以貴乎格物者，是物物上皆有此理。」由於事事物物上皆有個道理，故欲窮理者莫過於「格物」。要格物，必得「致知」，若不致吾知，將如何格物？故「格物致知」乃一體不可分之工夫。那麼何謂「格物致知」？

　　「格物致知」一語出自《大學》經一章，《集註》解曰：「致，推極也。知，猶識也。推極吾之知識，欲其所知無不盡也。格，至也。物，猶事也。窮至事物之理，欲其極處無不到也。」簡單言之，即推致吾所知而窮事物之理於極處，謂之格物致知。吾心本自有「知」，此「知」當「知覺」或「知識」而言，推吾知至事事物物上而窮其理。程子補〈大學傳〉五章云：

　　　所謂致知在格物者，言欲致吾之知，在即物而窮其理也。蓋人心之

—47—

靈莫不有知，而天下之物莫不有理，惟於理有未窮，故其知有不盡
也。是以《大學》始教，必使學者即凡天下之物，莫不因其已知之
理而益窮之，以求至乎其極。至於用力之久，而一旦豁然貫通焉，
則眾物之表裏精粗無不到，而吾心之全體大用無不明矣。此謂物格，
此謂知之至也。

此章可做為「格物致知」完整的詮釋。何以修身之根本在於格物致知呢？
蓋人心之靈莫不有知，而天下之物莫不有理。是以談格物致知必先肯定兩件
事：一是肯定吾心之虛靈不昧，可以知覺理而涵攝之。《語類》中有一條：

人之一心，本自光明。常提撕他起，莫為物欲所蔽，便將這箇做本
領，然後去格物、致知。如《大學》中條目，便是材料。聖人教人，
將許多材料來修治平此心，令常常光明耳。……但只要自家常醒得
他做主宰，出乎萬物之上，物便來應。易理會底，便理會得；難理
會底，思量久之也理會得。若難理會底便理會不得，是此心尚昏未
明，便用提醒他。（《語類》卷第15，頁292）

首先要肯定人心本自光明，所謂「本自光明」，意謂吾心本來虛靈不昧，本具
知覺認識的作用。因為肯定吾心本具知覺作用，方能推致吾之知覺至事事物
物上。不過，吾心易為物欲所蔽，而不得發揮其知覺作用；或因天生氣質之
清濁挾半，而僅能發揮部分的知覺作用，可以無困難地認知易理會的理，至
於難理會的，就得下工夫去理會它，方理會得。

肯定了吾心本自有知，接著此知該應用在何處？反過來應用在吾心上
嗎？當然不是。上一章我們討論「心」之重要處在於它可以知覺「理」，那麼
「理」在何處？依朱子之意，理處處皆得，散在事事物物上，若要窮理，唯
一之途便是「格物」，格者至也，至事事物物上而窮其理。朱子云：

事事都有箇極至之理，便要知得到。（《語類》卷第15，頁282）

又云：

世間之物，無不有理，皆須格過。（同上卷，頁286）

又云：

聖人只說「格物」二字，便是要人就事物上理會。且自一念之微，
以至事事物物，若靜若動，凡居處飲食言語，無不是事，無不各有
箇天理人欲。（同上卷，頁287）

理皆散在事中，故需格物而窮理。由此亦可得一例證，萬理「本」不畢具於

心中，故從未聞朱子言「格心窮理」。心只是一知覺作用而已，是一實然的心氣之靈，朱子既然如此規定「心」之本質，則不應常言「萬理具足於心中」，若不經過格物致知的工夫，何能萬理具足於心中？

　　既明格物致知必須肯定吾心本自有知，以及事事物物皆有理，則進一步得弄清「格物」的對象是否有範圍？再者格物窮理的最後目標是什麼？最後以「格物致知」來做為實踐工夫果真可以達到朱子心中的理想境地？

　　依照程子的〈大學補傳〉：「必使學者即凡天下之物，莫不因其已知之理而益窮之，以求至乎其極。」既言格物，則不可能只格一物便行，必得格多物才行。但若依程子之言「必使學者即凡天下之物」，則所格之對象未免過於浩瀚無窮，人之生也有涯，如何盡格天下一切物？可知程子此言只是原則性的說辭，非謂教天下人必窮盡天下一切理方行。故《語類》中有幾則討論格物窮理的範圍：

> 明道云（按此處該當是伊川）：「窮理者，非謂必盡窮天下之理；又非謂止窮得一理便到。但積累多後，自當脫然有悟處。」又曰：「自一身之中以至萬物之理，理會得多，自當豁然有箇覺處。」今人務博者卻要盡窮天下之理，務約者又謂「反身而誠」，則天下之物無不在我者，皆不是。如一百件事，理會得五六十件了，這三四十件雖未理會，也大概是如此。（《語類》卷第18，頁395）

> 問程子格物之說。曰：「須合而觀之，所謂『不必盡窮天下之物』者，如十事已窮得八九，則其一二雖未窮得，將來湊會，都自見得。又如四旁已窮得，中央雖未窮得，畢竟是在中間了，將來貫通，自能見得。程子謂『但積累多後，自當脫然有悟處』，此語最好」。（同上卷，頁396）

> 問：「知至若論極盡處，則聖賢亦未可謂知至。如孔子不能證夏商之禮，孟子未學諸侯喪禮，與未詳周室班爵之制之類否？」曰：「然。如何要一切知得！然知至只是到脫然貫通處，雖未能事事知得，然理會得已極多。萬一有插生一件差異底事來，也都識得他破。只是貫通，便不知底亦通將去。」（同上卷，頁396）

可知格物窮理既不能言毫無範圍，漫無限制，必窮天下之物而後止；又不能言有一定的範圍，只限於格某些物事。這種工夫的要訣就在於「積累得多，自然便貫通」，是以〈大學補傳〉云：「至於用力之久，而一旦豁然貫通焉」，

依程、朱之意，用力於格物窮理之時一久，「自然」便會脫然貫通，至於用力至何時方能有貫通之悟，這是沒有保證的，也不能心存期待之想，反正埋頭做去就是了。譬如《語類》有一則：

> 問：「格物工夫未到得貫通，亦未害否？」曰：「這是甚說話！而今學者所以學，便須是到聖賢地位，不到不肯休，方是。但用工做向前去，但見前路茫茫地白，莫問程途，少間自能到。」（《語類》卷第 15，頁 288）

這是徹底的漸教工夫，今日格一件，明日格一件，慢慢地磨來磨去，總有一天，一定會磨出個結果出來。格物窮理的保證僅止於此，其餘不能再問了。

格物窮理的範圍就是如此，既非有限，又非無限，一言以蔽之，乃一「不定的」範圍，其目標就在於「一旦豁然貫通焉」。其實就算已達到豁然貫通的境地，依朱子意，仍是要不斷地格下去，終其一生皆不捨格物之工夫。

能夠脫然貫通萬事萬物，即示對於眾物可以把握其大本大根，知萬物皆出於同一根源，如此方能貫通萬事萬物。於是吾人必須再窮究所謂「格物窮理」，所窮究的是何種理？原其初朱子以「然推其所以然」而推出「仁之理」，再以此方式普遍應用於其他事物上，而謂事事物物皆有其所以然之理。至於物之所以然之理，一則可以指謂使物得以存在的實現之理，即超越的存有之理，或以唐先生之言曰「生生之理」；另一則可以指謂物之形構之理，即物之形狀、本質構造之理。順應前者可以開出存有論，依循後者則可開出知識論。依朱子之意，其欲窮之理是存有之理？還是形構之理？

依唐先生之見，其認為：

> 朱子之所謂理，固有二義，其一義為：一物所具之理或一事一物之極至之理。此可為就一事一物之特定之形式構造相狀而言之理，而相當於西哲之形式之理者，於此可說物有許多，理亦有許多，物各有其理或律則，而各有其極。朱子所謂格物窮理，亦初重在分別就物之不同，以知其不同之理。然朱子所歸宗之理，則又為一統體之理。此統體之理，即一生生之理，生生之道，而相當於西方哲學所謂實現原則者。〔註1〕

是以朱子未嘗捨此取彼，只是所歸宗者仍在生生之理，而不停滯於形式之理。《語類》曰：

〔註 1〕 參見唐君毅，《中國哲學原論·導論篇》，頁 465。

> 花瓶便有花瓶的道理，書燈便有書燈的道理，水之潤下，火之炎上，
> 金之從革，木之曲直，土之稼穡，都有性，都有理。人若用之，順
> 這理始得。若把金來削做木用，木來鎔做金用，便無此理。（《語類》
> 卷第 97，頁 2484）

此便是分別物之形式之理之不同。但若停滯於此，則何能貫通各種類的形式
之理？是以必進至一統體之理，以貫串萬理。朱子如是云：

> 事事物物皆有箇極，君之仁，臣之敬便是極，此是一事一物之極。
> 總天地萬物之理，便是太極。（《語類》卷第 94，頁 2375）

> 自太極至萬物化生，只是一箇道理包括，非是先有此而後有彼。但
> 統是一箇大源，由體而達用，從微而至著耳。（同上卷，頁 2372）

此統體之理，朱子便名之曰「太極」，做為天下萬物的大本大根。至於這個做
為「大源」之太極，如何表現在萬理上？车先生如此言：

> 依朱子，此理只是一理，一太極，一個絕對普遍的、存有論的、純
> 一的極至之理。所謂百理、萬理實只是一極至之理對應個別的存在
> 之然而顯見（界劃出）為多相，實並無定多之理也。存在之然是多，
> 而超越的所以然則是一。太極涵萬理實只是對存在之然顯現為多相
> 再收攝回來而權言耳。〔註 2〕

太極僅是使萬物得以存在之實現之理，是超越地規定萬物如此或如彼，至於
個別之物之構造之理，是展現太極為某一樣態。太極無形跡、無動靜，由何
得見？即由氣化之物而得見。太極對著動而為動之理以成其所以為動，對著
靜而為靜之理以成其所以為靜，其他萬物亦然：對著惻隱之情，即顯現出一
仁理之相；對著羞惡之情，即顯現出一義理之相；其餘亦然。仁、義、禮、
智皆統於太極之理。是以朱子常言「物物一太極」之類的話題：

> 或問太極。曰：「太極只是箇極好至善底道理。人人有一太極，物物
> 有一太極。周子所謂太極，是天地人物萬善至好底表德。」（《語類》
> 卷第 94，頁 2371）

> 太極非是別為一物，即陰陽而在陰陽，即五行而在五行，即萬物而
> 在萬物，只是一箇理而已。因其極至，故名曰「太極」。（同上卷，
> 頁 23771）

〔註 2〕參看牟宗三，《心體與性體》第一冊，頁 90。

格物窮理必得窮至此，方能有所謂「豁然貫通」處。

然則單只知一極至之理，當吾人面對各式各樣的存在之然，欲依著此一超越之存在之理去行事，則恐不知如何下手是好。此存在之理，說實了，僅是一空洞而形式化之理，其中一無內容，故面對各種特殊的情境，吾人實不能僅依著太極之理去發不同的特殊行為。此時，吾人即需具備「形構之理」，亦即唐先生所言「形式之理」之知識，方能泛應曲當，否則對子女是慈愛，對友人亦是慈愛，兩種慈愛又是何差別呢？是故要兼知太極之理與形構之理，方是知得「眾物表裏精粗無不到」，方為「知之至也」。

> 知至，謂天下事物之理知無不到之謂。若知一而不知二，知大而不知細，知高遠而不知幽深，皆非知之至也。要四至八到，無所不知，乃謂至耳。（《語類》卷第15，頁296）

> 或問：「『理之表裏精粗無不盡，而吾心之分別取捨無不切。』既有箇定理，如何又有表裏精粗？」曰：「理固自有表裏精粗，人見得亦自有高低淺深。有人只理會得下面許多，都不見得上面一截，這喚做知得表，知得粗。又有人合下便看得大體，都不就中間細下工夫，這喚做知得裏，知得精。二者都是偏，故《大學》必欲格物、致知。到物格、知至，則表裏精粗無不盡。」（《語類》卷第16，頁324）

所謂「知得表，知得粗」便是知得物之形構之理，所謂「知得裏，知得精」便是知得極至之理。依朱子，兩者皆不可偏，若偏者必出差錯。

> 問表裏精粗。曰：「須是表裏精粗無不到。有一種人只就皮殼上做工夫，卻於理之所以然者全無是處。又有一種人思慮向裏去，又嫌眼前道理粗，於事物上都不理會。此乃談玄說妙之病，其流必入於異端。」（同上卷，頁325）

有許多人被朱子指責為「流禪」，原因正是朱子認為這些人一心只思慮向裏去，卻忽略眼前道理，實則即是忽略形構之理之知識，是以難免於談玄說妙之病，而無踏實之工夫，其流必入於異端。由此，我們亦可見出朱子重視「下學」、「道問學」，而其所謂「學」者，亦涵括了見聞之知識，而此種知識對朱子而言，乃屬必要的，否則就不能知之至也。

格物致知的理論大致上便是如此，朱子欲循此工夫而達至「人欲既盡，天理流行」的理想境地，其實這也是每一位儒者共有的理想目標。荀子云：「學惡乎始，惡乎終？曰：其數則始乎誦經，終乎讀禮。其義，則始乎為士，終

乎爲聖人。」（〈勸學篇〉）成聖成賢便是儒者共同希求之境，而朱子即以「格物致知」做爲成聖之路徑。格物致知能夠成立，惟賴於其後設之理論，即：宇宙有一極至之理，此理散於事事物物上，使天地得以生化不息。若欲知此理，必得即物而窮理。所窮之理不免得先理會一些粗的、表的經驗知識，待用力之久，理會得多了，少間便能脫然貫通，而解悟原來萬理皆不離太極，以此太極之理而貫串萬理。吾心若知得理盡，即能循理而發出相應之情，天理便得以流行於現實生命中。

　　至於這種工夫，用力一久，是否便如朱子所言「自然」就會脫然貫通，是沒有必然的保障性，此中便有賴個人的資質。才力大者或可幾近於此；至於才力小者，連窮個經驗知識都得費許大力氣，如要望其「一旦豁然貫通焉」，庶幾乎遙不可期。是以循此工夫而欲成聖，此中非得靠才高博學不可。當然，聖人之所以爲聖人，乃由於德高，非緣於才大，「大賢以上不論才」，這是每一位儒者所共許的，然而在「格物致知」之引導下，聖人終不免爲才高博學者，於是大才、博學幾爲成聖之必要條件。朱子之聖人觀便是如此。雖則朱子亦知成聖本質在於「去人欲，存天理」，但去欲存理就得依著格物致知、即物窮理的工夫方可，順此工夫而爲的聖人能不才高、博學嗎？下一節即論朱子如何看待孔子——這一位歷史上具體的聖人，而體察出朱子之聖人觀。

第二節　朱子對有關「聖人」章節之詮釋

　　欲知聖人，莫過於觀孔子，蓋有具體詳細的文獻可察。《論語》中許多孔子自述個人之言談，皆可看出聖人之本懷，因爲最了解孔子的人，仍是孔子本人。此節即觀看朱子如何詮釋聖人之自白，而細察朱子心中之聖人是何型態。

　　　　子曰：「賜也，女以予爲多學而識之者與？」對曰：「然，非與？」
　　　　曰：「非也，予一以貫之。」（〈衛靈公第 15〉）
　　《集註》引上蔡之言：

　　　　聖人之道大矣，人不能遍觀而盡識，宜其以爲多學而識之也。然聖
　　　　人豈務博者哉？如天之於眾形，匪物物刻而雕之也。故曰：「予一以
　　　　貫之。」「德猶如毛，毛猶有倫。上天之載，無聲無臭。」至矣！
聖人豈爲博學而博學？乃原於其道大，無所不學。但聖人之學極其自然，隨

其仁心潤澤至何處而學至何處，此是以仁心爲主而規定學之方向、內容，非是先博學而後了解仁爲何物。這樣的博學極其自然，非強學之而有，故猶如天之於眾形，自然就呈現物之形狀，非有意去雕刻之，故博學非必要之條件。上蔡之言極爲明白，但朱子卻有另番計較而載於《語類》中。

> 孔子告子貢曰：「女以予爲多學而識之者與？予一以貫之。」蓋恐子貢只以己爲多學，而不知一以貫之之理。後人不會其意，遂以爲孔子只是一貫，元不用多學。若不是多學，卻貫箇甚底！且如錢貫謂之貫，須是有錢，方貫得；若無錢，卻貫箇甚！孔子實是多學，無一事不理會過。若不是許大精神，亦吞不得許多。只是於多學中有一以貫之耳。(《語類》卷第 45，頁 1148)

若依上蔡的看法，聖人是以仁德爲主，多學不過是仁心要求而附帶開展的而以仁德貫之，並非成聖之必要條件；可是依朱子之言，則多學在先，而後再求「一」以貫之。是以多學成了聖人生命中不可缺少的，是成聖的必要條件。所謂「必要條件」者，乃「有之不必然，而無之必不然」之謂，故其他人縱也是博聞多學，卻未必即能成聖，因爲他們缺乏「一」以貫之。但是若連多學一併捨去，則於成聖根本是緣木求魚。是故若以爲孔子只是「一貫」，而無需多學，那就大錯特錯，因爲若不博學多識，則有何物可貫？譬如錢貫，須是有錢方貫得，若無錢，貫個什麼？聖人無一事不理會，故成聖也必須有「許大精神」，才能吞得許多。

所謂「一」者，據上節之討論，則太極之理而已，其所以貫則是太極之行乎事物之間而無不通者。子貢所缺乏的，就是不明這該乎萬理之「一」，使其明白眾理者本太極之一理也，則天下事物之多皆不外乎是而無不通矣。此義詳載於《論語或問》中：

> 蓋子貢之學固博矣，然意其特於一事一物之中各有以知其理之當然，而未能知夫萬理之爲一而廓然無所不通也。若是者，雖有以知夫眾理之所在，而汎然莫爲之統，其處事接物之間，有以處其所嘗學者，而於其所未嘗學者則不能有以通也。故其聞一則止能知二，非以億而言，則亦不能以屢中，而其不中者亦多矣。聖人以此告之，使之知所謂眾理者本一理也，以是而貫通之，則天下事物之多皆不外乎是而無不通矣。(《論語或問》卷 15)

子貢之學亦博矣，可惜唯限於知一事一物等特定對象之理，依朱子之言，即

僅知得表、知得粗，故聞一止能知二，雖然憑其聰明而可億則屢中，終究欠
一著。故孔子告之以「一以貫之」即是點醒他：天下之理雖是無窮繁多，可
畢竟皆本一理而來，果能洞徹萬理之為一，則無所不通矣。

　　夫子既告知子貢「一以貫之」，則子貢當該如何致力？依朱子看來，只要
子貢能「脫然喻向者之萬殊，為今日之一致而無疑耳，豈容至是而復用力以
求其所謂『一』？」（《論語或問》卷第 15）由此可知，一不離萬，萬不離一，
不能離眾理而求所謂「一」理。若非子貢已博學多聞矣，則夫子亦不會告知
此言。聖人本身清楚「一以貫之」的道理，也是在他積學博聞之後的領悟，
不論此領悟是聖人生而知之或學而知之，總之不離格物窮理，故聖人之博學
是必然的。由此可推知朱子有著一種對於人之能成聖亦需具備不凡才質的看
法，否則普通人對天下萬事萬物如何一一理會？此義尤見於〈大宰問於子貢〉
一章：

> 大宰問於子貢曰：「夫子聖者與？何其多能也？」子貢曰：「固天縱
> 之將聖，又多能也。」子聞之，曰：「大宰知我乎！吾少也賤，故多
> 能鄙事。君子多乎哉？不多也。」牢曰：「子云：『吾不試，故藝。』」
> （〈子罕第 9〉）

《語類》中有記載朱子與門人討論此章的情形，內有一條：

> 先生曰：「大宰云：『夫子聖者歟！何其多能也？』是以多能為聖也。
> 子貢對以夫子『固天縱之將聖，又多能也。』是以多能為聖人餘事
> 也。子曰：『吾少也賤，故多能鄙事。君子多乎哉？不多也。』是以
> 聖為不在於多能也。三者之說不同，諸君且道誰說得聖人地位著？」
> 諸生多主夫子之言。先生曰：「大宰以多能為聖，固不是。若要形容
> 聖人地位，則子貢之言為盡。蓋聖主於德，固不在多能，然聖人未
> 有不多能者。夫子以多能不可以率人，故言君子不多，尚德而不尚
> 藝，其實聖人未嘗不多能也。」（《語類》卷第 36，頁 95）

　　朱子唯贊同子貢形容聖人地位為盡，「天縱之將聖」，意謂夫子氣稟清明，
本領大，故所做自是與他人不同，故能事事做得出來，而不在於夫子之少也
賤不賤。多能雖然不是為聖之充分條件，但「聖人未有不多能者」，故多能亦
是聖人特徵之一。至於夫子之言僅是謙辭，蓋多能未可以率人，唯子貢所答
方是說得聖人體段。多才多藝雖非可貴，但也不是普通資質之人可以企及，
故由「聖人自是多能」一句，可推想朱子對於成聖或多或少持著天定的觀念，

如一般資質平凡之人，誰有如許大的才力去博學多能，以至一以貫之？故成聖亦有氣稟的限定，此限定不僅止於氣質昏濁難以誠德明道而已，亦含才力微薄難以博學多能之義。

就資質的等級而論，聖人當屬上上中人，亦即「生而知之」者，朱子即是這般看聖人。縱然孔子明示「我非生而知之者」，朱子依然認定孔子乃生而知之者，只因聖人有若無，實若虛，恁地不自滿，故常以謙辭示人。譬如〈我非生而知之者〉一章：

> 子曰：「我非生而知之者，好古，敏以求之者也。」（〈述而第7〉）

《集註》云：「生而知之者，氣質清明，義理昭著，不待學而知也。」又引尹氏之言：「孔子以生知之聖，每云好學者，非惟勉人也，蓋生而可知者義理爾，若夫禮樂名物，古今事變，亦必待學而後有以驗其實也。」

據此兩段文，可知朱子有意將學習分成兩種，一是見聞之知的學習，譬如禮樂名物、古今事變等經驗知識，任何人皆須待學而知。在這方面，未有人可以生而知之。學習的方式不外乎格物致知，即物窮理；另一則是德性之知的學習，這種學習可就著稟賦清濁而有生而知之、學而知之的差別。至於此德性之知的學習方式，依朱子的理論，一般人仍得依循格物致知以得之，但聖人氣稟清明，義理昭著，可以不待學而知。因此孔子之好古敏求，僅止於禮樂名數而已。朱子曾云：

> 聖人於義裡，合下便恁地。「固天縱之將聖，又多能也。」敏求，則多能之事耳。其義理完具，禮樂等事，便不學，也自有一副當，但力可及，故亦學之。若孟子於此等，也有學得底，也有不曾學得底，然亦自有一副當，但不似聖人學來尤密耳。（《語類》卷第34，頁891）

此處可看出朱子十分推尊聖人的優越稟賦，縱使聖人不學禮樂等事，「也自有一副當」，總不會離了格。待學了之後，又比眾人習得切當而中矩。這一切全源於聖人生知之明，仁義禮智等性理，合下便完具而明瞭，無需格物窮理之後方知事親必孝、從兄必弟、事君必忠等道理，他合下便全知了。是以聖人雖亦學，然其學豈與他人相同？朱子道：

> 「好古敏以求之」，聖人是生知而學者。然其所謂學，豈若常人之學也！「聞一知十」，不足以盡之。（同上卷，頁891）

這真是把聖人之才推尊到極點了。於其他章節，朱子同樣抱持這般態度。如〈葉公問孔子於子路〉章：

葉公問孔子於子路，子路不對。子曰：「女奚不曰：其為人也，發憤
忘食，樂以忘憂，不知老之將至云爾。」（〈述而第7〉）

《集註》曰：「未得，則發憤忘食；已得，則樂之而忘憂。以是二者俛焉
日有孜孜，而不知年數之不足，但自言其好學之篤耳。然深味之，則見其全
體至極，純亦不已之妙，有非聖人不能及者。」所謂「全體至極」，意指聖人
合下便完具，沒那不間不界的事，發憤便忘食，樂便忘憂，更無些少係累，
無所不用其極，從這頭便默到那頭。〔註3〕是故朱子言「聖人之學，豈若常人
之學！」可見聖人一有所憤發，便做到底，不肯半上落下的，故爾事事透徹，
事事皆做到那極致處。

然則聖人亦有未得之事焉？朱子言：「聖人未必有未得事，且如此說。若
聖人便有這般事，是他便發憤做將去。」（《語類》卷第34，頁890）朱子以
為聖人是否真有未得之事，非重點所在，因這只是聖人「若自貶下之辭」（同
上卷，頁888），譬如「好古敏以求之」、「學不厭、教不倦」等皆是謙辭，均
是移向下一等說以教人，是聖人俯而就之，故說得如此平易，其實真正大本
之處，聖人早已生知了。《語類》有一條例云：

> 聖人緊要處，自生知了。其積學者，卻只是零碎事，如制度文為之
> 類，其本領不在是。（同上卷，頁890）

所謂「緊要處」即是萬理之本源處，聖人不待學便能知之，自然便能誠德明
道，至於其所學只是「零碎事」，或是「沒緊要底事」。

> 陳問：「《大學》次序，在聖人言之，合下便都能如此，還亦須從致
> 知格物做起？但他義理昭明，做得來恐易。」曰：「也如此學。只是
> 聖人合下體段已具，義理都曉得，略略恁地勘驗一過。其實大本處
> 都盡了，不用學，只是學那沒緊要底。如《中庸》言：『及其至也，
> 雖聖人有所不知不能焉。』人多以至為道之精妙處。若是道之精妙
> 處有所不知不能，便與庸人無異，何足以為聖人！這至，只是道之
> 盡處，所不知不能，是沒緊要底事。他大本大根元無欠闕，只是古
> 今事變，禮樂制度，便也須學。」（《語類》卷第15，頁295）

循朱子之意，對於德性之知，即對於萬理根源之知，聖人是無需再致知格物，
因他合下體段已具；至於常人，則仍需依著格物致知工夫而入道。既然聖人
超出格物致知之修德用功之徑，則成聖即無需非依著格物窮理不可，他可依

〔註3〕參見《朱子語類》卷第34，〈論語16〉，頁889。

著天生的高明之質自然成聖。如此一來，朱子的工夫論即無普遍必然性，一則格物窮理不能普遍應用於每一人，至少對聖人便應用不上；二則眞正成聖之因，其實是原於天生的高明之質，也不是眞由格物窮理而來。換言之，格物窮理非必然保證人人必可成聖。此豈非朱子工夫論之弊哉？

　　朱子既認定聖人乃生知而博學多能者，故對於《論語》中有關夫子的自白，一律視爲聖人之謙辭。例如：

　　　　子曰：「默而識之，學而不厭，誨人不倦，何有於我哉？」（〈述而第 7〉）

對於「何有於我哉」，朱子即認爲「聖人是自謙，言我不曾有此數者。聖人常有慊然不足之意。」（《語類》卷第 34，頁 857）孔子此言唯是謙己以勉人，非聖人果無此數者。又如：

　　　　子曰：「德之不脩，學之不講，聞義不能徙，不善不能改，是吾憂也。」
　　　　（〈述而第 7〉）

朱子亦斷定「聖人固無是四者之憂，所以然者，亦自貶以教人之意。」（同上卷，頁 860）聖人生知安行，豈有「德之不脩」之理？朱子對於孔子之生知博學可謂篤信不疑。由以下〈子入大廟〉一章更可見出。

　　　　子入大廟，每事問。或曰：「孰謂鄹人之子知禮乎？入大廟，每事問。」
　　　　子聞之曰：「是禮也。」（〈八佾第 3〉）

　　孔子年青時代即以知禮聞名，而今入大廟卻每事問，豈非有負知禮之名？故朱子註此章乃云：

　　　　孔子言是禮者，敬謹之至，乃所以爲禮也。

又引尹氏之言：

　　　　禮者，敬而已矣。雖知亦問，謹之至也，其爲敬莫大於此。此謂之
　　　　不知禮者，豈足以知孔子哉？

「雖知亦問，謹之至也」即是朱子解孔子行徑的辦法。蓋於朱子的眼光中，孔子是博學而無所不能的，又是以知禮聞名，豈有不知大廟之禮而必每事問人？故孔子之問是「雖知亦問」，因大廟非尋常處，必須萬分敬愼不可出一毫差錯，每事問人方可確保所知無誤，是爲「謹之至也」。

　　然則朱子雖一再重申夫子乃生知安行者，可是夫子分明自言自己有一段深淺進階的學習歷程。《論語》中記載之：

　　　　子曰：「吾十有五而志於學，三十而立，四十而不惑，五十而知天命，

六十而耳順，七十而從心所欲，不踰矩。」（〈爲政第2〉）

孔子自言進德之序如此，顯然亦是「學而知之」，朱子於此有何解釋？《集註》引伊川之言：

> 孔子生而知之也，言亦由學而至，所以勉進後人也。立，能自立於斯道也。不惑，則無所疑矣。知天命，窮理盡性也。耳順，所聞皆通也。從心所欲不踰矩，則不勉而中矣。

又曰：

> 孔子自言其進德之序如此者，聖人未必然，但爲後者立法，使之盈科而後進，成章而後達耳。

總之，孔子乃爲立法垂教而自言如此，本人非必如其所言，此正伊川所謂：「孔子之道一也，其教人則異。孔子常俯而就之，孟子則推而高之。孔子不俯就則人不親，孟子不推高則人不尊。」（《論語精義》卷4上）爲了接引後學入道，孔子不得不俯而就之，是故其所言常有勉進後學之意，本人未必便如是也。

另外朱子在《語類》中與學生討論的結果是：

> 聖人生知，理固已明，亦必待十五而志於學。但此處亦非全如是，亦非全無實，但須自覺有生熟之分。（《語類》卷第23，頁557）

既然聖人生知安行，義理昭明，何必待十五而志於學？又何必待四十而不惑，五十而知天命？朱子終究不敢下一個定論，另言「此處非全如是，亦非全無實」這般半上不下的話題，叫人如何明白？察其詮釋此章之註語：

> 「吾十有五而志於學」，古者十五而入大學。心之所之謂之志。此所謂學，即大學之道也。志乎此，則念念在此而爲之不厭矣。「三十而立」，有以自立，則守之固而無所事志矣。「四十而不惑」，於事物之所當然，皆無所疑，則知之明而無所事守矣。「五十而知天命」，天命，即天道之行而賦於物者，乃事物所以當然之故也。知此則知極其精，而不惑又不足言矣。「六十而耳順」，聲入心通，無所違逆，知之之至，不思而得也。「七十而從心所欲不踰矩」，隨其心之所欲，而自不過於法度，安而行之，不勉而中也。

若「知天命」如朱子之所詮釋，乃知事物所以當然之理，即是知萬物之大本處，則聖人早該合下便完具而知，何必待五十而知？朱子當如何自圓其說？

《語類》釋此一段註語曰：

> 志學時，便是知了，只是箇小底知；不惑，知天命，耳順，卻是箇
> 大底知。立，便是從心不踰矩底根子；從心不踰矩，便是立底事，
> 只是到這裏熟，卻是箇大底立。（同上卷，頁554）

依朱子之意，夫子之學，固然階段分明，但每一階段實互相涵蘊，不能言夫子十五志學之初，對道理全然無知，若是全然無知，則又如何志學？要志於何處？是以夫子志學時，便是知了，只是箇小底知，三十而立，亦只是小底立；至晚年方知得詳盡透徹，行得較爛熟。至此我們可以了解上文朱子所言「但須自覺有生熟之分」之涵義，夫子之學，只是由生至熟。

　　縱使後人這般解釋孔子之學有生熟階段之分，有人認定這是實說，也有人認爲不過是假設之言，若依朱子之見，則是：

> 聖人不到得十年方一進，亦不解懸空說這一段。大概聖人元是箇聖
> 人了，它自恁地實做將去。它底志學，異乎眾人之志學；它底立，
> 異乎眾人底立；它底不惑，異乎眾人底不惑。（同上卷，頁559）

朱子總認定聖人超越常人等，若此章所言皆是實說，十年方一進，則顯得聖人的才質、稟賦與常人無二；但若言純是假設，則又顯得聖人有意造做，且有欺人之嫌。故朱子僅言聖人亦有學，只是他的學異乎眾人之學，是眾人望塵莫及的學習方式，我們不得而知。《集註》於此章所下的最後結論是：

> 愚謂聖人生知安行，固無積累之漸，然其心未嘗自謂已至此也，是
> 其日用之間，必有獨覺其進而人不及知者。故因其近似以自名，欲
> 學者以是爲則而自勉，非心實自聖而姑爲是退託也。

此段註文真是一曲三折，既非如此，又非如彼，頗令人費解。首先吾人須先體察聖人本身的確是生知安行，不過是聖人未嘗自謂已至此境地，故言「我非生而知之者，好古，敏以求之者也」，此乃「不居聖」之意，但吾人不能就此認定聖人爲待學而知者。可是聖人雖有生知之明，其初之知可能只是個大略而模糊的輪廓，其中許多細節不甚清楚了然，唯知事物合著該如此，而不知道理由何而來，此則待學而知。然聖人縱是志學，亦必有獨覺其進而人不及知者，其覺敏銳其進神速，當其下學之時，與眾人共，及其上達天理之妙，忽然上達去，人皆捉摸不著。故聖人心境的進展難以清楚明示，只能就著近似而自名如此，欲學者以是爲則而自勉，故有「吾十有五而志於學」以至「七十從心所欲不踰矩」之談。

　　孟子肯定「人人皆可以爲堯舜」，這是宋明理學家所共許旳，其根據在於

肯定人之「性善」，由於性善，故人皆有能力修德以臻至聖人之境。當然這亦是理想之談，事實上，成聖的確不是簡單易行之事，若再以朱子論聖人的方式，則成聖更是遙不可及之事。理由有二：一是朱子之工夫論乃是「即物窮理」免不了經驗知識的涉及，故為聖必得博學多能，但並非人人皆可博學多能，此有賴於稟賦優異之人。故第二個理由就是：朱子對於成聖不得不摻雜屬於氣質方面的才力，則成聖即非人人可企及的理想，孟子之言亦隨之落空。故對於朱子所言成聖既是博學多能而又生知安行之說，明儒王陽明即反對之，此於下一節再行詳釋。

第三節　王陽明之「聖人觀」

　　陽明之年代正是朱子學說盛行之時，其對朱子自有一番研究。但研究之後的結果卻是：陽明不但不贊同朱子之說，反而批評反對之。他的反對由朱子之學問「致知格物」始，以至「聖人觀」，他都反對。陽明之反對並非無道理，因為朱子理論並非完美無疵，亦不大合於孔子精神，觀其論「仁」即可知，而其論「聖人」更不合「人人皆可成聖」的理想。陽明之論聖人即非如此，其說詳載《傳習錄》一書。

> 聖人之所以為聖，只是其心純乎天理而無人欲之雜；猶精金之所以為精，但以其成色足而無銅鉛之雜也。人到純乎天理方是聖，金到足色方是精。然聖人之才力，亦有大小不同；猶金之分兩有輕重。堯舜猶萬鎰，文王、孔子猶九千鎰，禹、湯、武王猶七八千鎰，伯夷、伊尹猶四五千鎰。才力不同，而純乎天理則同，皆可謂之聖人；猶分兩雖不同，而足色則同，皆可謂之精金。……蓋所以為精金者，在足色，而不在分兩，所以為聖者，在純乎天理，而不在才力也。故雖凡人，而肯為學，使此心純乎天理，則亦可為聖；猶一兩之金，比之萬鎰，分兩雖懸絕，而其到足色處，可以無愧。故曰「人皆可以為堯舜」者以此。（《傳習錄》卷上，頁57）

　　這就是陽明十分有名的「成色分兩說」，此說澄清界定了成聖的本質在於存天理、去人欲的實踐工夫，而不在才力大小，譬如精金之所以為精，在其成色純，而不在其分兩重。固然堯、舜、文王、孔子誠為理想的聖人典型，如《中庸》所言「聖人之道，洋洋乎發育萬物，峻極於天」，有化育萬民之功，

可是這也僅限於才力殊勝之人方可達到，且此非成聖之本質，不能要求每個人必須至此境界方爲聖人。凡人無此大才力，但只要肯爲學，使其心純乎天理，則亦可以爲聖人。也許其人不能德化萬民、垂制法統，或者刪詩、書，定禮樂、作春秋等千秋文化事業，甚且不能使後世聞其名而興，亦不礙其成聖。譬如一兩之金，比之萬鎰，分兩雖懸殊，而其到足色處，可以無愧。唯認清爲聖的本質何在，方知「人人皆可以爲堯舜」並非虛言。

縱然是孔子這般理想聖人的典型，凡千秋萬世的事業，無一不理會過，也只是從那「存天理、去人欲」上做來，並非聖人有意務求博學。若凡人欲學孔子，不先理會孔子之爲聖人的根本所在，卻急著去學那大氣魄，豈非本末倒置？或者專務欣賞聖人是如何稟賦清明，如何自然周旋中禮，事事皆有一副當，縱使爲學也學得與他人不同。專務於此，唯令人裹足不前，不敢再對成聖有一絲一毫的想頭。此豈非絕聖於後世？故陽明告誡學生：

> 學者學聖人，不過是去人欲存天理耳。猶鍊金而求其足色，金之成色所爭不多，則鍛煉之工省而功易成，成色愈下，則鍛煉愈難。人之氣質清濁粹駁，有中人以上、中人以下，其於道有生知安行、學知利行，其下者必須人一己百，人十己千，及其成功則一。後世不知作聖之本是純乎天理，欲專去知識、才能上求聖人，以爲聖人無所不知，無所不能，我須是將聖人許多知識、才能逐一理會始得；故不務去天理上著工夫，徒弊精竭力，從冊子上鑽研，名物上考索，形跡上比擬；知識愈廣而人欲愈滋，才力愈多而天理愈蔽。正如見人有萬鎰精金，不務鍛煉成色，求無愧於彼之精純，而乃妄希分兩，務同彼之萬鎰，錫、鉛、銅、鐵雜然而投，分兩愈增而成色愈下，既其梢末，無復有金矣。（同上卷，頁 58）

此言明擺著針對朱子之說而作的批評，當然朱子也不是教人專務求知識，其最主要之目標亦是窮天理，惟是在窮理過程免不了得理會許多事物，這是朱子「格物致知」必然有的現象。陽明批評其人「專去知識、才能上求聖人」固然不當，但其批評順著朱子工夫論徒令人弊精竭力，倒也貼切，因爲人若不認清而且堅信成聖之根源在於存天理、去人欲，則很容易眩惑於聖人外放的光彩，而迷失大本，尤以順著朱子之工夫論爲然。只見聖人有萬鎰精金的分量，遂起欣羨萬鎰之心，不務鍛煉成色，而乃妄希分兩，務同於聖人之萬鎰，於是錫、鉛、銅、鐵紛然而投，分兩愈增而成色愈下，至後不復

有金矣。故後人有專去才華上求表現的，有專在知識上求廣博的，正是「分兩愈增而成色愈下」之徒。故陽明屢次告誡門人，要學聖人必須在心上用功，不可汲汲然去學那氣魄。

縱使歷史上的聖人皆是博學多能，然而天下知識無窮無盡，人之生也有涯而知也無涯，聖人的生命畢竟有限，如何一一盡知？故陽明為了扭轉世人由知識上看聖人的態度而言：「聖人無所不知，只是知箇天理；無所不能，只是能箇天理。」此言收錄於《傳習錄》中：

> 聖人無所不知，只是知箇天理；無所不能，只是能箇天理。聖人本體明白，故事事知箇天理所在，便去盡箇天理；不是本體明後，卻於天下事務都便知得，便做得來也。天下事務，如名物度數，草木鳥獸之類，不勝其煩，聖人須是本體明了，亦何緣能盡知得？但不必知的聖人自不消求知，其所當知的，聖人自能問人，如「子入大廟，每事問」之類。先儒謂「雖知亦問，敬謹之至」，此說不通。聖人於禮樂名物，不必盡知，然知得一箇天理，便自有許多節文度數出來，不知能問，亦即是天理節文所在。（卷下，頁176）

此正是還聖人一個本來面目，《論語》中許多孔子的自白也當如此解，不應強解為「謙辭」，孔子也是有幾分實情說幾分話，未必全為立法垂教而謙己示人。「子入大廟，每事問」，伊川、朱子、尹氏等人皆解為「雖知亦問，敬謹之至」，即是以為聖人對於禮樂名物應無所不曉，若有一物不曉，則豈非顯得聖人無知？或如上蔡所言：

> 孔子考三代之禮，議時王之得失，於蜡則喟然而歎，禘則不欲觀，其於禮亦自任矣。豈其入大廟而疑之也？蓋雖從大夫之後，於禮之闕失，有不得而正，欲有謀焉，其將誰可？於入大廟姑與祝史語之也。每事問，祝史有知其失者，其能無動乎？使其無所知，其能無疑乎？由此將以辯之或以告而改之，冀有補也。或人豈知我者，子寧與之辯哉？曰「是禮也」，其意猶曰「慎之至也」。（《論語精義》卷2上）

此亦是孔子應知大廟之禮之意。既知又問，乃為與祝史辯之明白，或是糾正祝史錯誤的地方，或是告知祝史不詳之處，總之孔子定是知曉大廟之禮，每事問只是原於「慎之至也」。唯獨陽明直語之曰：「不知能問，亦即是天理節文所在。」何以不容許聖人有無知之處？聖人只是本體明白，義理昭著，遇

事便知箇天理所在，即去盡箇天理，可以依著天理增不足而損有餘。非是本體明後，自然便於天下事物都知得，都行得。如此即是將德性之知與見聞之知混爲一談。故應容許聖人其有不知，而不知能問，即是天理節文所在，無需爲聖人迴護。

　　了解聖人學力亦有限制，也就無需爲聖人的分兩而爭。如陽明的弟子對於其師將孔子歸爲九千鎰之聖人，心有未安。陽明即告之曰：

　　此又是軀殼上起念，故替聖人爭分兩；若不從軀殼上起念，即堯、舜萬鎰不爲多，孔子九千鎰不爲少，堯、舜萬鎰，只是孔子的；孔子九千鎰，只是堯、舜的，原無彼我。所以謂之聖，只論「精一」，不論多寡，只要此心純乎天理處同，便同謂之聖。若是力量氣魄，如何盡同得？後儒只在分兩上較量，所以流入功利；若除去了比較分兩的心，各人儘著自己力量精神，只在此心純天理上用功，即人人自有，箇箇圓成，便能大以成大，小以成小，不假外慕，無不具足。此便是實實落落，明善誠身的事。後儒不明聖學，不知就自己心地良知良能上體認擴充，卻去求知其所不知，求能其所不能，一味只是希高慕大，不知自己是桀、紂心地，動輒要做堯、舜事業，如何做得！終年碌碌，至於老死，竟不知成就了箇甚麼，可哀也已！

　　（《傳習錄》卷上，頁 64）

　　斷定夫子於禮制節文上必一一盡知，也是替聖人爭分兩，同樣流入功利去。聖人可依其才力、氣質而有不同的型態表現，或可表現伯夷之清，或表現爲伊尹之任，或如孔子之時中，大小偏圓雖不一致，然同謂之聖，蓋其心皆純乎天理，此其所以謂之聖也。後人若除去比較分兩之心，轉移至存天理處，則各人可儘著自己力量精神，努力去欲存理，則人人自可爲堯、舜。才力氣魄大的儘可德化萬民，小的亦可獨善其身，影響一鄉之人。這般各盡其力，各成其身，方是眞正的爲學成聖。

　　朱子非不知聖人之所以爲聖人在於其德，而不在其才，其亦言：「聖人是一片赤骨立底天理。」無奈限於其工夫論，以及震於歷史上的聖人是這般出於其類、拔乎其萃，無所不學，亦無所不能，遂以爲必如此方可爲聖人，故聖人焉有無知之處？是以縱然孔子自承無知，朱子依然要致辭迴護。

　　子曰：「吾有知乎哉？無知也。有鄙夫問於我，空空如也。我叩其兩端而竭焉。」（〈子罕第九〉）

對此朱子即謂：

> 此聖人謙辭，言我無所知，空空鄙夫來問，我又盡情說與他。凡聖
> 人謙辭，未有無因而發者。這上面必有說話，門人想記不全，須求
> 這意始得。如達巷黨人稱譽聖人「博學而無所成名」，聖人乃曰「吾
> 執御矣」，皆是因人譽己，聖人方承之以謙。此處想必是人稱道聖人
> 無所不知，誨人不倦，有這般意思。聖人方道是我無知識，亦不是
> 誨人不倦，但鄙夫來問，我則盡情向他說。（《語類》卷第 36，頁 960）

既向人道我無知識，有人來問我，又盡情說與他，這成了什麼呢？陽明於此
章即不如此解，其言：

> 孔子有鄙夫來問，未嘗先有知識以應之，其心只空空而已；但叩他
> 自知的是非兩端，與之一剖決，鄙夫之心便已了然。鄙夫自知的是
> 非，便是他本來天則，雖聖人聰明，如何可與增減得一毫？他只不
> 能自信，夫子與之一剖決，盡已竭盡無餘了。若夫子與鄙夫言時，
> 留得些子知識在，便是不能竭他的良知，道體即有二了。（《傳習錄》
> 卷下，頁 210）

依陽明所言，則孔子並非以知識應對鄙夫，而是以天理是非應他。蓋鄙夫之
問，未必於知識上一無所知，可能是在選擇上不知如何取捨，故來請教孔子，
此中可能夾雜義利成份，一般對己之本來天則無自信之人，於此就會徬徨失
措。是以孔子之應鄙夫，只是叩其是非兩端與之一剖決，其心即已了然。非
必孔子對於任何人所問之事皆能一一知曉，若如此，則孔子不應對樊遲所問
學農、學圃之事而答之以「吾不如老農、吾不如老圃」之言。

　　縱不論聖人之博學多能，但一味強調聖人乃生知之質亦不成，同樣會減
殺凡人為聖的動力，此時便是以「才」論聖，當然不能再言「人人皆可為聖」。
故陽明為扭轉此觀念而故意顛倒地說：

> 聖人亦是「學知」，眾人亦是「生知」。

其理由在於：

> 這良知人人皆有，聖人只是保全無些障蔽，兢兢業業，亹亹翼翼，
> 自然不息，便也是學，只是生的分數多，所謂「生知安行」；眾人自
> 孩提之童，莫不完具此知，只是障蔽多，然本體之知自難泯息，雖
> 問學克治，也是憑他，只是學的分數多，所以謂之「學知利行」。（《傳
> 習錄》卷下，頁 173）

聖人之所以爲聖人，不在於生知或學知。生而知之者，稟賦清明，較無些渣滓，容易保全本心良知，而純乎天理；學而知之者，並非不完具天理，存此良知，只是障蔽多，如濃雲密佈，昭陽較少露臉，只偶而露出一線曙光。雖然如此，亦可問學克治，終至復其本體，亦可謂之聖。即使生而知之者，亦需兢兢業業，如臨深淵，如履薄冰，望道而未之見，汲汲然用功保存之，此亦是學習。是故爲聖人爭個生而知之，與替聖人爭分兩同樣無意義，皆是枝葉上計較。孔子自承爲學而知之者，就還他一個學而知之，絲毫不降減聖人之格，何以必解爲謙辭？又如「德之不脩，學之不講，聞義不能徙，不善不能改，是吾憂也。」是孔子果眞憂心自己不能如天行健而自強不息，故時刻鞭策自己要脩德、講學、遷善改過，並非生而知之者，或至聖人處即可完全放心己身不再有過。人之過也，無窮無盡，稍一懈忘，過便襲上來。是以孔子憂此四者是眞憂心於此，非自貶以示人。且孔子自云進德之次序經過，自十五志學，至七十從心不踰矩，此過程即是孔子學習如何使心完全純乎天理的過程，這難道不是學而知之？朱子爲聖人維護生而知之的地位，實屬無意義。

陽明與朱子的聖人觀，雖非南轅北轍，可也差別甚大。兩者之差異，根源即在學問理路的不同。陽明亦談「格物致知」，不過其說法與朱子迥然有別。下節即論陽明的「格物致知」之學，以與朱子作個比較。

第四節　朱子與陽明學問思路之比較

朱子所說之「格物致知」乃：推致吾之所知至事事物物上而窮其理。故「格物致知」，換言之，即是「即物窮理」。而陽明之說「格物致知」則不然。其所謂「格物」者，格者正也，正其不正以歸於正，謂之格物。吾人何以能夠正物之不正以歸於正？即是要「致知」。「致知」者，致亦是推致之義，不過「知」者則非知覺、知識之義，而是吾心之良知本體也。推致吾之良知於事事物物上，以正其不正，謂之「致知格物」。朱子所重者乃「格物」，一言格物即包涵「致知」，而陽明所重者乃在「致知」，其學人或稱爲「致良知」教。

良知，乃心之本體，萬理畢具無不善，無需緣窮事物之理而得知。是故陽明教人首要復此心之本體，本體瑩潔無疵，方可言格物。只要養得心體全

在，則用自在其中，自能泛應曲當。陽明曰：

> 人只要成就自家心體，則用在其中。如養得心體，果有「未發之中」，自然有「發而中節之和」，自然無施不可。苟無是心，雖預先講得世上許多名物度數，與己原不相干，只是裝綴，臨時自行不去。亦不是將名物度數全然不理，只要「知所先後則近道」。（《傳習錄》卷上，頁 42）

陽明教人要先養心體，而後再理會名物度數；朱子則正好相反。「養心體」對朱子而言，只是「黑淬淬地守著」。

> 傅問：「而今格物，不知可以就吾心之發見理會得否？」曰：「公依舊是要安排，而今只且就事物上格去。如讀書，便就文字上格；聽人說話，便就說話上格；接物，便就接物上格。精粗大小，都要格它。久後會通，粗底便是精，小底便是大，這便是理之一本處。而今只管要從發見處理會。且如見赤子入井，便有怵惕、惻隱之心，這箇便是發了，更如何理會？若須待它自然發了，方理會它，一年都能理會得多少！聖賢不是教人去黑淬淬裡守著。而今且大著心胸，大開著門，端身正坐以觀事物之來，便格它。」（《語類》卷 15，頁 286）

朱子之所以有如此的看法，緣於其自始即不以「本體」視心，而是以「氣」視心，形氣之心所發之情焉能屢屢中理？若欲藉著偶一順理而發之心去窮理，則一年能理會得多少？是故朱子必得即物窮理，因理本不具於心中。

至於陽明則不然，他自始即以「本體」視心，以「理」視心，是以修德首要養得心體全在，理就在其中，無需外求。若能識得此義，則任何人皆可隨才成就自己，不論才之大小，均有其真實的價值。陽明云：

> 人要隨才成就。才是其所能為，如夔之樂，稷之種，是他資性合下便如此；成就之者，亦只是要他心體純乎天理，其運用處皆從天理上發來，然後謂之才。到得純乎天理處，亦能「不器」，使夔、稷易藝而為，當亦能之。（《傳習錄》卷上，頁 42）

此時之「才」便是道之資具，雖然「才」本身有其限制，但若施用此才之人，其心純乎天理，則此「才」便具無限價值。這便是「不器」。陽明繼之曰：

> 如「素富貴行乎富貴，素患難行乎患難」，皆是「不器」。此惟養得心體正者能之。（同上卷，頁 42）

上引陽明之三段話皆出自同一章，此章義理豐富，總其源頭皆自存養心體而來。養得心體正，則禮樂制度、名物度數自然生來，故孔子曰：「禮云禮云，玉帛云乎哉？樂云樂云，鐘鼓云乎哉？」禮樂非憑空而降，自地而生，而是本著人之仁心；設若仁心已失，不能保全此心體，則禮樂自然與己不相干；名物度數縱使識得詳而盡，亦只是裝綴而已。人之才亦然。孔子云：「如有周公之才之美，使驕且吝，其餘不足觀也已。」（〈泰伯第 8〉）才雖可貴，亦得出乎天理方有價值。出乎天理，隨才成就自己，即能個個圓足，無需希高慕大，更無需求個無所不知、無所不能。況且依陽明的說法，人到得純乎天理處，亦能「不器」。「不器」也者，不受限於氣質才性之謂，故即使夔、稷易藝而為，當亦能之。又君子於富貴、患難皆能安之若素，行之有道，亦是「不器」的表現。

上述種種皆自養得心體正而來。因此陽明常教人「為學須得箇頭腦」，亦即是先識得良知本體，培養得根厚，再求枝葉繁茂。其言：

> 為學須得箇頭腦，工夫方有著落：縱未能無間，如舟之有舵，一提便醒。不然，雖從事於學，只做箇「義襲而取」，只是行不著，習不察，非大本、達道也。

又曰：

> 見得時，橫說豎說皆是；若於此處通，彼處不通，只是未見得。（同上卷，頁 62）

良知即是為學之頭腦，人生之主宰。良知識得明，存養得厚正，縱使酬酢萬變，一刻不息，亦可常從容自在，而不會隨著氣之交引而東奔西忙；即使稍有間息，也是一提便醒，不致昏沈墮落。所謂天君泰然，百體從令即此。非然，則雖從事於學，入孝出悌，謹而信，泛愛眾，也不過做個「義襲而取」罷了，未能入道。

對於「心之喚醒」，朱子亦未嘗不言此義，其言：「人惟有一心是主，要常常喚醒。」（《語類》卷 12，頁 201），又言：「人只一心。識得此心，使無走作，雖不加防閑，此心常在。」（同上卷，頁 199）兩者之言辭雖類似，但思路卻不同。朱子之意不過是要涵養得心虛明不昧，以能順理發情，並非果真以「心」做為「為學之大頭腦」，其為學之大頭腦仍在「理處」，而心不即是理。所以朱子非常討厭「以心治心」之說，蓋心就是一箇心，一個實然、形氣之心，何來另一個心來治它呢？察其對上蔡之批評即是此意。理既不在

心處，故需「即物」以窮理。

至於陽明則不然，「心」果真即是本體所在，此時之心即孟子所言之「本心」，乃形上實體之心，與天、性、理無二無別之心，又名曰「良知」。此「良知」就陽明而言誠然是為學之大頭腦，萬理自在其中，無需即物窮理方知。

對於「萬理本在心中，無需外求」之義，仍有人心生疑惑，無法堅信之。譬如顧東橋就曾以「專求本心，遂遺物理」之疑慮質問陽明，陽明回覆道：

> 「專求本心，遂遺物理」此蓋失其本心者也。夫物理不外於吾心，
> 外吾心而求物理，無物理矣。遺物理而求吾心，吾心又何物邪？心
> 之體，性也，性即理也。故有孝親之心，即有孝之理；無孝親之心，
> 即無孝之理矣。有忠君之心，即有忠之理；無忠君之心，即無忠之
> 理矣。理豈外於吾心邪？……夫外心以求物理，是以有闇而不達
> 之處。此告子義外之說，孟子所以謂之不知義也。心一而已，以其
> 全體惻怛而言謂之仁，以其得宜而言謂之義，以其條理而言謂之理。
> 不可外心以求仁，不可外心以求義，獨可外心以求理乎？外心以求
> 理，此知、行所以二也。求理於吾心，此聖門知、行合一之教，吾
> 子又何疑乎！（《傳習錄》卷中，頁 85）

朱子正是外心以求理，主張知、行為二者也。譬如其道：「世間之物，無不有理，皆須格過。古人自幼便識其具。且如事君事親之禮，鐘鼓鏗鏘之節，進退揖遜之儀，皆目熟其事，躬親其禮。及其長也，不過只是窮此理，因而漸及於天地鬼神日月陰陽草木鳥獸之理，所以用工也易。今人皆無此等禮數可以講習，只靠先聖遺經自去推究，所以要人格物主敬，便將此心去體會古人道理，循而行之。」（《語類》卷 15，頁 287）固然事君、事親、進退揖遜等等行為，皆有一套固定形式之禮儀，但此禮儀之生難道能外於吾心而生嗎？循此禮儀當然可追究出道理常則出來，可是不能停滯於此而謂道理即存於物，吾心須得格物方能識得道理，要知此道理亦是出自吾心。

陽明極欲扭轉這種觀念，故言「不可外心求仁、不可外心求義、不可外心求理」，蓋孝之理非是考察事親之行必得如此方合宜而自然稱情，故而得知有一孝之理；或者與人交，自然有辭讓的表現，於此細察之，遂得知有個禮之理。最後將諸理歸之於天，歸之於性，卻不歸之於心，心只是循理而發情之用，心並不即是理。陽明即扣緊此點而轉之：心之體，性也，性即理也。故有孝親之心，即有孝之理；有忠君之心，即有忠之理。孝子當是先有愛親

之心，故爾種種舉措皆爲悅親而來，方有孝之理可言。焉能外愛親之心而求孝之理？故陽明評朱子曰：

> 晦菴謂人之所以爲學者，心與理而已。心雖主乎一身，而實管乎天下之理；理雖散在萬事，而實不外乎一人之心。是其一分一合之間，而未免已啓學者心、理爲二之弊。此後世所以有「專求本心，遂遺物理」之患，正由不知心即理耳。（傳習錄）卷中，頁87）

依陽明此說，似乎朱子惟是說法曲折而啓學者心、理爲二之想法，其實就朱子而言，心與理本來就不一。所謂「心管攝天下萬理」實則只是心之認知理而具理爲德而已，理論上，心之認知理並無限制，隨其知覺應用處而攝及某理，故心可具萬理；更進一步言，只要心能夠豁然貫天下萬理之本——太極，而具爲其德，以太極而言，萬理不離一、一不離萬理，心可以眞切把握太極之理，即能一以貫之，而言天下萬事萬理實不外於一人之心。陽明於己言略不細察，其實他本人應當深曉朱子之學正是心、理爲二，非僅是其說法不巧妙簡易而已。陽明即就此而判別其與朱子之學之異：

> 朱子所謂格物云者，在即物而窮其理也。即物窮理是就事事物物上求其所謂定理者也，是以吾心而求理於事事物物之中，析心與理爲二矣。夫求理於事事物物者，如求孝之理於其親之謂也；求孝之理於其親，則孝之理其果在於吾之心邪？抑果在於親之身邪？假而果在於親之身，則親沒之後，吾心遂無孝之理歟？見孺子之入井，必有惻隱之理。是惻隱之理果在於孺子之身歟？抑在於吾心之良知歟？其或不可以從之於井歟？其或可以手而援之歟？是皆所謂理也。是果在孺子之身歟？抑果出於吾心之良知歟？以是例之，萬事萬物之理莫不皆然，是可以知析心與理爲二之非矣。夫析心與理而爲二，此告子義外之說，孟子之所深闢也。……若鄙人所謂「致知格物」者，致吾心之良知於事事物物也。吾心之良知，即所謂「天理」也。致吾心良知之「天理」於事事物物，則事事物物皆得其理矣。致吾心之良知者，致知也。事事物物皆得其理者，格物也。是合心與理而爲一者也。（同上卷，頁89）

面對陽明的批評，吾人或許可爲朱子作如是辯解：即朱子之「即物窮理」乃一「求諸外而明諸內」之事，藉著致吾之知而窮物之理以彰顯吾人本具之性理，故知物之理同時亦是知吾之性理，譬如船上之繩索，將一頭拴在岸上，

船移，則繩皆自出。是以陽明之質問孝弟之理原在吾心？抑是在父兄身上？朱子或可答之：孝弟之理誠然不在父兄之身體形色上，但若無父、兄在前，則吾心所具之孝弟之理即不顯。故此孝弟之理亦可說爲由見父兄，而呈現之對父兄之理。就此理之由父兄在前而顯言，亦可說此理在父兄，是孝弟之理即兼在心與父兄之物也。〔註4〕吾人是否可爲此說而解消陽明的疑難？

　　上述之辯解誠然有其道理，但此說已預設心「本具」眾理爲其前提，眾理隱伏心中，必得當機觸發，方顯出此理之存有，此時「理」可謂同在心與物之中，即心、物要一體呈現方能突顯出理的存在，單獨對心或對物實察覺不出理之存在。可是朱子之言「心」果然「本具」眾理嗎？依上一章及本章第一節之討論，吾人可斷言朱子之言「心」僅是就著實然之心氣而言，與性理截然有別，心既不是理，則爲可言說心本具眾理？雖然朱子常有極貼近、極類似「心即理」的話頭，例如：「心包萬理，萬理具於一心。」，「理不是在面前別爲一物，即在吾心。人須是體察得此物誠實在我，方可。」（《語類》卷9，頁155）乍見之下，朱子之言與陽明有何差異？然則朱子上述之言果眞可以表示心本來就內具萬理嗎？是不然也。依吾人之分析，朱子之言「心具萬理」，或「心以性爲體」之類的言辭，原於「人具性理而生」之傳統思想，人既稟天地之理以爲其性，則性落於何處？當是落於吾人之「心」處，所以朱子言：「心以性爲體，心將性做餡子模樣。蓋心之所具理者，以有性故也。」（同上書卷第5，頁89）而人之有性故，乃源於「天命之謂性」之傳統思想，這個思想可以經由親身體證而得，亦可以信仰古人權威的態度接受之，而後再言心具性理。朱子之思路恐怕接近後者的成份多一些。因此，朱子依然是析心與理爲二，陽明之評並無不當，至於上述爲朱子而作之辯解，實屬「過慮」，朱子非如是也。

　　由心理爲一或爲二，即可發展出兩種截然不同之體系。以朱子而言，心不即是理，故得格物而窮其理；至於陽明，則可直言心即理，其所言之「心」的確可爲超越之主宰，萬理俱自心中出，外於心則無理可尋，故無需離心而即物窮理，也不必積累許多事事物物之理後方能一以貫之；而在其眼中，爲聖亦只是專務在心上用工夫，不必要求博學多識，亦不必定要生而知之，這種工夫何等簡易直截，免去了許多無謂的牽扯。

　　朱子與陽明學問思路之差異大致如此，下節我們再回頭重新檢討朱子論

─────────────

〔註4〕參見唐君毅，《中國哲學原論・原性篇》第11章，第四節與第五節。

聖人之方式。

小　結

　　聖人非天生而成，必得經過踐仁修德之工夫方可為聖。故論聖賢，不可離工夫論而空頭言成聖成賢。至於成聖之本質在其德，不在其才，朱子也是清楚明白的。不過，如何養其德而成聖，此在朱子而言，首先要去私意，疏通心之壅塞不通處，讓仁之生意流行無阻，而引發其餘善德，以復全其心之全德。至於去私欲是否即是存天理呢？依朱子，恐怕未必。而去私欲之工夫，其實也隱涵「窮理」之工夫，上章吾人曾討論過欲將私欲盡去，亦得窮究萬理至極至徹，去私意方能窮盡乾淨，是以去私與窮理是不可分的。但是如何窮理呢？依朱子之理論，必得「格物致知、即物窮理」不可。因此為聖必得通過格物窮理之徑，這是任何人所不能免的。

　　既是格物窮理，當然不可能只格一物便能窮盡理之大本、至微處，必得格多物才行。而在格物過程中，免不了會帶入經驗知識，雖然朱子的目標是要窮至天地萬物之根源處——太極之理，但是面對各種特殊機緣需要不同的道德行為因應之，此時經驗知識也是十分重要的。故格物窮理必包涵兩種理，一是太極之理，一是經驗知識之理。兩者缺一不可。

　　以此方式為聖，所成之聖人當然是得博學多能，是以朱子強調聖人之無所不知、無所不能，這是可以推想而知的。然則何以朱子又特別強調聖人乃生知安行呢？他是針對孔子這一位聖人而言？抑是普遍應用於每一位聖人，而使得「生知安行」變成聖人的另一特徵？此處頗耐人尋味。假使朱子僅針對孔子一人而言其生知安行也就罷了，但恐怕朱子非僅止於此，他應是藉著孔子具體的行跡而論述其心中聖人之理型。但是為何特重聖人的生知之明？難道學知利行者就無法成聖嗎？此亦是緣於朱子強調聖人博學多能之因。其言：

> 自古無不曉事底聖賢，亦無不通變底聖賢，亦無關門獨坐底聖賢。聖賢無所不通，無所不能，那箇事理會不得？……。若只守箇些子，捉定在那裡，把許多都做閒事，便都無事了。如此，只理會得門內事，門外事便了不得。所以聖人教人要博學！……聖人雖是生知，然也事事理會過，無一之不講。這道理不是只就一件事上理會見得便了。學時無所不學，理會時，卻是逐件上理會去。……萃百物，

然後觀化工之神；聚眾材，然後知作室之用。於一事一義上，欲窺
聖人之用心，非上智不能也。須撒開心胸去理會。天理大，所包得
亦大。（《語類》卷第 117，頁 2830 至 2831）

若依循「格物窮理」的方式欲達至於一事一物中知其理之當然，且知萬
理之為一，而廓然無所不通、無所不曉，此非有大才力者不可，一般學而知
之者能夠如子貢一般博學多聞已屬不易，又得窮究萬理之根源處，有幾人能
夠？是故聖人之成聖必得稟受生知之明，方能在有限的生命歲月中達到聖人
的標準，朱子是以必肯定聖人必是生知安行，於大本處合下便知得，其他所
學者，只是零碎事。且聖人之學亦非常人之學，其覺敏銳，其進神速，這些
沒緊要的零碎事經聖人一學，學得特別好，故能無事不曉、無事不通。

論至此，吾人可試著質問朱子幾個問題：第一，假使聖人之所以為聖人，
乃由於其已窮盡理之本源處，而此緊要處對聖人而言早已生而知之了，那麼
此種天賦清明之人是否即可外於「格物窮理」而成聖？第二，一般學而知之
者，依著格物窮理之工夫，是否可以保障其人在有限的現實生命中必定可以
成聖，而無需僅限於生而知之者？

面對這兩個問題，吾人亦可試著為朱子辯答：第一，聖人雖是緊要處早
已生知，但也只是知個模糊的輪廓而已，未知其中之細節，事物之表裡精粗
尚未足到，因此聖人依然要格物致知，即物窮理，所窮者即是事物形構之理。
若僅知個裡，知個精，未足以為聖人。第二個問題的回答，引朱子之言便是
「但用工做向前去，但見前路茫茫地白，莫問程途，少間自能到。」「莫問程
途，少間自能到」，意即第二個問題是問不得的，只管埋頭做去就是了，何必
詢問今生是否必定成聖。

但是朱子這番辯解是否有效地、徹底地解決吾人所質問的問題？首先，
「人人皆可以為堯舜」是一普遍性的命題，其所以為一普遍命題乃由於成聖
之本質在德不在才，而對於修德之工夫路徑當是可以普遍應用每一人身上，
才小愚弱者固是循此工夫路徑，縱是才高清明者亦不能外於此。如陽明所言，
不論生知或是學知，都要學著如何操存良知本體，此處即不分才質高下、氣
稟厚薄，一是皆以致良知為準。反觀朱子之論聖人，一般中等之質固然要格
物致知，方能明理之本源而後一以貫之；可是至於聖人，其為聖之本質，亦
即明萬理之本，卻早已生而知之，合下便瞭然，無需經由格物致知一途。此
豈非明論為聖非人人所能，僅限定於少數的生知之明者？又暴露出朱子所規

定成德之工夫──格物致知，即物窮理──不能完全普遍化，至少在「窮理之大本」，這個為聖的本質上，聖人是無需即物窮理的。如此一來，朱子規定「格物致知」為修德之唯一途徑是有待商榷的。

再者，朱子言做工夫不能先論功效大少與期待何時必定可以成聖之心，此義固然可言，正如孟子所說的「勿忘勿助長」，道德實踐焉能事先存著期許之心？然則，孟子所言「勿忘勿助長」，只是要消除一般人慣有的期許、功利之心，其所規定之成德工夫──求放心以操持擴充──則於為聖有本質的關聯；陽明言「復全心之本體」亦然，也是能夠恰當相應為聖之本質，蓋復全心之本體一分，即是向成聖之境邁進一步，此有絕對之保證。

可是朱子言格物窮理則無上述之保證，理由如下：一者，朱子言「理」只是一「存有之理」，此存有之理無活動創造性，一切的活動均需仰賴於氣，理僅是超越地、形式地規律氣化之如此或如彼地存在，故言物物皆有其所以然之理。可是此理是否可以直貫下通於任一現實存在則難言，蓋原於朱子是由下往上推論，而非體證天理果真實質地貫注於每一現實生命上。其言人物皆稟其性而生，可能也只是順著「天命之謂性」之傳統思想而言，未必表示天道性命於現實存在有真實的活動創造意義。

如要使得性理於現實生命有真實的影響力，必得靠「心」之明覺感應。而朱子之言「心」又惟是一實然之心氣，非形上本體之心，則一有限之心靈如何認知無限意義之天理，且又能依循天理而發動相應之情用？此則無保證。誠如唐先生所言：

> 剋就朱子之言人心之性理之論而言，因朱子知此人之性理乃上通太極之理之全者，故不能不重此性理之內在而超越於吾人現實之生命與心之義。此所謂超越，乃自其先於一切實現之之事，為吾人所當實現，而又不能為吾人之現有之心之氣，與有此心之現有生命之氣，所全幅加以實現而言。今觀吾人生命之年壽之有盡，吾人之心之氣之依於此吾人之生命，則「此理之不能全幅實現」之義，亦有不能逃者。〔註5〕

吾人之心氣若止於依附生命的起落而生滅，則定逃不出「無法全幅實現天理」之宿命，既逃不出此宿命，則成聖有何保證？

再者，實然之心本身既不具理，則其窮理必得往外尋求，於是「格物窮

〔註 5〕 參見唐君毅，《中國哲學原論·原性篇》，頁396。

理」是吾心知理的惟一途徑。可是一涉及「格物」，則經驗知識、物理知識、道德之知與存有之知皆雜沓而來，吾人當如何檢擇何者爲本，何者爲末？縱使預設吾心已有能力可以分別各類知識的本末先後，可是亦不能只格一物即可豁然貫通，必得格多物方可。但是必得格多少物方能豁然貫通焉？此則無保證。子貢若非經由夫子之點醒，其本人是否可全憑己力而一以貫之？此中甚難言，甚難言。是以朱子之言格物窮理，不惟由於其教乃一徹底的漸教而無成聖之保證性，最主要的是，「格物窮理」根本與修德成聖無本質的關聯。這種工夫僅能當做爲德之助緣，不能做爲主要的實踐工夫。

朱子之工夫論，經由其「聖人觀」一比照，即朗現出「格物窮理」的理論有不圓滿處，而這一切全原於朱子不能察別德性之知與見聞之知的學習有很大的差異，不能察識其中之差異而籠統以「格物窮理」言之，只會造成「離凡言聖」的結果，聖人原來就是天縱之將聖，非由凡夫修證而成，此豈非斷絕「人人皆可以爲堯舜」的理想？而夫子果眞如朱子之所言嗎？可能不是。夫子自言「我非生而知之者，好古，敏以求之者也」，即可知夫子亦是以「學知之質」而成聖，又如言「吾十有五而志於學」以至「七十從心所欲不踰矩」，這即是夫子學知之歷程，顯然與大舜之生而知之不同。孟子曰：「舜之居深山之中，與木石居，與鹿豕遊，其所以異於深山之野人者幾希。及其聞一善言，見一善行，若決江河，沛然莫之能禦也。」（《孟子・盡心上》）舜之覺天理是一覺全覺，一悟全悟，道之遠近精粗無不知。而夫子之覺理顯然不是如此，「三十而立，四十而不惑，五十而知天命，六十而耳順，七十而從心所欲不踰矩」，由「而立」至「從心不踰矩」是一明顯的高低歷程，並不僅是「由生至熟」的差別而已。

而且夫子曾言「君子多乎哉？不多也」，又言「吾少也賤，故多能鄙事」，可見夫子並不十分看重博學多能，蓋博學多能無關乎成不成君子。上一句正面否定多能爲君子之必要條件，下一句則直言多能只是由於環境所促成，亦無關乎君子之成與否。朱子於此不細察而反覆道「未有聖人而不多能者」，此豈是夫子之本意？

是故朱子之論聖人恐怕與《論語》有些距離，與其論仁相似，這一切全由於朱子自有一套獨特的思想理論：心性情三分，格物致知，即物窮理。而這些理論原是發自於朱子更根源的思想——理氣論，下一章即討論朱子的「理氣論」與其對「天」之詮釋。

第四章　朱子論天

　　繼上述「朱子論仁」與「朱子論聖人」兩章之後，現在我們來看看朱子如何詮釋《論語》中孔子所言之「天」。蓋「仁」為《論語》之中心意旨，故首論朱子如何詮釋「仁」；繼之能將「仁」之德完全展現於現實生命中者莫過於聖人，故再論朱子如何詮釋「聖人」；但聖人之踐仁不僅是實踐道德原理而已，進一步通過道德實踐可體證宇宙生成存在之源，所謂「踐仁以知天」即是表達這個意義。是故繼「論仁」與「論聖人」之後，我們更應探討聖人踐仁之餘所體證的萬物存在之源——天，方能圓滿整個理論。

　　除以上之原因，在《論語》中孔子有多處言及「天」之話語，而其言「天」或「天命」之指向並不十分清晰明確，有時意指於穆不已之形上實體，有時帶著一種超越主宰之意味，譬如子曰：「天何言哉？四時行焉，百物生焉，天何言哉？」則「天」於孔子心中當是一流行不已的創造之源；但當顏淵死，子哭之曰：「天喪予！天喪予！」則「天」似乎又是一有意志之超越主宰。而孔子究竟是以何種態度看待「天」，頗耐人尋味，至少孔子很明顯地表現其內心有一「超越意識」，對於這個「超越意識」，我們不能忽視看輕，同樣的，朱子在註解整部《論語》之時，對於夫子的超越意識當然也不會置之不顧，因此「論天」也是朱子對《論語》的詮釋中很重要的問題。

第一節　朱子的「理氣論」

　　《朱子語類》中記載門人問朱子：

　　「上帝降衷于民」，「天將降大任於是人」，「天佑民，作之君」，「天

> 生物，因其才而篤」，「作善，降百祥；作不善，降百殃」，「天將降
> 非常之禍於此世，必預出非常之人以擬之」凡此等類，是蒼蒼在上
> 者真有主宰如是邪？抑天無心，只是推原其理如此？（《語類》卷第
> 1，頁5）

此中所引大抵皆爲《詩》、《書》之言，可代表孔子以前的先民對「天」的看
法。由引文可略知先民對「天」持有一種「超越主宰」的意識，天可降禍、
可降福，似乎有個超越的意志在控制人生的禍福。凡此，是天有意爲之？抑
是合氣運該當如此？朱子答道：

> 此三段只一意。這箇也只是理如此。氣運從來一盛了又一衰，一衰
> 了又一盛，只管恁地循環去，無有衰而不盛者。所以降非常之禍於
> 世，定是生出非常之人。邵堯夫《經世吟》：「羲軒堯舜，湯武桓文，
> 皇王帝霸，父子君臣。四者之道，理限於秦，降及兩漢，又歷三分。
> 東西僭擾，南北紛紜，五胡、十姓，天紀幾棼。非唐不濟，非宋不
> 存，千世萬世，中原有人！」蓋一治必又一亂，一亂必又一治。夷
> 狄只是夷狄，須是還他中原。

朱子引邵堯夫之言以證時世的治亂興衰不過「理如此」，天之降禍、降福也是
「理如此」，而朱子所謂「理如此」又是何意呢？依此述之答文「氣運從來一
盛了又一衰，一衰了又一盛，只管恁地循環去，無有衰而不盛者。」，則所謂
「理如此」當指「氣運變化之理則」如此。在朱子看來，萬物存在莫不有其
存在之理，究眾理之本則唯有一統體之理名曰太極。所以「天」若不是意指
「蒼蒼之天」，則應是指謂萬物存在之源——太極之理。未有天地之先，畢竟
是先有此理。但是太極只是理。未有天地之先，畢竟是先有此理。但是太極
只是理，理是無動靜變化可言，則太極，也就是「天」，將如何生物？必得靠
著氣化方能生物。此中即涉及朱子的「理氣論」。故欲究朱子如何論「天」，
當先明白朱子如何建立理與氣之關係的理論。

　　《語類》中記載理、氣之關係如下：

> 先有箇天理，卻有氣。氣積爲質，而性具焉。（同上卷，頁2）

> 天下未有無理之氣，亦未有無氣之理。氣以成形，而理亦賦焉。（同
> 上卷，頁2）

> 問：「昨謂未有天地之先，畢竟是先有理，如何？」曰：「未有天地
> 之先，畢竟也只是理。有此理，便有此天地；若無此理，便亦無天

地，無人無物，都無該載了！有理，便有氣流行，發育萬物。」曰：
「發育是理發育之否？」曰：「有此理，便有此氣流行發育。理無形
體。」（同上卷，頁1）

問：「先有理，抑先有氣？」曰：「理未嘗離乎氣。然理形而上者，
氣形而下者。自形而上下言，豈無先後！理無形，氣便粗，有渣滓。」
（同上卷，頁3）

或問：「必有是理，然後有是氣，如何？」曰：「此本無先後之可言。
然必欲推其所從來，則須說先有是理。然理又非別爲一物，即存乎
是氣之中；無是氣，則是理亦無掛搭處。氣則爲金木水火，理則爲
仁義禮知。」（同上卷，頁3）

首先要分辨的是理與氣是截然不同的，理是無形體的，是形而上者；氣則有
渣滓，可以積而成質成形，是形而下者。兩者雖爲截然不同之物，但又不相
離。若理氣可以相隔離，則無氣之理如何發育萬物？而無理之定然規律的氣，
將只是一團無條理的混沌渣滓，人不成人，物不成物，牛可生馬，桃樹可以
開李花，宇宙只是一般盲目的氣化洪流。是以理不能離氣，氣亦不能離理，
有是理便有是氣，理即存乎是氣之中，即當氣以成形之時，理亦賦焉；反過
來說，有是氣便有是理，雖然氣可積而爲質，但無理在其中以規律之，則氣
亦不能成形，只是一波又一波的氣化之流而已。故言「天下未有無理之氣，
亦未有無氣之理。」總而言之，理氣的關係就是「不離不雜」。

「理氣不離不雜」是朱子「理氣論」最重要的概念，至於「理氣先後」
則是次要的問題。推其本而言，在時間上理氣焉能分先後？只不過就著形上
形下之分別而言「理先氣後」，畢竟要以形而上之理爲主才是，故朱子云「未
有天地之先，畢竟是先有理」。

在第二章「朱子論聖人」中，吾人曾論及朱子如何說明「理」之意義。
夫「理」者乃就存在之然而推其所以然之理，以此方式所推論出的「理」可
有兩種：一爲存有之理，亦即「統體之理」；另一則爲形構之理。朱子所重者
乃屬前者之存有之理，此存有之理唯是超越於物而定然規律地使物如此或如
彼地存在，其自身並無創造發育之變化功用，所有的動靜變化皆落在氣化上，
朱子形容「理」乃是個「淨潔空闊底世界，無形跡，不會造作。」故當學生
問及是理發育萬物否？朱子即答道：「有此理，便有此氣流行發育。」眞正流
行發育處是在氣，而不在理，理不過是形式地規律之而已。

> 或問先有理後有氣之説。曰：「不消如此説。而今知得他合下是先有
> 理，後有氣邪？後有理，先有氣邪？皆不可得而推究。然以意度之，
> 則疑此氣是依傍這理行。及此氣之聚，則理亦在焉。蓋氣則能凝結
> 造作，理卻無情意，無計度，無造作。只此氣凝聚處，理便在其中。
> 且如天地間人物草木禽獸，其生也，莫不有種，定不會無種子白地
> 生出一箇物事，這箇都是氣。若理，則只是箇淨潔空闊底世界，無
> 形跡，他卻不會造作；氣則能醞釀凝聚生物也。但有此氣，則理便
> 在其中。」（《語類》卷第1，頁3）

人物草木禽獸之生，事實上皆是氣之凝結造作，只是氣之凝聚處，理便賦焉，非理本身即有動力可以生天生地、生人生物。但朱子又有「理生氣」之説，其言：「有是理後生是氣，自『一陰一陽之謂道』推來。」（同上卷，頁2）則無動靜變化之理當如何生氣？依唐先生之解爲：

> 若謂理之生氣，有如包涵某物者，將其中之物生出，如母之生子，
> 而吾人又將理視爲在氣上一層面之形而上之理，則此理之義中，既
> 不包涵氣之義，亦不能生氣，如石女腹中無子，不能生子。然吾人
> 如視理原不離於氣，則此理之生氣，即氣之依理而生，依理而行。
> 如人之依道路而自有其「行走」；則理之生氣之義，即不難解。……
> 若依程朱之氣爲生生不已，新新不同其故之説，吾人實不能説此中
> 後來之氣，由以前之氣之所生。因此中後來之氣，乃由以前之氣之
> 化而後生，即由往者過，而後來者息，便不能説此後氣，由前之氣
> 之所生，……則以後之氣之生，如有原因理由可説，即只能直接依
> 於生生之理而生。〔註1〕

據唐先生之所言，則所謂「理生氣」乃是氣之依於生生之理而生，此生生之理即爲氣之前導，而貫穿乎其中。若無理主於氣化之中，則氣化隨時皆可止息，是以理可謂氣化生生不息的保障根據。朱子曾言：「若無太極，便不翻了天地！」（《語類》卷第1，頁2）太極之理便是整個天地氣化的最後保證。

雖然唐先生十分強調「理氣不離」之義，我們仍不能忽略尚有「理氣不雜」之義。理氣之形而上下之別，乃每位宋明理學家之共識，只是朱子「理氣不雜」除了理爲形而上、氣爲形而下的區分之義外，尚有「理無形跡、無動靜、理自是理，而氣有動靜變化，氣自是氣。」之義。固然氣要依理而生，

〔註1〕參見唐君毅，《中國哲學原論·導論篇》，頁485～486。

但理亦得傍氣才有附著掛搭處。在此處是否可言理爲氣之體，氣爲理之用？即理氣關係是否可用「體用關係」形容之？恐怕不然。當朱子門人問及：「發育是理發育之否？」曰：「有此理，便有此氣流行發育。理無形體。」曰：「所謂體者，是強名否？」曰：「是。」（同上卷，頁1）若言理爲體，亦只是勉強名之，無實質的「體」之義。縱使朱子以「體用關係」名之，其對「體用」之定義使用亦不十分嚴謹。如有人問道之體用。朱子答道：

> 假如耳便是體，聽便是用；目是體，見是用。（同上卷，頁3）

以「耳聽」、「眼見」來比喻體用關係，根本是隨意比附，可見朱子並不十分認眞思索「體用」之意義，亦可由此推知其人心中並不以「體用」看待理氣之關係。理氣終究只是互相依傍而不離散，理非超越的實體而可直接貫注氣之用中，故理氣關係最終僅能以「不離不雜」形容之。

牟先生曾針對朱子「理氣不離不雜」有別於「體用關係」而言之如下：

> 存有論的解釋由存在之然以推證其所以然，然與所以然不離不雜，此與體用不二，即用見體等義有殊。依孟子、中庸、易傳所言之性體、道體乃至誠體、神體，體乃是道德創生的實體。它創生萬事即是實現而存在之，體是直貫於其所創生實現者。其所創生實現者皆由此體之「於穆不已」之創生之、妙之之用而然。有這創生之、妙之之用之處即有此實然存在之呈現。在以前，即把這實然存在之呈現亦視爲「用」，是本著體之創生之、妙之之用而言也。創生之、妙之之用是體自身之用。此用自身亦即是體，體亦就是這個用，故用是神用妙用，……至於有此用即有實然存在之呈現，視此實然存在之呈現亦爲用，則是本著體之神用妙用帶著事而言，故即視此事亦爲有用矣。言此事即是體之神用妙用之所成就也。就此所成就之事而言用，則此用與其成就之之體有關係可言，此在以前即曰體用不二，即用見體等等……。

> 但在朱子之存有論的解析中，由存在之然推證其所以然之理以爲性，則性體與存在之關係只能是理和氣不離不雜之關係。理既不能創生地實現此存在，則理與氣之間亦不能有那些體用不二、即用見體等圓融義。有氣之然必有其所以然之理以定然之，理只是靜態地在「氣之然」背後以超越地定然之與規律之，但不能動態地創生之、妙運之、鼓舞之（所謂「鼓之舞之以盡神」），此即彼所謂氣不離理；而同時理亦不

能離氣,蓋理若離開氣,則理無掛搭處。理無掛搭處只表示理無具體
的表現處而已,理還是理,理是超越地自存者。……此即彼所謂不離。
理與氣不雜,氣與理自亦不雜。凡「凝結造作」者皆氣也,氣自是氣,
而不是理。此不離不雜是就「由然推證所以然」說,是存有論的解析
下之義理。在此,並非說孟子中庸易傳所表示的道德創生的實體與其
所創生妙運者即可離可雜。但只是不只是這不離不雜而已。且可進而
說體用不二、即用見體等圓融義。〔註2〕

牟先生這一段解析可謂「精闢透徹」,將朱子「理氣不離不雜」與「體用關係」
分截得一清二楚,沒有些許的混淆與摻雜。此二者之差別在於將理視為「只
存有而無活動義」或「既是存有又是活動創造義」。若為後者,則理不僅是理,
亦兼「創生實體」之義,其本身有「妙運」之活動,直接貫注於事用上;若
為前者,則理唯是理而已,既無「實體」之義,當然更無「妙運」活動的能
力。理與氣之關係唯不離不雜而已,「不離」乃形容兩者互相依傍方可發育萬
物而使之生生不息,「不雜」乃形容兩者有自存自立之義。朱子曾道:「且如
萬一山河大地都陷了,畢竟理卻只在這裡。」(《語類》卷1,頁4)此言即表
達理可自存自立,雖然單只是理並不能形成具體的宇宙,但在理論上理仍有
自存之義。故理自是理,氣自是氣,無論理氣貼合得多緊,「不雜」之義仍是
不能忽略。

　　「理氣不離不雜」是朱子「理氣論」中最主要的概念,由此一概念可關
聯其他觀念,諸如「心性情三分」、「仁性愛情」、「格物致知」等觀念,莫不
以「理氣不離不雜」為基石。「仁性愛情」,不消說,仁自是性、是理,愛自
是情、是氣,此觀念自然是基於「理氣二分」之概念上言;即使像「心性情
三分」說,事實上亦可濃縮為「心性二分」說。因主要的區別在於「性為理、
心為氣」之割截,並不在於「情為心之所發,心為氣之精爽」之區分。「性為
理,心為氣」,此亦是源於「理氣論」而來。理氣不離不雜之所有涵義皆可適
用於心性之關係論上:氣依著理而化育流行,同樣心亦循著性理而發相應的
道德情感以主宰吾人的現實生命;理要附著於氣才有掛搭處,性亦是要落實
於心處才有具體的展現;理不能直接妙運活動,同樣性亦不能直接發起道德
活動以影響吾人生命,兩者皆須藉由另一不同於自身之物而展現自己。一言
以蔽之,朱子的「心性論」其實就是他的「理氣論」之引申,一切論朱子的

〔註2〕參見牟宗三,《心體與性體》第3冊,頁480～482。

「心性關係」者皆不能開他的「理氣論」之格式。

由「理氣論」亦可推知朱子何以重視「格物致知」的原因，蓋心本不具理，雖然心性不離不雜，但心是心，性是性，兩者仍是截然不同的，萬不能根據「心性不離」之義即言「心本具性理」。理普遍地表現於外在的氣化之物上，這是根據理氣論而有的意涵：有是理必有是氣，有是氣必有是理。故「格物」是窮理的最好、也是唯一的途徑。

「理氣論」即是朱子「宇宙論」的說明，故欲闡釋朱子如何論天，當然得從理氣論入手，順著「理氣不離不雜」之觀念再論及朱子如何解說夫子「天」的意識，當為最貼切的方式。

第二節　朱子詮釋「天」之觀念──有關「氣命」之部分

在上一節的引文中，我們曾提及朱子回答門人有關「天是否有主宰之意」的問題，朱子一概以「理如此」答之。但理有「存有之理」、「形構之理」的區別，朱子於此所意指者為何？根據他的答文可推知其所謂「理如此」應當是氣運變化之理則」如此。氣化流行當然不是無條理的盲目進行，其中當然有理主導焉，方能不失條緒。然而這種陰陽氣化不失條緒之理是否可以直接等同於「太極」這一存有之理？

在第三章有關「格物窮理」一部分，吾人曾討論所謂太極之理，事實上僅是一形式地使然者然之實現原則，可類比於西哲萊布尼茲所說的「充足理由原則」。這一實現原則，實際上是一無內容的，僅是空洞的形式，可是一旦落在氣化上則可有千差萬別之相。此時每一存之所以然之理即指涉物之「形構之理」。氣化本身亦然，雖則它必須依著太極之理方能生生不息，但是陰陽五行之錯綜複雜，就不是純粹形式的太極之理可以說明，此中即有氣運獨立的理則。當然，這氣運的理則亦可說是太極落於氣上的「殊相」，仍不離太極之理，但是我們依然可言氣化本身有獨立的理則，就著這氣運變化之理則而談「氣命」。此是依著「理氣不雜」之義而談，是以朱子論「天」很可以分別氣與理兩部份來討論而不違背他的「理氣論」。

依此原則，我們來看看朱子如何解釋《論語》中有關「天命」之「氣命」部分的篇章。譬如〈伯牛有疾〉：

> 伯牛有疾，子問之，自牖執其手，曰：「亡之，命矣夫！斯人也而有
> 斯疾也！斯人也而有斯疾也！」（〈雍也第6〉）

《集註》曰：「命，謂天命。言此人不應有此疾，而今乃有之，是乃天之所命
也。然則非其不能謹疾而有以致之，亦可見矣。」

此處所說的「命」，依朱子看來，顯然不同於《中庸》所言「天命之謂性」
之「天命」義。夫此為「氣稟之命」，富貴、死生、禍福、貴賤、夭壽，皆稟
之氣而不可移易者，不可純以理看之，此中有氣化運數之法則，得清明之氣
者則為聖賢，昏濁之氣者為愚不肖，得氣之厚者為富貴，氣之薄者為貧賤。
但得清明之氣，未必兼得富厚之氣，故如顏淵不幸短命死，而冉伯牛身染重
疾，皆是「莫之致而至者」，均屬此類。朱子就此氣稟之命而論曰：

> 上古天地之氣，其極清者，生為聖人，君臨天下，安享富貴，又皆
> 享上壽。及至後世，多反其常。衰周生一孔子，終身不遇，壽止七
> 十有餘。其稟得清明者，多夭折；暴橫者，多得志。舊見史傳，見
> 盜賊之為君長者，欲其速死，只是不死，為其全得壽考之氣也。（《語
> 類》卷第4，頁79）

上述之言亦可解釋何以夫子既得天地清明中和之氣，而反終身貧賤，蓋由於
夫子「便是稟得來有不足。他那清明，也只管得做聖賢，卻管不著那富貴。
稟得那高底則貴，稟得厚底則富，稟得長底則壽，貧賤夭者反是。夫子雖得
清明者以為聖人，然稟得那低底、薄底，所以貧賤。顏子又不如孔子，又稟
得那短底，所以又夭。」（同上卷，頁79）氣化如此參差不齊，人亦只能安之
若命。

對於這種氣化不齊的現象，有人十分疑惑，蓋不論氣運如何複雜，究其
源不過是一陰一陽二氣交相運行而已，且氣之分配宜停勻，何以君子常少富
貴之氣，而小人反常多？朱子釋之曰：

> 自是他那物事駁雜，如何得齊！且以撲錢譬之：純者常少，不純者
> 常多，自是他那氣駁雜，或前或後，所以不能得他恰好，如何得均
> 平！且以一日言之：或陰或晴，或風或雨，或寒或熱，或清爽，或
> 鶻突，一日之間自有許多變，便可見矣。（同上卷，頁80）

又曰：

> 若只是兩箇單底陰陽，則無不齊。緣是他那物事錯揉萬變，所以不
> 能得他恰好。（同此卷，頁80）

由於氣化之錯揉萬變，故使得宜享富貴壽者之君子反貧賤短夭，而盜賊之徒居然福壽齊全，由此可知氣化之運行有其獨立的理則，故富貴壽考不能與德行相配合，即德、福未必一致。至於天地之生聖賢、生大惡，皆只是偶然爲之，並非有意如此。朱子言：

> 天地那裡說我特地要生箇聖賢出來！也只是氣數到那，恰相湊著，
> 所以生出聖賢。及至生出，則若天之有意焉耳。（同上卷，頁 80）

朱子此言即是欲解消天之「主宰」意，聖賢之出，非天有心生之，只是氣數到那，恰相湊著，便生出一個聖人來，此乃可遇而不可求也。便是聖人生出，亦要看合不合時運，若孔子之生於衰周，亦只能周遊列國，做做刪詩、書，定禮樂等事業。故「以此氣遇此時，是他命好；不遇此時，便是有所謂資適逢世是也。如長平死者四十萬，但遇白起，便如此。只他相撞著，便是命。」（同上卷，頁 81）

氣稟之命只能歸諸氣化流行有獨立的法則，不能言天地間有個「超越主宰」控制人間的富貧貴賤，亦即天地有心如此。朱子以爲論「天地有心」不在此處論，其言：

> 萬物生長，是天地無心時；枯槁欲生，是天地有心時。（《語類》卷
> 1，〈理氣上〉，頁 5）

依〈仁說〉之義：「天地以生物爲心者也。」一元之氣，運轉流通，略無停間，只是不斷地生出萬物，此即是「天地無心而成化」，天地何嘗有思慮要生萬物？故無心者，無意也，無思慮造作之謂也。

然而亦不可即謂天地果真無心，若天地果真無心，則須牛生出馬，桃樹上發李花，可是他又自定！可見天地亦是有心。朱子云：「某謂天地別無勾當，只是以生物爲心。」（同上卷，頁 4）以生物爲心，特別是在「枯槁欲生」時更可得見。又如復卦一陽生於下，亦可得見生物之心。是故欲知天地之心，「今須要知得他有心處，又要見得他無心處。」（同上卷，頁 5）有心、無心同時俱講方能充盡切實。

但是細察朱子論「天地之心」義，不難發覺其所言之「心」於天地處乃一虛說而已。就「天地無心」言，朱子引程伊川之言「天地無心而成化」，又以「然其所以『四時行，百物生』者，蓋以其合當如此便如此，不待思維」爲例，很明顯地，朱子是以「氣化流行」釋「天地無心」。故云「天地無心」其實是「氣化流行」的另一表示。至於「天地有心」，《語類》有一則記載：

> 問：「天地之心，天地之理。理是道理，心是主宰底意否？」曰：「心
> 固是主宰底意，然所謂主宰者，即是理也，不是心外別有箇理，理
> 外別有箇心。」（同上卷，頁4）

依上文，則所謂「天地之心」其實就是理之定然如此之義，其云「所謂主宰
者，即是理也」即謂理之規律不失條緒便是天地之心，天地之主宰。於是「天
地有心」又歸於「天地之理」，無「心」之義。是故在天地處言「心」，僅是
虛說而已，言「天地有心」則歸於「理」，言「天地無心」則歸於「氣」，又
是理氣二分的格式，天地何嘗有「心」之實義？牟先生於此解之曰：

> 所謂「天地以生物爲心」，乃至所謂「在天地則塊然生物之心」，此
> 心是虛說之心，抑還是實說之心？虛說，則心是假託義，象徵義，
> 而並非是實體性的心。實說，則心是直就於穆不已之天命流行之體
> 而說，此是誠體、神體，亦即是心體。……衡之朱子後來的分解與
> 抽引，其所謂「天地之心」實是虛說的心，而非實說的心。朱子《語
> 類》卷第一、〈理氣上〉，論天地之心處，朱子申明「無心」是化之
> 自然義，「有心」是理之定然義。無心有心兩面以觀，「天地生物之
> 心」被融解而爲理氣，其自身遂成虛脫，是即虛說之心。「天地生物
> 之心」，若從此正面「有心」之義而觀之，心只是理之定然義，心被
> 吞沒于理。（此非「心即理」義）。「天地無心而成化」，若從此反面
> 「無心」之義而觀之，心只成氣化之自然義，心被吞沒于氣。（此不
> 是本心呈用之自然）。在朱子之義理間架中，心實未能自持其自己而
> 成爲一實體性之本心天心也。〔註3〕

除牟先生所論朱子言「天地之心」並無實體性之意義以外，尚不能忽略
朱子於此有意解消天之「主宰」意味，若不歸於氣化自然，則歸於理之定然，
如此焉有「主宰」之義？

> 問：「命之不齊，恐不是眞有爲之賦予如此。只是二氣錯綜參差，隨
> 其所值，因各不齊。皆非人力所與，故謂之天命否？」曰：「只是從
> 大原中流出來，模樣似恁地，不是眞有爲之賦予者。那得箇人在上
> 面分付這箇！詩、書所說，便似有箇人在上恁地，如『帝乃震怒』
> 之類。然這箇亦只是理如此。天下莫尊理，故以帝名之。『惟皇上帝
> 降衷於下民』，降，便有主宰意。」（《語類》卷第4，頁63）

〔註3〕參見牟宗三，《心體與性體》第3冊，頁236。

驗諸此條，各人之氣命不齊，固然由於氣運本身有獨立的理則，仍是從「大原」中流出。此「大原」當指太極之理而言，人物之稟受富貧貴賤之氣命，莫不有其所以然之理，追溯其源，當然離不開太極之理。既是理，就涵有「定然如此或如彼」之義，則焉可言「主宰」義？《詩》、《書》中雖常有個「人格神」在上恁地，其實皆是「理如此」。而天下之尊莫尊於理，故以帝名之。

　　未有造化時，便只是理自存自有，一有造化，則氣便在其中。人物之生，固然是稟其性而生，但亦是帶著氣化而生，沒有氣化，則無具體的人物之生。故言「命」，則氣亦在其間矣。人要知得這氣稟之命有限制性，有無窮的複雜性，不知此即不成為君子。《論語》最後一章記載著：

> 子曰：「不知命，無以為君子也。不知禮，無以立也。不知言，無以知人也。」（〈堯曰第20〉）

此中之命，朱子解為：

> 死生自有定命，若合死於水火，須在水火裡死；合死於刀兵，須在刀兵裡死，看如何逃不得。此說雖甚粗，然所謂知命者，不過如此。若這裡信不及，才見利便趨，見害便避，如何得成君子！」（《語類》卷第50，頁1217）

凡人皆有死，固生、死非命之所在，唯是怎麼生、怎麼死，每人遭遇皆不同，此時方是命之所在。有人壽終正寢，有人卻須在水火裡死，或在刀兵裡死，此皆有定命，逃不得的。惟君子不以此為患，修身以俟之。若君子以此為憂患，則成何君子！子曰：「德之不脩，學之不講，聞義不能徙，不善不能改，是吾憂也。」上述四事方為君子所當憂，至於禍福夭壽，則修身以俟之而已。

　　然則是否《論語》中所言之天命皆為氣稟之命？這卻不然，亦有就「理」而言之命。下節即申論關於「理」部分之天命。

第三節　朱子詮釋「天」之觀念——有關「理」之部分

　　上一節曾提及朱子言「天」很可以分開「理」與「氣」兩部分來談，雖然天道發育萬物必是合著理氣而生物。這一節即論朱子如何以「理」詮釋「天」之觀念。

> 子曰：「君子有三畏：畏天命，畏大人，畏聖人之言。小人不知天命而不畏也，狎大人，侮聖人之言。」（〈季氏第16〉）

　　《集註》曰：「天命者，天所賦之正理也。知其可畏，則其戒慎恐懼，自有不能已者。而付畀之重，可以不失矣。大人聖言，皆天命所當畏。知畏天命，則不得不畏之矣。」而小人「不知天命，故不識義理，無所忌憚如此。」

　　此處所言之「天命」即非氣稟之命，而是天所賦之正理。人物之生，天即賦以此理，知天理之可畏，方能畏大人及聖人之言。故君子之三畏緊要處在「畏天命」一節。朱子云：

> 「畏天命」三字好。是理會得道理，便謹去做，不敢違，便是畏之也。如非禮勿視聽言動，與夫戒慎恐懼，皆所以畏天命也。然亦須理會得天命是恁地，方得。（《語類》卷第46，頁1173）

又曰：

> 固是當先畏天命，但要緊又須是知得天命。天命即是天理。若不先知這道理，自是懵懂，何由知其可畏？此小人所以無忌憚。」（同上卷，頁1173）

　　何以要敬畏天理？依上節所論，夫天下之尊莫尊於理，天理是宇宙形成之超越根據，未有天地之先即有此理，有此理方有天地；若無此理，便亦無天地，無人無物，都無該載了！可不畏之？小人懵然不識天理，故肆無忌憚，狎大人，侮聖人之言。大人與聖人之言之所以可敬畏，乃由於大人為將天理具體顯現於人間者，朱子曾云：「聖人是一片赤骨立底天理。」天理無由得見，由大人之踐形而得見，其一言一行莫不遵理，天理即藉著聖人的具體生命而流行。故畏大人、畏聖人之言，事實上便是「畏天命」之延伸，故三句喫緊處在「畏天命」。

　　本章朱子純以「理」釋「天命」，另外〈吾十有五而志於學〉一章，朱子同樣以「天理」來解釋「五十而知天命」一句。《集註》解云：

> 天命，即天道之流行而賦於物者，乃事物當然之故也。

每一存在皆有其所以存在之理，究其源，當然非至「天命」而後止。此時之「天命」指的是統體之理，亦即「太極」之理，每一物皆稟受太極之理而生，故太極者乃事物之得以存在的當然而究極之原因。另外《語類》上記載門人問「四十不惑，五十知天命」。朱子答道：

> 此兩句亦相離不得。不惑，是隨事物上見這道理合是如此；知天命，是知這道理所以然。如父子之親，須知其所以親，只緣元是一箇人。凡事事物物上，須是見它本原一線來處，便是天命。（卷第23，頁

552）

知事物當然之理是不惑，僅止於「不惑」是不夠的，尚要進一步知其所以然處，因甚如此，便是知天命。天命是萬理的源頭來處，是天道之流行所賦於物者，夫子學力到此，故能洞然悉曉。天道之流行所賦於物者，自是天理，故朱子亦單以「理」訓此章。再看〈與其媚於奧〉一章：

> 王孫賈問曰：「與其媚於奧，寧媚於竈，何謂也？」子曰：「不然，獲罪於天，無所禱也。」（〈八佾第三〉）

「獲罪於天」，乍看之下「天」應是有意志之主宰者，否則焉有得罪不得罪之辭？可是《集註》解曰：

> 天，即理也；其尊無對，非奧竈之可比也。逆理，則獲罪於天矣，豈媚於奧竈所能禱而免乎？言但當順理，非特不當媚竈亦不可媚於奧也。

此處，「天」依然沒有超越主宰的意味，純是理，故一旦人有逆理之言行，便即獲罪於天。因為天即是理，悖理就是逆天，逆天即是獲罪於天。邏輯推演便是如此。並非天不喜逆理之人，因此逆理便有違天之意志逐獲罪於天；亦非悖理而行會導致胸次錯亂，乖氣充積，甚至招致天禍人刑，故言獲罪於天。前者是以「天」為有意志之超越主宰，獲罪於天是有違天之意志，此與天是否為理無關，故朱子非此意也；後者乃因著結果而考量，也沒有扣緊「天即理也」之義，故朱子亦不採納。朱子本意惟是「天即理也」，逆理便等同於悖天，而悖天自然是獲罪於天了。

> 周問：「『獲罪於天』，《集註》曰：『天即理也。』此指獲罪於蒼蒼之天耶？抑得罪於此理耶？」曰：「天之所以為天者，理而已。天非有此道理，不能為天，故蒼蒼者即此道理之天，故曰：『其體即謂之天，其主宰即謂之帝。』如『父子有親，君臣有義』，雖是理如此，亦須是上面有箇道理教如此始得。但非如道家說，真有箇『三清大帝』著衣服如此坐耳！」（《語類》卷第 25，頁 621）

據上文，「天」之實為「理」，非僅蒼蒼者之謂。「蒼蒼之天」是自然意義的天，有形體可見，有軌則可循，此非朱子心中之「天」義。真實的「天」乃萬物存在之超越根據，是使得萬物所以如此存在之理，雖則就化育而言必得帶著氣化，但純論天之實義仍在於「理」而不在於氣。人倫五常，皆是「上面這箇道理」教始得，否則何來之三綱五常？言天有主宰義，亦不過是天下

之尊莫尊於理，而天又是「理之體」，故有「帝」之稱；順此，遂有獲罪不獲罪之辭。非如道教所說眞有箇「人格神」在上面主宰控制。是以朱子再度強調「天下只有一箇正當道理。循理而行，便是天。若稍違戾理，便是得罪於天，更無所禱告而得免其罪。猶言違道以干進，乃是得罪於至尊至大者，可畏之甚，豈媚時君與媚權臣所得而免乎！此是遜辭以拒王孫賈，亦使之得聞天下有正理也。」（同上卷，頁 621）

「獲罪於天」便是「得罪於理」，那麼「知我者其天乎」亦是「理知我乎」嗎？

> 子曰：「莫我知也夫！」子貢曰：「何爲其莫知子也？」子曰：「不怨天，不尤人。下學而上達。知我者其天乎！」（〈憲問第 14〉）

《集註》解道：「不得於天而不怨天，不合於人而不尤人，但知下學自然上達。此但自言其反己自修，循序漸進耳，無以甚異於人而致其知也。然深味其語意，則見其中自有人不及知而天獨知之妙。」

上文中所謂「自有人不及知而天獨知之妙」，莫非天有知覺乎？《語類》釋此云：

> 《中庸》：「苟不固聰明聖知達天德者，其孰能知之！」古註云：「惟聖人能知聖人。」此語自好。所謂天知者，但只是他理一般。（卷第44，頁 1141）

是以並非天可以「知」聖人，而是聖人乃渾然一團天理，與天無二無別，教云「天知」。朱子於他處亦云：

> 聖人便是天，人則不能如天。惟天無人許多病敗，故獨能知之。天非眞有知識能知，但聖人有此理，天亦有此理，故其妙處獨與之契合。釋氏亦云：「惟佛與佛，乃能知之。」正此意也。（《語類》卷第34，頁 889）

此解較詳細。所謂「天知」，是聖人有此理，天亦有此理，理與理相契合，故天知聖人，聖人亦可知天。凡人不能無私欲蔽塞，不能完全如理而行，故不知聖人，惟天可以知聖人。而言「天知」，亦不過是天之理與聖人之理相契合罷了，不能因此遂言天有知覺。蓋天即是理，於理處焉可談知覺？此章朱子依然以「理」釋「天」。

「獲罪於天」，以理訓之；「知我者其天乎」，也是以理釋之。至於「天生德於予」是否亦可以「理」解釋？

子曰：「天生德於予，桓魋其如予何？」（〈述而第7〉）

天生德於予，是否天有意志而特別降德於我？因爲他人並無這般意識，唯孔子有此意識。當孔子有此意識時，在其心中，「天」是否依然純爲「理」之天呢？《集註》解道：

> 魋欲害孔子，孔子言天既賦我以如是之德，則桓魋其奈我何？言必不能違天害己。

《集註》之解易讓人聯想天有意賦孔子以如是之盛德，若有人欲加害孔子，必是違逆天之意志，則天豈能容他得逞？孔子有自覺，故斷然言：「桓魋其如予何？」深信他人必不能違天害己。朱子果眞有此意乎？《語類》上記載：

> 恭父問：「『必不能違天害己』，不知當時聖人見其事勢不可害己，還以理度其不能害耶？」曰：「若以勢論，則害聖人甚易，唯聖人自知其理有終不能害者。」（卷第34，頁892）

按《史記》之記載：孔子適宋，與弟子習禮於大樹之下。桓魋伐其樹，孔子去之。弟子曰：「可以速矣。」子曰：「天生德於予，桓魋其如予何？」遂之鄭。可見當時患難危急已迫在眉睫，故論情勢，桓魋害孔子甚易，故孔子必非料勢之不能害己而出此言，那麼他是憑藉什麼而出此斷語？依朱子看來，這是「聖人自知其理有終不能害者」。此「理」既非情勢之理，則應爲何理？若以此章與〈公伯寮愬子路於季孫〉一章相對照，則或可看出些許端倪。

> 公伯寮愬子路於季孫。子服景伯以告，曰：「夫子固有惑志於公伯寮，吾力猶能肆諸市朝。」子曰：「道之將行也與？命也。道之將廢也與？命也。公伯寮其如命何！」（〈憲問第14〉）

此處夫子所言則不似上章這般自信肯斷，僅言道之興廢有命存焉，公伯寮其如命何？此中之命當是氣稟之命，氣化運行，世運興衰，任何人皆不能掌握。〈或問〉中有云：

> 萬物受命於天以生，而得其理之體，故仁義禮智之德根於心而爲性。其既生也，則隨其氣之運，故廢興厚薄之變，唯所遇而莫逃。此章之所謂命，蓋指氣之所運爲言。（《論語或問》卷14）

氣之所運有消息盈虛之變，縱然道爲正理，然而道之行於人間亦有賴於氣之運行，一有賴於氣運，便有命存焉。故云：「道之將行也與？命也。道之將廢也與？命也。」

朱子分辨這兩章，一爲自必之辭，一爲不自必之辭。理由如下：

> 聖賢之臨患難有爲不自必之辭者，有爲自必之辭者，隨事而發，固
> 有所不同也。爲不自必之辭，孔子之於公伯寮，孟子之臧蒼是也；
> 其爲自必之辭，則孔子之於桓魋、匡人是也。以文考之，則彼曰「其
> 如命何」，此曰「其如予何」，固不同矣。以事考之，則寮、蒼之爲
> 譖愬利害，不過廢興行止之間，其說之行世，固有是理矣，聖賢豈
> 得而自必哉？至於桓魋、匡人直欲加害於孔子，則聖人固有以知其
> 決無是理也。故孔子皆以自必之辭處之。（《論語或問》卷7）

　　道之行廢固有賴於氣運，是以公伯寮可以惑搖季孫，此中有道理可尋，
聖賢於此不能自必；然則孔子何以對己之生命必然不喪於桓魋之手有十成的
自信？朱子言此爲「聖人知其決無是理」，即，決無聖人死於非命之理。但依
朱子的理氣論，人物之生，理以賦焉，氣以成焉，故每一人物皆有稟於氣命，
而氣之流行有其獨立的理則，非干個人之修爲，聖人如何知其命中必無死於
小人之理？朱子於另外一章〈子畏於匡〉處稍有解釋。

> 子畏於匡。曰：「文王既沒，文不在茲乎？天之將喪斯文也，後死者
> 不得與於斯文也；天之未喪斯文也，匡人其如予何？」（〈子罕第九〉）

程明道解此云：

> 「夫天未欲平治天下也，如欲平治天下，當今之世舍我其誰？」是
> 有所受命之語。若孔子謂「天之將喪斯文也，後死者不得與於斯文
> 也；天之未喪斯文也，匡人其如予何？」喪乃我喪，未喪乃我未喪。
> 我自做著天理。聖賢之言氣象自別。（《論語精義》卷五上）

除此語外，謝氏又另記明道其他的解辭：

> ……後死者不得與於斯文，則文之興喪，在孔子與天爲一矣。蓋聖
> 人德盛，與天爲一，出此等語自不覺耳。孟子地位未到此，故曰：「天
> 未欲平治天下也，如欲平治天下，當今之世舍我其誰？」聽天所命，
> 未能合一。（同上書上卷）

依明道的解釋，則聖人之有自必之辭乃緣於聖人之德盛，峻極於天而與天合
一，故於患難中不自覺出此等語。「與天合一」，此是就「德」而言，聖人自
覺到己之德與天德已無二無別，等於聖人自做著天理，故人既不能違天，勢
必不能害己。是以夫子有此自必之辭。至於孟子則未臻至聖境，其德未峻極
於天而與天合一，故只能「聽天由命」，未能如夫子一般直下斷語：「天之未
喪斯文也，匡人其如予何？」直接以全幅的生命頂上去，而有「天命在己」

之意識。

明道此語在朱子看來又是如何？《語類》上記載朱子與門人討論的情況：

> 敬之問：「明道：『「舍我其誰」，是有所受命之辭。「匡人其如予何」，是聖人自做著天理。孟子是論世之盛衰，己之去就，故聽之於天。孔子言道之盛衰，自應以己任之。』未審此說如何？」曰：「不消如此看。明道這說話，固是說未盡。如孔子云『天之將喪斯文』，『天之未喪斯文』，看此語也只看天如何。只是要緊不在此處。要緊是看聖賢所以出處大節。」（卷第36，頁957）

朱子以爲這一章的重點在看聖賢出處的大節，對於明道之言只評之曰「未盡」，可見其對於「聖人自做著天理」一義，不表贊同。

何以朱子對明道之言不贊同？理由如下：

> 以文義考之，則固不然。以理而言，則亦謂夫與天爲一，而不覺其言之若此，則可以爲聖人。有心以天自處而爲是言，則不可。（《論語或問》卷9）

原來朱子之不贊同，蓋源於明道之言有「聖人有心以天自處」之嫌，若以理而言，朱子亦認爲「聖人便是天」，因爲「聖人渾是一團天理」，故聖人與天合一，朱子亦不反對。唯其反對「聖人有心以天自處」之義，其實明道本無此義，只是朱子多慮。蓋夫子自覺其德與天合一，非必認爲他本人即是造物之天，而是其德之純與天德爲一，他的整幅生命全是天理流行，可以說夫子之命是緊貼著天命而行，故於患難時不自覺脫口而出：「其如予何？」凡人焉能違天？是以知其不能害己。

縱使朱子於〈天生德於予〉與〈子畏於匡〉兩章，未嘗言明夫子所言之「天」是何意義，究竟是以氣言？抑是以理言？皆未說明。不過以朱子的一貫思路揣度之，這兩章亦應是以「理」言之天。「天生德於予」，以朱子的理氣論解之，則天之生物固然不能離開氣化，但理亦在其中矣，前文所引《或問》之文：「萬物受命於天以生，而得其理之體，故仁義禮智之德根於心而爲性。」以「仁義禮智」等諸性理爲萬物受命於天，而得「理之體」，故此處所言之「天」當是側重理而言之天，吾人之有仁義禮智諸德，即是受命於此天。若天非以理言，則仁義禮智自何而出？至於《集註》所云「必不能違天害己」亦可循此解之。蓋天即理也，一旦逆理便是違天。聖人既與天理合一，天，人且不能違，而況加害聖人乎？〈匡人其如予何〉一章亦復然，總無聖人有

被害之理，夫聖人之生命乃緊貼著天命而行，孰能扭轉或毀損天命？是以聖人無有被害之理，縱使聖人果然遇害，亦是天意氣數使然，非人力所能爲。

綜合以上所論，朱子將《論語》中所言之「天命」，分別成有專以氣言，有專以理言，這是就著側重的角度不同而可作此分別，但若統論天道之「化育」，則理與氣皆相離不得。蓋天若只是理而無氣，則天理無從流行，亦無以命於人。故人所受於命而生，理、氣均賦焉。下一節即論朱子如何說明天道之「化育」萬物的部分。

第四節　朱子詮釋「天」之觀念——有關「理氣合論」之部分

子貢曰：「夫子之文章，可得而聞也；夫子之言性與天道，不可得而聞也。」（〈公冶長第5〉）

性與天道等諸形而上的道理，夫子所罕言，子貢有幸得以親耳聆聽，也是子貢的造化。依《集註》對於天道詮釋如下：

> 性者，人所受之天理；天道者，天理自然之本體，其實一理也。

由《集註》之文可知朱子認爲性與天道的本質是相同的。天所賦予人物之正理者，謂之性；而天理本身即謂之天道。文中所言「天理自然之本體」，非於天理之外另有一物曰天道，而是即理就是天道，就是天地造化的本體。「天理自然」是形容本體之形容辭，意謂本體非人爲造作的，而是自然天成的。這是抽象地、靜態地解釋天道。但天道並非懸空地掛搭在萬物之上，它是生成萬物之根源動力，勢必帶著氣化運行，方能解釋天道化育萬物的「化育」意義。

《語類》中記載門人與朱子討論「天道」之問題如下：

> 問：「《集註》謂『天道者，天理自然之本體』，如何？」曰：「此言天運，所謂『繼之者善也』，即天理之流行者也。性者，著人而行之。」
> （卷第28，頁725）

既以「天運」釋天道，又以天理之流行解「天運」，則可知天道之爲萬物化育之源，不僅有理以主之，尚帶著氣化以運之。夫天理自身如何運行？必得憑藉陰陽五行之運轉，方能流注天地任何一物中。是以言「天理之流行」，是動態地解釋天道，非帶著氣化而言不可。故朱子有時直以「陰陽五行」指謂天道。其云：

性是就人物上說；天道是陰陽五行。（同上卷，頁 725）

當然，天道並非純是陰陽五行，而是陰陽五行之聚合錯綜，不失條緒，理便在其中，理氣不能相離，故朱子可徑以「陰陽五行」指稱天道。又有一則：

吉甫問性與天道。曰：「譬如一條長鏈底物事，其流行者是天道，人得之者爲性。乾之『元亨利貞』，天道也，人得之，則爲仁義禮智之性。」（同上卷，頁 725）

天道生生不息，譬如一條長鏈，物物相環相扣而無始無終，一直生下去。就此生物不息之流行處，即是天道。此處，朱子所論之天道，即非靜態地、抽象地論萬物造化之源爲何，而是連帶著萬物之生而動態地言天道。

總而言之，性與天道之本義即是：

蓋性者是人所受於天，有許多道理，爲心之體者也。天道者，謂自然之本體所以流行而付予萬物，人物得之以爲性者也。（同上卷，頁 726）

上述雖爲朱子門人所言，然極得朱子的肯讚，可知他也同意此門人之言。天，就其靜態地、抽象地解釋天之所以爲天者，謂之天理；就其動態地化育萬物而言，謂之天道；就其流行付予而貞定萬物以言，謂之性。其實三者同一，故《集註》曰：性與天道，「其實一理也」。意即在此。

既然肯定了天道本體之存在，可是此天道本體由何得見？朱子形容此本體乃「無體之體」（《語類》卷第 36，頁 976），意即無形體之體，不可見之體。既是無形體而不可見，則以孔子的立場而言，孔子將如何指點這「無體之體」與學生知曉？

子曰：「予欲無言。」子貢曰：「子如不言，則小子何述焉？」子曰：「天何言哉？四時行焉，百物生焉，天何言哉？」（〈陽貨第 17〉）

《集註》解曰：「四時行，百物生，莫非天理發見流行之實，不待言而可見。聖人一動一靜，莫非妙道精義之發，亦天而已，豈待言而顯哉？」下文引程子之言：「孔子之道，譬如日星之明，猶患門人未能盡曉，故曰『予欲無言』。若顏子則默識，其他則未免疑問。故曰『小子何述』。」又曰：「『天何言哉？四時行焉，百物生焉』，則可謂至明白矣。」

天道雖然不可見，但可由四時行、百物生之處發現，此乃即物顯現之方式，道即在物中盡顯無餘。然而此亦待大智者方能默識之，其他則未免疑問。其實道已在萬物中明白地昭顯自己，故程子云：「天何言哉？四時行焉，百物

生焉，則可謂至明白矣。」

　　這種「即物顯道」的方式其實亦不脫離「理氣論」的格式。換言之，道即是形而上之理，無聲無臭，然其必於形而下之氣中而顯。理氣不能須臾離，有是理，必有是氣；有是氣，必有是理。單只是「四時行，百物生」並不是道，這個只是與道做骨子。必窮究何以「四時行，百物生」之理方爲道。朱子云：

> 日月寒暑等不是道。然無這道，便也無這箇了。惟有這道，方始有這箇。既有這箇，則就上面便可見得道。這箇是與道做骨子。（《語類》卷第36，頁976）

「與道做骨子」猶言「與道做內容」。蓋循朱子之理氣論，所謂天道，亦即萬物存有之理，其實僅是一空洞的虛形式，日往月來，寒往暑來，整個天地生化皆可爲天道之內容，故天理流行之實可由「四時行，百物生」發現。除天地化育處可見天理流行，聖人一動一靜，亦莫非妙道精義之發。此種種若能潛心默識即可體悟，何必待言？夫子不言，並非有心隱藏，而是門弟子唯以言教爲教，不知聖人作、止、語、默無非教也。

> 子曰：「二三子以我爲隱乎？吾無隱乎爾。吾無行而不與二三子者，是丘也。」（〈述而第7〉）

《集註》解曰：「諸弟子以夫子之道高深不可幾及，故疑其隱，而不知聖人作、止、語、默無非教也，故夫子以與言曉之。」聖人猶天也，天無隱，聖人亦無隱，人自不察而已。

　　又夫子曾臨水而歎，其歎不知因何而發，但宋、明儒者大率皆解爲道體之指點，故吾人將此章與上一章〈天何言哉〉一併觀看。

> 子在川上，曰：「逝者如斯夫！不舍晝夜。」（〈子罕第9〉）

夫子之歎，可能是慨歎時光流逝如川水一般。但《集註》解爲：

> 天地之化，往者過，來者續，無一息之停，乃道體之本然也。然其可指而易見者，莫如川流。故於此發心示人，欲學者時時省察，而無毫髮之間斷也。

這種看法大抵爲宋、明儒者之共識。「往者過，來者續，無一息之停」乃形容天地化育之無窮盡，生生而不息。然天地之能生生不息，原繫於「道體」本來就如此，故《集註》對「天地之化」的發育流行下一註語：乃道體之本然也。朱子嘗語人以其所作《觀瀾記》的兩句來解道體之本然：「觀川流之不息兮，悟有本之無窮。」所謂「有本」者意指「道體」此一超越根據，單只是

一個「無窮」，尚未能窮盡造化之本源，須看得因甚而無窮，方始得。

> 問：「張思叔說：『此便是無窮。』伊川曰：『一箇「無窮」，如何便
> 了得！』何也？」曰：「固是無窮，然須看因甚恁地無窮。須見得所
> 以無窮處，始得。若說天只是高，地只是厚，便也無說了。須看所
> 以如此者是如何。」（《語類》卷第36，頁976）

不能單看自然現象之過化不息，而止於此；必須深究造化無窮所以然之理。
此亦不離理氣論之格式，就氣化之現象而悟及道體之本然。

這種說法當然與古說有異。朱子分別其中之差異：

> 古說是見川流，因歎。大抵過去底物不息，猶天運流行不息如此，
> 亦警學者要當如此不息。蓋聖人之心『純亦不已』，所以能見之。（同
> 上卷，頁973）

古說是循文義而言，只說「見川流因歎」，至於見川流令夫子想到什麼而歎，
則引而不發。至明道乃言：

> 自漢以來，儒者皆不識此義。此見聖人之心，純亦不已也。純亦不
> 已，乃天德也。有天德，便可語生道，其要只在慎獨。（本章《集註》
> 引文）

由過去底物不息，從不間斷，而見聖人之德純亦不已，此是宋儒在義理上的
一大推進，比漢儒所解更為高明而深刻。見川流而指點至聖人之心純亦不已，
聖人之心之所以能純亦不已，其要即在「慎獨」。能夠慎獨，便能時時省察自
身，使吾心不讓利欲間斷，便是與天地相似。這是由川流之不息而體悟吾心
亦應如川流一般，不有毫髮之間斷。如此體悟，更能使自家受用獲益。

> 問：「註云：『天地之化，往者過，來者續，無一息之停，乃道體之
> 本然也。其可指而易見者，莫如川流，故於此發心示人。』其反而
> 求之身心，固生生而不息，氣亦流通而不息。二者皆得之於天，與
> 天地一體者也。然人之不能不息者有二：一是不知後行不得，二是
> 役於欲後行不得。人須是下窮理工夫，使無一理之不明；下克己工
> 夫，使無一私之或作。然此兩段工夫皆歸在敬上，故明道云：『其要
> 只在慎獨。』」曰：「固是。若不慎獨，便去隱微處間斷了。能慎獨，
> 然後無間斷。若或作或輟，如何得與天地相似！」（《語類》卷第36，
> 頁974）

大自然之往者過，來者續，無一息稍停，即顯出道體之本然；同樣吾人之身、

心亦是得之於天，如何讓道體之本然亦在吾人生命中彰顯呢？其要只在愼獨。依朱子的心性論，只要讓心無私欲摻雜而間斷，使仁之生意常通不息，此便與天地相似。故朱子云：

> 能愼獨，則無間斷，而其理不窮。若不愼獨，便有欲來參入裏面，便間斷了也，如何卻會如川流底意！（同上卷，頁974）

人心之不能如天地一般，只緣有私欲參入裏面，便不能如川流一般暢流不息。朱子有此感慨而言：

> 今諸公讀書，只是去理會得文義，更不去理會得意。聖人言語，只是發明這箇道理。這箇道理，吾身也在裏面，萬物亦在裏面，天地亦在裏面。通同只是一箇物事，無障蔽，無遮礙。吾之心，即天地之心。聖人即川之流，便見得也是此理，無往而非極至。但天命至正，人心便邪；天命至公，人心便私；天命至大，人心便小，所以與天地不相似。而今講學，便要去得與天地不相似處，要與天地相似。（同上卷，頁977）

天命之能至正、至公、至大，只緣其爲純理也；但人心唯是氣之靈而已，與天命一比較，立刻顯出人心之邪、私、小，故需莊敬涵養，再加以格物窮理之功，方能去得與天地不相似處，而漸漸與天地相似。

由川流之不捨晝夜而直悟聖人之心純亦不已，再進而明使心純亦不已之工夫唯在愼獨而已。此是明道之體悟；再者，亦可由川流不停而悟及天道之生生不息，遂直接以川流指謂道體。此便是伊川之體悟。伊川曰：

> 此道體也。天運而不已，日往則月來，寒往則暑來，水流而不息，物生而不窮，皆與道爲體，運乎晝夜，未嘗已也。是以君子法之，自強不息。及其至也，純亦不已焉。（見本章《集註》引文）

「日往則月來，寒往則暑來，水流而不息，物生而不窮」此四者可籠括一切而爲「天運不已」的象徵，於此可見道在其中，是故能於川流而直指爲道體，是爲「即物顯道」之意。然則此文所述及之「道體」與「與道爲體」是何義也？第一節吾人曾分別朱子的理氣論不適於以「體用關係」說明之，只能言理氣不離不雜，但理本身並無實體性之創生意義；然則伊川在此直言「道體」，又言日往月來等四者乃「與道爲體」，則朱子將如何解說此「體」之意義？

《語類》上有記載數則有關「道體」的討論，茲一一條列如下：

> 問：「註云：『此道體之本然也。』後又曰：『皆與道爲體。』向見先

生説：『道無形體，卻是這物盛，載那道出來，故可見。「與道爲體」，言與之爲體也。這「體」字較粗。』如此，則與本然之體微不同。」曰：「也便在裏面。只是前面『體』字説得來較闊，連本末精粗都包在裏面；後面『與道爲體』之『體』，又説出那道之親切底骨子。恐人説物自物，道自道，所以指物以見道。其實這許多物事湊合來，便都是道之體，便在這許多物上，只是水上較親切易見。」（卷第36，頁795）

根據學生引朱子的解釋：「道無形體，卻是這物事盛，載那道出來，故可見。」可知於朱子心中所謂「道體」不同於一般指謂「本體」、「實體」之意義。其言「道無形體」，固然一般所謂實體性意義的道體亦無形體可見，但朱子應是另一層涵義，即：道只是理而已，當然無形體可見。由於道只是理，故須掛搭在氣化之物事上，這些物事即載那道出來，使道得以明白彰顯。是以這些物事便都成爲「道之體」，可以使道具體朗現的體質。「與道爲體」一語亦是此義，朱子認爲這一句更能表達「那道之親切底骨子」。其實「道體」與「與道爲體」，兩「體」字皆爲「體質」、「骨子」之義，更明白地説就是「憑具、內容」的意思，兩者並無較闊或較粗的分別。再看幾則條例，更可明白朱子心中所指謂的「體」是何意義。

公晦問：「『子在川上』註，『體』字是『體用』之『體』否？」曰：「只是這箇『體道』之『體』，只是道之骨子。」（同上卷，頁975）

問：「如何是『與道爲體』？」曰：「與那道爲形體。這體字卻粗，只是形體。」（同上卷，頁975）

周元興問「與道爲體」。曰：「天地日月，陰陽寒暑，皆『與道爲體』。」又問：「此『體』字如何？」曰：「是體質。道之本然之體不可見，觀此則可見無體之體，如陰陽五行爲太極之體。」（同上卷，頁976）

伊川説：「水流而不息，物生而不窮，皆與道爲體。」這箇「體」字，似那形體相似。道是虛底道理，因這箇物事上面方看見。（同上卷，頁976）

雖然上列數條幾乎集中在「與道爲體」的解釋，但若與其他曾引述的條例合併齊看，當可推知所謂「與道爲體」者，事實上就是「道體」一詞的拆解。何以言之？首先吾人當認清「道與物」其實便是「理與氣」之另一説法。

依據朱子的理氣論，理必須憑藉氣化方能具體表現，相同的，道亦得憑藉物事方得以彰顯。文中所引「道無形體，卻是這物事盛，載那道出來，故可見」一句分明就是理氣論的格式，若道本身有活動創生的動力，何需物事之載乘？緣於朱子心中，道只是不變不動的理而已，其言「道是虛底道理，因這箇物事上面方看見。」足可資證。

其次，道、物之關係既然同於理、氣之關係，則於「理」不能言「體」義，自然於「道」亦不能有「本體」或「實體」之意義。可是朱子爲何一再言「道體」一詞？理由有二：一者，朱子乃是順著前人的說法而姑且如此說說罷了，並無實義，譬如「道之本然之體」、「無體之體」惟是虛說而已，不能認眞看待；二說，「道體」可析爲「道之體」。而所謂「道之體」其實就是「道之形體」、「骨子」或「道之體質」，隨文有不同的解釋，但總不離這幾種說法。故「道體」也者，此「體」字非形容「道」義，而是另有所指，指的是可讓道所憑藉的氣化物事。因著「道之體」義方可言「與道爲體」，否則「與道爲體」一辭不可解，其他不同於程、朱思路的理學家，根本不會說「與道爲體」一語。唯程、朱一派盛談理氣不離不雜者，方有「萬物爲道之資具憑藉」的想法，而有「與道爲體」之辭。

根據以上所論，可知「道體」其實就是「與道爲體」之義，不論「體」字作何解，總不是指謂「本體」或「實體」義。這是依循朱子「理氣論」的脈絡而有的結論。順此結論再重論〈夫子之言性與天道〉一章，對於《集註》中所云「天道者，天理自然之本體」一言可再作進一步的分析與釐清。

前文曾述及所謂「天理自然」是形容天道這一「本體」之形容詞，意謂非人爲造作而是自然天成的。可是若再深論天道之結構，不過就是理與氣的結合，於此兩者又不能有任何「本體」義，故朱子所言「天理自然之本體」，其中「本體」一辭可能僅是虛設而已，並無實質的義意。

《論語》中言「天」之篇章大致已如上述，雖然朱子曾明言：

> 蒼蒼之謂天。運轉周流不已，便是那箇。而今說有箇人在那裏批判罪惡，固不可；說道全無主之者，又不可。這裏要人見得。（《語類》卷第1，頁5）

又云：

> 要人自看得分曉，也有說蒼蒼者，也有說主宰者，也有單訓理時。（同上卷，頁5）

但是他的詮釋孔子所言之「天」大抵並無「超越主宰」的意味，總是盡量淡化這種「主宰」意，而以「理」或「氣」釋之。

這樣的詮釋是否已全盡孔子對「天」的看法，尚留有很大的討論空間。當夫子感慨「知我者其天乎」時，其心中果真僅將天當成是形上的天理，而無一點超越主宰之意嗎？當夫子病危，子路使門人為臣，夫子即深責子路：「由之行詐也，無臣而為有臣。吾誰欺？欺天乎？」（〈子罕第 9〉）此處之「欺天」亦是逆理而即欺天之意耶？朱子對此「天」無解，《集註》僅云：「言我之不當有家臣，人皆知之，不可欺也。而為有臣，則是欺天而已。人而欺天，莫大之罪。」畢竟沒有點出「天」之義為何。若順著朱子一貫的思路，以「天即理也」釋之，則一個純理意義的天有所謂受欺不受欺嗎？縱如朱子所言，此天乃理中帶著氣化之天，亦難解「欺天」之辭。

又如「獲罪於天，無所禱也」，若天只有「理」的意義，則有何能力降罪於人？或者如錢大昕先生所質疑的：

> 獲罪於天，無所禱也。謂禱於天也，豈禱於理乎？（《十駕齊養新錄》
> 卷 3）

對於「理」，吾人只有遵循與否的問題，至於「祈禱」則應對著有意志的對象而言，從未聽聞祈禱於理之行。是以對照《論語》原文，吾人當可發現朱子之解實屬勉強。

又如〈儀封人請見〉一章，儀封人見夫子出而即曰：「天下之無道也久矣，天將以夫子為木鐸。」（〈八佾第 3〉）天有意志乎？不然何以特別挑中夫子擔任「振文教」之工作？但依朱子之解，則又是以氣運之興衰為由而釋之。蓋天下之有道、無道乃依世運之更迭而循環，於非常之世則生非常之人，乃為氣運使然，非真有個上帝在上面主宰。然則此解果真全盡封人之意？是故朱子所詮釋之「天」是否完全符合夫子的心意，有待細察討論。下一節即引當代學人對於孔子所言之「天」的討論，與朱子作一比較。

第五節　當代學人對「天」的詮釋

於本章的「前言」中，吾人曾述及孔子雖然有多處言及「天」的話語，但他言「天」或「天命」的指向並不十分清晰明朗，此無疑留予後人一個很大的疑問：究竟孔子心中的「天」是何意義？後世的學者，尤其是當代學人

對此問題有十分豐富且獨特的看法，〔註4〕茲引述幾位學者對「天」的詮釋以與朱子的天論作一比較。

　　由於夫子的指向不明，是以後人以其自身所理解的角度來詮釋「天」的涵義，至於所理解的角度是否完整無偏，又有待商榷。譬如朱子偏重以「理」釋天，但對於許多章節，如「獲罪於天無所禱也」、「知我者其天乎」、「畏天命」等等的解釋則無法盡如人意，總有牽強穿鑿的痕跡。或有從「道德之理」釋天，但又不認為道德之理即是存在之理，此以徐復觀先生的說法為代表。徐先生在《中國人性論史》一書中有言：

> 孔子所感到的這種生命與天命的連結，實際即是性與天命的連
> 結。……性與天命的連結，即是在血氣心知的具體地性質裏面，體
> 認出它有超越血氣心知的性質。這是在具體生命中所開闢出的內在
> 地人格世界的無限性地顯現。要通過下學而上達，才能體認得到
> 的。……而孔子五十所知的天命，乃道德性之天命，非宗教性之天
> 命。……他的知天命，乃是對自己的性、自己的心的道德性，得到
> 了澈底地自覺自證。孔子對天、天命的敬畏，乃是由「極道德之量」
> 所引發的道德感情；而最高地道德感情，常是與最高地宗教感情，
> 成為同質的精神狀態。在孔子心目中的天，只是對於「四時行焉，
> 百物生焉」的現象而感到有一個宇宙生命，宇宙法則的存在。……
> 孔子是從自己具體生命中所開闢出的內在地人格世界，而他人則僅
> 係概念性的構造。他之畏天命，實即對自己內在地人格世界中無限
> 地道德要求，責任，而來的敬畏。〔註5〕

　　依徐先生之見，孔子對天、天命的敬畏，乃是由「極道德之量」所引發的道德情感，是以基本上孔子之有「天」之超越意識，乃植根於他本人的心的道德性，而不是由一個外在的天、天命令他敬畏，故孔子五十所知的天命，乃「道德性之天命」，非「宗教性之天命」。總而言之，天、天命對他人而言可能僅係概念性的構造，然於孔子卻是從自己具體生命中所開闢出的內在的人格世界，他之畏天命，實即對自己內在的人格世界中無限的道德要求、責

〔註4〕 參考楊祖漢，〈當代儒學對孔子天論的詮釋〉一文，此文網羅數位當代學者詮
　　　　釋孔子心中關於「天」的意識，分析精闢，本節多採其文意。此文收錄於中
　　　　央研究院文哲所舉辦的「第二次當代儒學研究會」之發表論文集中。
〔註5〕 參見徐復觀，《中國人性論史》，頁88～89。

任，而來的敬畏。

徐先生這番見解分析，的確十分精闢透徹，將天之超越意識植基於道德意識，一方面既符合孔子「踐仁知天」的模式，另一面也免除了許多無謂的穿鑿附會及宗教迷信。相較之下，朱子的「天論」則顯得較虛浮，原於朱子自始即以「存在之所以然之理」視天，非基於道德意識之自覺自證，如此一來，則玄想智測的成份較重，而實踐體證的成份較輕。但吾人當知孔子之罕言性與天道，正由於他不欲多做無謂的智測玄想，而轉以道德的實踐以證知天義。是故就著孔子「踐仁以知天」的模式為標準，徐先生的解析無疑是較符合夫子之道，而朱子之天論則稍顯迂曲迴繞。

但是依徐先生所言，孔子所知的天命僅係道德性之天命，他之敬畏天命，只是由於他的「極道德之量」所引發的道德情感，而這種道德情感通常是與最高的宗教情感，成為同質的精神狀態。照這樣的分析，則「天」是否尚有客觀的、實質的地位？恐怕沒有。見徐先生對孟子〈盡心知性知天〉一章的解釋即可知：

> 「盡心」，不是心有時而盡，只是表示心德向超時空的無限中的擴充、伸展。而所謂性，所謂天，即心展現在此無限的精神境界之中所擬議出的名稱。……實則心之外無性，性之外無天，因此才能說「存其心，養其性，所以事天也。……孟子以為存心養性所以事天，這便將古來宗教之所祈嚮，完全轉換消納，使其成為一身一心的德性的擴充，在自身德性以外，更無處可以安設宗教的假像。」〔註6〕

這種說法等於把做為客觀存在的根據之「天」全部去掉。但是做為客觀存在根據的「天」是否可以完全去掉？當然不能。果真無此客觀存在之根據，則人之道德心性最後亦是沒有來由的，即人何以會有仁義禮智四端之心，是無根據，亦無客觀的保障，也不能保證人人皆有此良知心。如此一來，則孔子再不能肯定「我欲仁，斯仁至矣」，也不能說「有能一日用其力於仁矣哉，我未見力不足者。」而孟子更不能言「人皆有不忍人之心」，或言「惻隱之心，人皆有之；羞惡之心，人皆有之；恭敬之心，人皆有之；是非之心，人皆有之。」因為這些皆無超越的根據以保障之。是以徐先生之論有待商榷。

再者，縱觀《論語》全文，難說「天」之於孔子僅是由於他對自己內在的人格世界無限的道德要求而起現的超越意識，或者說由於孔子之道德心展

───────────────

〔註 6〕參見徐復觀，《中國人性論史》，頁81。

現在此無限的境界之中所擬議出的名稱。若果眞如徐先生所言，則何以孔子
屢次有對「天命」之慨歎呢？當伯牛有疾，子嘆之曰：「亡之，命矣夫！斯人
也而有斯疾也。」顏淵死，子哭之曰：「天喪予！天喪予！」此時的「天」、「命」
不正表示有一客觀外在的限制非吾人所能控制？又如「四時行焉，百物生焉。
天何言哉？」此言正表示天之做爲宇宙生化之存在根源，雖然孔子並未做進
一步的形上學的推求，這是哲學家的工作，可也不能否定孔子有「天」之做
爲客觀存在之根據的意識。

　　相形之下，朱子之「天論」則甚能表達「天」之爲客觀存在之根據的觀
點，他的「理氣論」事實上就是一套宇宙論。雖然對於道德實踐的本質，朱
子的把握不甚恰當，但對於「天」之爲一存在之原理則甚能掌握。而徐先生
於此反而模糊了，誠如楊祖漢先生所評論的：

> 固然人由踐德的確可以產生超越性的感受，由此而敬畏道德法則，
> 而曰此理是天理，此心是天心，但天不必有其作爲宇宙之生化之源
> 之意義：而如此說知天命，亦可以避免因要建立道德的形上學而引
> 生的種種質疑，故此一說法無疑是很單純而又很安全的。但這是否
> 相應于孔子知天命畏天命的心情呢？除了對內心的道德法則的敬畏
> 外，對於宇宙的浩浩大化，如康德所說的，對無限的宇宙天體，人
> 亦會產生無限的敬畏，而對於使這宇宙的氣化的流行成爲可能的道
> 體，亦宜有其敬畏，故徐先生此說，很可能只是孔子畏天命之某方
> 面的意義，即是偏義，而非全義。〔註7〕

譬如〈鄉黨篇〉所記載的：「迅雷風烈，必變。」朱子如此解之：「必變者，
所以敬天之怒。」這表現出孔子對於大自然的威力，由衷升起敬畏之感，所
以「雖夜必興，衣服冠而坐。」是大自然的威力使得孔子對之有莊嚴、崇高
之感，非其本人踐仁修德之莊嚴、崇高，此義不可不識。此章正與康德所言
契合一致，亦可證明徐先生之論有偏差之處。此偏差之處即在肯定人之道德
心爲一切價值源，但並不承認此道德心性亦是使一切存在能成爲存在的天
道，如此，天道義遂旁落而虛化。

　　若是純粹由「客觀的限制性」之義解孔子所言之天及天命，即是勞思光
先生的看法。他說：

〔註7〕參見楊先生之前揭文頁2。

「命」是客觀的限制，與「義」表自覺之主宰不同。〔註8〕

根據這種說法，則孔子五十而知天命，所知者即是「知客觀限制之領域」。〔註9〕那麼何謂「客觀限制之領域」？

> 客觀世界有一理序，亦即有一定之限制。人在經驗生活中，一切遭遇，在此意義上，亦是被決定者，此即顯現事象系列之必然性，亦即孔子思想中「命」之意義。在對象界中，人既與其他事物同為一「被決定者」，故「命」之限制或「必然性」之限制，乃不可否認者；然則人生中是否無主宰可說？此即「自由」概念能否定立之問題。為揭明此一「自由」之領域，故孔子有「義」觀念，與「命」觀念對揚。「命」觀念表「必然」，「義」觀念則表「自由」。〔註10〕

是以所謂「客觀限制之領域」即是指客觀存在的世界。此世界當然有其理序，不能隨吾心之所欲而主宰之。這種道理只要略有人生體驗之人皆知曉，以聰明睿智如孔子者何必待五十歲而知得？這種說法未免過於淺顯。是以勞先生後來又解釋道：

> 人作為一經驗存在，全無自由可說，亦無主宰可說；但人作為自覺活動者說，則即在自覺處顯現其自由及主宰。……由此，有智慧之聖哲，即必須明白此中分際或界限；一面知何處人能負責任，應負責任，另一面知人之存在之限制性；兩面俱明，則即是「知命」，即能「不憂不懼」。〔註11〕

經過上一段的解釋雖使得「知天命」之義稍顯深刻些，但仍不足以盡「知天命」的全幅意義。縱觀孔子的學思歷程，自十五志於學至三十而立，所立者為何？當然是立於禮、立於義，立於勞先生所說的「自覺人作為一經驗存在仍有其自由及主宰」之處。當孔子三十而立之時，焉不知尚有一外在的客觀限制之領域無法隨吾心主宰之？縱使三十不能知，至四十而不惑時總能知吧？畢竟命之做為「客觀限制性」之義並不難知。

且勞先生將天命之意義僅限於「客觀的限制性」亦甚偏狹。以朱子的天論而言，勞先生所言者惟止於「氣稟之命」而已。但朱子論天除了「氣命」

〔註8〕參見勞思光，《新編中國哲學史》第1冊，頁136。
〔註9〕參見勞思光，《新編中國哲學史》第1冊，頁138。
〔註10〕參見勞思光，《新編中國哲學史》第1冊，頁142。
〔註11〕參見勞思光，《新編中國哲學史》第1冊，頁143。

一義之外，尚有以「理」言之義，而勞先生全然無以「理」言之天義。如此，則他所說的表「自由」觀念的「義」從何而生？是故勞先生之論天亦不能全盡「天」之意義。

若是由首求盡義之無餘而後再言知命，終知義與命兩者皆原出於天，無論「用之則行」或「舍之則藏」皆能不怨天、不尤人者，則爲唐君毅先生之說法。唐先生認爲求行道固然是義，然若道不行，而承受此道之不行，亦是義。因爲「人在求行道時，即當同時準備承擔道之行或不行之二種結果。由是而『用之則行』，固是義之所當然；而當道不得行時，承擔此結果，而『舍之則藏』，亦是義之所當然。反之，如道不行，而枉尺直尋，或怨天尤人；乃與人求行道時，依『反求諸己之教，自知爲當準備承擔之義』相違，而先自陷於非道矣。是見承受道之廢，即是義也。」〔註12〕此即是唐先生關於義、命之基本理念。

依上義，則所謂「知命」也者，非謂知命之預定道之將廢，而是在盡義之同時，悟及己之仁志乃原自於天，於是凡己所以自期自命者乃天所以命之者，義之所在乃命之所在。當人自覺其精神依「義」而奮發不可已，亦覺天命流行之昭露不可已，其源若無盡而無窮，則敬畏之感生。唐先生即以此義解孔子之「畏天命」。茲述之如下：

> 蓋志士仁人之求行道，⋯⋯其全幅精神，即皆在自成其志，自求其仁。此時之一切外在之艱難困厄之境，死生呼吸之事，亦皆所以激勵奮發其精神，以使之歷萬難而無悔者；而其全幅精神，唯見義之所在，未嘗怨天尤人之德行，亦即無異上天之玉成。在此志士仁人之心情中，將不覺此志此仁爲其所私有，而其所自以有之來源，將不特在於己，亦在於天。於是其自求其仁，自求其志之事，凡彼之所以自期而自命者，亦即其外之境遇之全體或天之全體所以命之者。其精神之依「義」而奮發者不可已，亦即天所命之「義」，日益昭露流行於其心者之不可已。此處義之所在如是如是，亦天命之如是如是。義無可逃，即命無可逃，而義命皆無絲毫之不善，亦更不當有義命之別可言。人於此更自覺其精神之依「義」而奮發之不可已，或天命之流行昭露不可已，其源若無盡而無窮，則敬畏之感生。此敬畏是敬畏天命，即敬畏其志其仁。至於孔子之只言畏天命者，

則蓋以志士仁人之求行道之事，乃自內出而向於外。所向在外，其
所敬畏，則宜在天命。〔註13〕

上述一大段話，一言以概之即是「即義見命」。唐先生所言「見義知命」
之義當然是十分深刻中肯，一者他能將「天」或「天命」植基於道德實踐之
體證，而非蹈空地建構一套形上學理論，由此而免除不必要的玄想與智測，
符合孔子踐仁知天的模式。再者，他保留了道德心性的來源，志士仁人求行
道之仁心原是來自於天，而非無根源的。三者，他也肯定了天之做為客觀存
在之根據的超越性與莊嚴性。後兩義乃徐先生與勞先生所不及之處，是故唐
先生此「即義見命」之說不可謂不弘深廣博。

可是據唐先生所言之天命，似乎較側重於「天命之謂性」、「民受天地之
中以生，所謂命也」，或如「今天其命哲」這一面，即偏重道德心性的究竟根
源，而就此仁心義理直接言天命，所以義之所在即命之所在，義無可逃，命
亦無可逃，最後是不當有義命之別可言。如此詮釋義、命雖然十分深刻，但
「天命」之義顯然是緊貼著「義」上立言，不甚能突顯其獨立完整的意義。
尤其唐先生後來言「敬畏天命」者，其實是敬畏「其志其仁」，則「天命」完
全涵攝於「義」之下的見解更顯。然則敬畏天命果真等同於敬畏道德法則？
此中有待討論。

仁義是求則得之，舍則失之，是求之在我者也；但天道、天命是否如同
仁義一般可以為我掌握全知呢？此則不然。夫子之知天命固然是由肫肫其仁
開始，下學而上達以至知天，但夫子之知天命並不是經驗知識的知，而是一
種與超越者之「默契」。〔註14〕這種與天道感應契接並不表示天道完全可以為
夫子所掌握，夫子的生命仍然與天道保持著超越的距離，因為天道永遠是玄
妙深奧不可測的，永遠不能如同經驗知識或仁義禮智一般為人全盤掌握。故
言「畏天命」，固然出自於道德意識，但也不能忽略此敬畏亦出自於天命之深
奧不可測。天命除了「理」之一義外，尚有氣化之部分。而對於氣化之運行，
吾人是永不可測知的。唐先生對於「天命難測」一義，顯然沒有充分表達，
只說志士仁人於求行道之時，應準備承擔道之行或不行之二種結果，我只是
充分盡吾義而已，「天命難測」之義遂隱而不彰。

與朱子相較，唐先生之言天命顯顯然是偏於理言，而朱子尚有「氣命」

〔註13〕參見唐君毅，《中國哲學原論·導論篇》，頁 537～538。
〔註14〕參見牟宗三，《中國哲學的特質》，頁 38。

之說，單就此義而論，則朱子之論天命的確比唐先生較全面而完整。但是，朱子論天雖然全面而完整，惜其說法——不論是理、氣分言或理、氣合言——則拙而不巧，他的「理氣不離不雜」說，究其實，畢竟不能巧妙表達天道創生妙運之義及天命之可敬畏。如要尋出確實能表達此兩義者，牟宗三先生的說法可爲吾人參考借鏡。

牟先生於《心體與性體》一書中論述「以理言」之命與「以氣言」之命一段曾如此說道：

> 「在天」不必一定偏於理說，亦可偏于氣說。偏於理說的天命、天道之生化與性體道德創造之純亦不已（至誠不息）爲同一意義。……而大人與天地合德亦只是合其偏於理說之「德」，此是超越的「意義」相同，「大而化之」之「化境」相同，甚至其「神」亦可說相同，而其個體生命之「氣」畢竟不能與天地之氣等量齊觀也。「氣之運化以現理」之「質」同，而量不同，其「無窮複雜之質」同，而無窮複雜之量不同（氣始可說「無窮複雜」）。即因有此不同，故個體生命之氣命與天地氣化運行或歷史氣運之運行間始有一遭遇上之距離與參差，因而有所乘之勢與所遇之機之不同。此則非我所能控制者，它超越乎我之個體生命以外與以上。此亦是天理中事、天命中事、天道中事，亦可簡言之曰在天。此是天理、天命、天道之偏于氣化說，但亦爲其神所貫，全氣是神，全神是氣。既全神是氣，則無限量之無窮複雜之氣固亦天理、天命、天道中事。……而此即對吾個體生命有一「超越的限定」。……凡孔子所說的「知天命」、「畏天命」、「不知命無以爲君子」，以及有慨嘆意味的「天地」、「命也」等辭語，……皆是說這種「命」。但是此種命雖以氣言，卻亦不能割掉它的神理之體。「氣命」之氣不是塊然的純然之氣，它是「全神是氣，全氣是神」中的氣。即因此，它對吾人所成之超越的限定始有一種莊嚴的嚴肅意義，所以才值得敬畏。……正面說的孔子之踐仁知天，孟子之盡心知性以知天，其所知之天固首先是正面同於仁，同於心性之「以理言」的天，但決不止于此，亦必通著那不離其神理之體的無窮複雜之氣。此兩面渾而爲一才是那全部的天之嚴肅意義與超越意義之所在。〔註15〕

〔註15〕 參見牟宗三，《心體與性體》第 1 冊，頁 524～526。

　　牟先生之言天命，既不偏於理，亦不偏於氣，也不是割截地分別說《論語》中那些篇章是屬於以氣言之命，那些篇章屬於以理言之命，而是綜和理氣兩面同時談。此一義朱子亦有，只是他的「理氣不離不雜」說較不巧妙，蓋其所謂「理」乃客觀存有之理，無創生妙運之義，與氣僅是附著搭配之義而已。至於牟先生之談理氣，此理亦是體義、亦是神義，換言之，此理即同於道德創生的實體，可以言「神用妙運」的體用關係。故牟先生之釋天命、天道乃「全神是氣，全氣是神」，孔子之慨嘆「亡之，命矣夫！」或慟曰「天喪予！天喪予！」雖然較偏於以氣言之命，卻也不能割掉它的神理之體，也因此，此氣命對吾人所成之超越的限定始有一種莊嚴的嚴肅意義，方值得敬畏。

　　若夫勞思光先生所言「天命」惟是「客觀的限制性」一義，則何敬畏之有？至於唐先生所論「即義見命」說，則天命之可敬畏全基於吾人之仁心仁志乃原自於天，則此敬畏實乃敬畏道德法則，非真敬畏天命也。依唐先生的說法，志士仁人之求行道，即應準備承擔道之行或不行的結果，不能因道之不行而憂戚。此義固然可說，但志士仁人之求行道乃為當然而合理之行，何以竟無合理之結果？尤其以孔子之至聖，應可「立之斯立，道之斯行，綏之斯來，動之斯和」，居然周遊列國而終不遇？此固然可歸屬氣化之參差不齊，但氣化之運轉，亦是有理或道為之主宰，並非純然是氣，既是有理或道為之主宰，又何以有此使孔子終不能遇之氣命？於是人便體會到天命之難知，而無可奈何也。

　　故牟先生言：「其所知之天固首先是正面同於仁，同於心性之『以理言』的天，但決不止于此，亦必通著那不離其神理之體的無窮複雜之氣。」有無窮複雜之氣化方使得天命難測，可是此氣化又是有理主之，則似不合理者竟又是合理，於此焉不令人心生敬畏之感？故「天命難測」之感亦可容有浩浩大化中有一「超越主宰」之義，此超越主宰非吾人可測度之，僅能默識之而已。

　　當代學者對孔子「天論」的解釋大致如上所述，各有長短優劣，這些說法也提供我們重新檢討朱子論天之思路的參考，由他們的論述可以反照朱子的長處與不足。

小　結

　　與上述幾位當代學人相較，朱子的論說的確稍顯粗糙而穿鑿勉強，然朱

子亦有其殊勝處而爲其他學者所不及。首先，朱子論天乃兼具理、氣兩面言，此是朱子勝於他人之高明處。蓋僅著重於理或著重於氣，就見解的深度而言，即顯高明不足，是故不能全面涵蓋而有所遺漏，朱子於此足可傲視他人。理、氣兼論，一者肯定客觀存在之超越根據，保障道德心性之源，其次對於氣化之參差不齊亦能吸收而納於實踐中，而保持天命難測之深奧莊嚴。徐、勞二人固不消說，既不肯定道德心性亦爲存在之超越根據，當然無法保障道德心性之源；至於氣化之限制，雖則勞先生有涉及之，但只以「客觀的限制性」籠統概括之，而表達不出欲行義卻受限於氣命限制的無可奈何之慨歎。唐先生則將此委之於上天欲成就志士仁人之德行，亦不能表達「眞正仲尼臨終時未免嘆一口氣」之遺憾。

　　然則朱子雖有此殊勝之處，可是也有其不足處。朱子之論天，乃重天之爲萬物存在之根源，言理亦是就著一切存在之所以存在之理而談，非本基於道德意識之申展、擴充，就此義而論，則不及徐、唐二人多矣。再者，朱子論天雖是理、氣兼論，然其唯在天道「化育」萬物之過程中方綜和理、氣兩面而論，其餘則是割截了理、氣分別論述，（見前文第二、三節）這種分別論說詮釋亦難免重蹈吾人評論上述幾位學者的缺失。朱子解〈伯牛有疾〉與〈不知命無以爲君子〉兩章，純以「氣稟之命」解之，割截了神理之體，則此「氣命」實不足令人起莊嚴敬畏之感；至於純以理詮之的章節，譬如〈五十知天命〉、〈畏天命〉及〈知我者其天乎〉等數章，將這些章節一併歸入以理言之天命，則有些勉強穿鑿，尤其與諸位上述的學者比較，更突出朱子的不諦當處。

　　縱使朱子之論天道化育萬物，乃兼備理氣兩面而論，與牟先生相較，他的詮解法則又顯得不甚高明，此乃原自朱子對於天道實體之解悟不是十分恰當，遂使得理自是理，氣自是氣，兩者惟不離不雜而已，無「全神是氣，全氣是神」之義，既無此義，則論天道、天命之義理終不能精確諦當，亦不完備整全。此爲朱子論天之最大不足處。

第五章　結　論

　　繼上述三章——朱子論仁、朱子論聖人及朱子論天——之後，我們可以清楚地發現朱子註解《論語》一書，雖然義理弘深，遠超前人，但也免不了沾染上他個人學問系統的色彩，若純以《四書章句集註》了解《論語》，恐無法直探夫子之本懷。究其原因，乃緣於朱子的學問思路及孔、孟立宗開教的實踐軌徑有些距離。依孔子的教誨，「仁」並非僅是一「所以愛之理」而已，另外的恭敬、是非、羞惡之情則相應禮、智、義等諸德，孔子談仁從未如此分析條列地規定仁是什麼，他惟是渾淪地指點，對應各種人、事、物而有不同的說辭，以促使學生能藉由具體特殊的機緣醒悟何者爲仁，何者爲不仁。

　　孔子這種指點方式固然讓人不易直接就清楚把握「仁」的眞諦，那麼依朱子分析的方式，所謂去其前事、後事，直探仁之本質，這種分析的方式是否即爲「說仁」的最佳方式？可能不是。朱子之談仁義禮智，雖然條理清楚，對應停當，可是這是以求知識的方式以認識道德，與西方的倫理學相似，但與中國的實踐哲學有別。順著朱子的析解，「仁」只是愛之所以然之理，不再是諸德百行之源，然而夫子言仁果眞如此？依第一章「朱子論仁」中的論述，夫子言仁可不是朱子所定義的「仁者愛之理，心之德」，將仁僅局限於「愛之理」上，仁應當同時即爲恭敬、羞惡、是非的根源才妥當。是以朱子的析解並無助於「仁」之本質的明朗化，反而限制「仁」的範圍。

　　而朱子之論仁亦非就著道德而論道德，他是迂迴地以存有論的推證方式論道德。所謂「存有論」的推證方式即是「以然推其所以然」，有惻隱慈愛之情表現，就有所以慈愛之理存在。這是「以果推因」的方式推測有「仁之理」存在，不是反躬自省而察覺確有不依感性欲望而可獨立自主的仁心存在。依後者反省逆覺的方式，仁不離心，當心覺察有不安不忍之感時，此即是仁心

之呈露，這時仁即是心，心即是仁，故名曰「仁心」。循此方式方能理解夫子何以責備予之不仁，因為宰予已無不安之感，其心安於「不仁」，故夫子責其不仁。也需順此逆覺的方式方能證「我欲仁，斯仁至矣」一語，此言並非專為天生清明之聖者而言，它是一個普遍的命運，縱如十惡不赦之人亦可言「我欲仁斯仁至矣」，原因就在於人心皆有怵惕不安之感，一旦省察有不安之感，仁即至矣。

　　若依前者的析解對應方式，只能表現仁之理與愛之情，「心」則無多大干係。然而一旦要落實於道德實踐，則非講「心」不可，因為仁之理不能直接發出愛之情，必得仰賴心之管攝二者才能實踐道德。依朱子的系統，「心」之可以踐仁，乃由於心之本體虛靈不昧，有知覺感應的作用，可以知覺一形上不可移易之理，進而依循此理而發相應之情。至於心之循天理而行時，是否可言此時吾心即是仁義禮智，或仁義禮智即是吾心？循朱子的思路，實不可如此言，緣於朱子截然劃分心與理為兩種不同的層次，仁義禮智是理，心只是氣之靈，不論心如何地收斂警醒而全幅循理而行，理自是理，心自是心，兩者畢竟不同。是故此系統僅能言「性即理」，不能言「心即理」。

　　由於心不即是理，它處於清明與昏沈之間上下浮沈，欲其循理必得使其常收斂警醒，此則需以恭敬涵養之，再加以格物致知之功，必令其遇事能從容應對，是以朱子甚重視「無事時涵養」。在朱子的工夫論中，涵養之功不可廢，否則心易沈迷墮落，為外物所引，即不能保持虛靈不昧的本性。涵養莫過於敬，所以《論語》許多關於「以敬答仁」的章節，在朱子看來，完全暗合他的「涵養須用敬」之工夫論，朱子即用此義解〈克己復禮為仁〉、〈出門如見大賓，使民如承大祭〉等諸章節，然而夫子之以敬答仁果是此意乎？觀乎《論語》全文及其他理學家之詮釋，朱子之解恐與夫子本意有些距離。而且朱子主張「涵養須用敬」，此「敬」本於何處？是「心」之自發？抑承自「性」中而來？依朱子，性中元只是個仁義禮智，何來之敬？若敬是心之自發，則心即理也，何須再強調無事時須涵養得心清明不昧？心遇事當恭敬則能恭敬，不必再依著「禮之理」而發敬之情。然而這些說法皆不是朱子之意，故敬亦不是由心而來。既非性之所發，亦非心之自發，則所謂「涵養須用敬」之「敬」即無來源。「敬」既不是稱本體而發，則「以敬持養」全成了後天的工夫，惟是培養一恭謹敬慎的好習慣罷了，此與孔、孟精神不十分契合，只能算是道德實踐之輔助工夫。

　　而朱子之有此歧出全緣於他將「心」定位於「氣」之層次上，則心不論是如何地虛靈清明，緊依著天理而行，心仍然不是理。心既不是理，則道德實踐就不能有先驗的普遍性與必然性，必得通過後天的工夫先去掉心之渣滓而後才有道德實踐可言。此言非虛，因為心既屬氣化，則氣化自有參差不齊之現象，而人心亦隨之而有明、昧之等別，生而知之者固可輕易地踐仁修德，然而庸駑愚鈍之人，或是氣質過於偏激之人，如何能夠「我欲仁，斯仁至矣」呢？順著朱子之工夫論，「我欲仁斯仁至矣」一命題恐怕就無真正的普遍性與必然性，至此實不能言朱子之論仁乃完全直承孔、孟之道。

　　心既不能自主自立道德法則，必得認知形上之性理而後循之而行，此非自律道德可知。雖則性理乃吾人生而具稟之，然而一則它是太極之理對應不同之境而展現仁義禮智之相，所以究其性理之源，亦是形上存有之意味重，而道德意味較輕。此是以存有之理說道德，非就著道德而論存有之理；二則性理雖具於吾人之中，但它毫不起作用，須待心之知覺感應方能對現實生命有所影響，而心之能知覺感應亦有賴其人天生氣質之清明或愚弱。愚弱之人雖亦是全具性理而生，但也僅是理上這麼說，實際上性理存其生命中不能為其主宰，因其心過於昏沈閉塞。是故朱子之系統必歸於他律道德，關鍵在於「心是否即是理」，不能依「人之全具性理而生」遂言朱子之系統應屬自律道德的另一種型態，或言屬於自律道德與他律道德之間的中間地帶，[註1] 這種說法實不明自律道德的定律，也不清楚所謂「人之稟天命之性而生」可以是體證之言，亦可以是獨斷論的說辭，若非經由「盡心知性以知天」之體證，均為獨斷論之說辭。顯而易見的，朱子並非「以心說仁」，而是以存在之所以然說仁，終脫不了獨斷論之嫌。是故根據朱子言「人稟性理而生」而論心之所依循之理為內而非外，遂判朱子為自律道德者，純是誤解。

　　順著朱子之工夫論可看出朱子的聖人觀，而他的工夫論可溯源至其人對「心」的了解，朱子的學問系統真可謂「一以貫之」，每一個觀念皆有所承，他的聖人觀亦然。朱子論聖人不惟就其盛德而言，尚有一些附帶條件，即「博學多能」與「生而知之」兩項。為何朱子論聖人必不離這兩個條件，理由已在第二章「朱子論聖人」中詳論過，簡言之，朱子既將「心」定位於「氣」之層次，而心之能實踐仁義禮智乃緣於它可知覺理而後循理應事，但心將往何處而認知理？依朱子的思惟，「反躬自察」非心認知理的最佳途徑，「格物

────────────────

〔註 1〕參見李瑞全〈朱子道德學形態之重檢〉一文，收錄於《鵝湖學誌》第 2 期。

致知」方是正確有效之途。順此，則聖人之成難矣，非得天生清明且又博學多能不可，然此兩項條件非人人能力所及，是故朱子所論之聖人非人人可及；而此又與孟子所言扞格不入，可知朱子的思想、義理與孔、孟不十分吻合。

以心爲「氣之靈」，以仁義禮智爲形上之理，故性與心之關係實際就是理與氣之關係。「理氣論」可謂是朱子系統的核心觀念，心性論不離於此，格物致知的理論亦根源於此，而朱子之論天道更須以此做爲理論基準，朱子就是以這個觀念貫穿他的學問體系。而「理氣論」最主要的概念就是「理氣不離不雜」，理、氣自是兩物，不容混淆，但理需掛搭在氣化上方得以彰顯，而氣化亦需理爲之主方得以條理有緒而能生生不息。此兩者只能以「互相依待」形容之，不能以「體用關係」狀之。

雖然朱子一再強調「理氣不離不雜」，可是察其論天道、天命是分別自理、氣兩個角度而論，縱然此不違「理氣不雜」之義，但恐偏離了他本人所特別強調的「理氣不離」之觀念。最明顯的是〈獲罪於天無所禱也〉、〈知我者其天乎〉及〈畏天命〉等諸章節，全以理釋之，氣化則擱置一旁；然而純以理釋天，則無「天命難測」之意，而敬畏之情遂難通透解釋。至於氣稟之命，雖亦有其理則以主之，可是此理則乃氣化本身運行之法則，與存有之理有些差距；且獨立看氣稟之命，難令人引發敬畏之情。而夫子之言「天」是否可以單純地分解成理、氣兩個部分來單獨理解則難說，夫子不是擅長理論分析構造之哲學家，他只是由肫肫其仁而至浩浩其天，在夫子心中，「天」之意涵甚豐，難以單純地用「理」、「氣」兩個概念分別釋之，由第四章有關當代學者對「天」之詮釋即可知。

且縱使朱子合著理、氣一體解釋，也難表達牟先生所闡述的「全神在氣、全氣在神」之義，緣於朱子所言理氣關係僅是「不離不雜」，無法於此直言「承體起用」、「體用一如」或「即用見體」等圓融之語，理全然只是掛搭在氣上，沒有「神用」、「妙運」之義，故朱子仍無法全盡「天」之意涵。

本文之論述，旨在論討朱子的思想是否與《論語》的精神、本義有所出入，藉由《論語》原文的揣摩與其他理學家的詮釋，期求突顯朱子的學問體系，再衡量朱子之學確實與《論語》精神有些差距；然而朱子誠不愧爲一哲學大家，思理綿密，構造宏偉，以「存在與存在之所以然」的二分法貫徹整個體系，足與西方大哲相抗衡。其所註解的《四書章句集註》，雖與孔、孟之主要精神不契合，可是就義理解析的深度而言，仍是超過前人，值得一閱。

且朱子的整個道德理論，雖不盡合於道德本質，亦可做爲道德實踐的助緣；而循其格物致知之論，亦可開出中國哲學所欠缺的「知識論」。是以朱子之學問仍舊值得吾人深入探討，切不可忽略。

參考書目

一、古籍部分

1. 王守仁，《傳習錄》，1978 年，台北金楓。
2. 王守仁，《王陽明全集》，1964 年，台北大東。
3. 朱熹，《四書章句集註》，1984 年，台北鵝湖。
4. 朱熹，《論語或問》（見《朱子遺書》），1969 年，台北藝文。
5. 朱熹，《論語精義》（見《朱子遺書》），1969 年，台北藝文。
6. 朱熹，《朱文公文集卷》（見《朱子大全》），1970 年，台北中華。
7. 朱熹，《朱子語類》，1986 年，台北文津。
8. 朱熹，《近思錄》，1987 年，台北金楓。
9. 陸九淵，《陸九淵集》，1980 年，北京中華。
10. 黃宗羲，《宋元學案》，1986 年，北京中華。
11. 程顥、程頤，《二程集》，1981 年，北京中華。
12. 錢大昕，《十駕齋養新錄》，1965 年，台北商務。

二、近人論著

1. 牟宗三，《心體與性體》，1985 年，台北正中。
2. 牟宗三，《中國哲學的特質》，1984 年，台北學生。
3. 牟宗三譯，《康德的道德哲學》，1982 年，台北學生。
4. 牟宗三，《從陸象山到劉蕺山》，1983 年，台北學生。
5. 牟宗三，《中國哲學十九講》，1983 年，台北學生。
6. 牟宗三，《圓善論》，1985 年，台北學生。
7. 何淑靜，《孟荀道德實踐理論之研究》，1988 年，台北學生。

8. 李明輝,《儒家與康德》,1990 年,台北聯經。

9. 姜允明,《心學的現代詮釋》,1988 年,台北東大。

10. 唐君毅,《中國哲學原論‧導論篇》(見《唐君毅全集》),1991 年,台北學生。

11. 唐君毅,《中國哲學原論‧原性篇》(見《唐君毅全集》),1991 年,台北學生。

12. 唐君毅,《中國哲學原論‧原教篇》(見《唐君毅全集》),1991 年,台北學生。

13. 唐君毅,《哲學論集》(見《唐君毅全集》),1991 年,台北學生。

14. 唐君毅,《中國哲學原論‧原道篇》(見《唐君毅全集》),1991 年,台北學生。

15. 徐復觀,《中國人性論史》,1969 年,台北商務。

16. 陳來,《朱熹哲學研究》,1990 年,台北文津。

17. 陳榮捷,《朱學論集》,1982 年,台北學生。

18. 陳榮捷,《朱子新探索》,1988 年,台北學生。

19. 勞思光,《新編中國哲學史》,1984 年,台北三民。

20. 楊祖漢,《儒家的心學傳統》,1992 年,台北文津。

21. 劉述先,《朱子哲學思想的發展與完成》,1984 年,台北學生。

22. 蔡仁厚,《宋明理學》,1982 年,台北學生。

23. 錢穆,《朱子新學案》,1970 年,台北三民。

24. 蔡仁厚,《儒家心性之學論要》,1980 年,台北文津。

25. 傅佩榮,《儒道天論發微》,1985 年,台北學生。

三、單篇論文

1. 方穎嫻,〈論語「仁」義〉,《東方文化》第 17 卷。第 1 及第 2 期,1979 年。

2. 李瑞全,〈朱子道德學形態之重檢〉,《鵝湖學誌》第 2 期。

3. 李瑞全,〈敬答李明輝先生對「朱子道德學形態之重檢」之批評〉,《鵝湖學誌》第 4 期。

4. 李明輝,〈朱子的倫理學可歸入自律倫理學嗎?〉,《鵝湖學誌》第 4 期。

5. 李明輝,〈儒學與自律道德〉,《鵝湖學誌》第 1 期。

6. 林月惠,〈陽明「內聖之學」研究〉,《師範大學國文研究所》,1988 年。

7. 楊祖漢,〈當代儒學對孔子天論的詮釋〉,《中央研究院第二次當代儒學研討會》。

8. 楊祖漢，〈朱子對孟子學的詮釋〉，《孟子學研究叢刊》第 2 冊。

9. 楊祖漢，〈李栗谷的誠意論〉，《鵝湖學誌》第 12 期。

10. 楊祖漢，〈「體用不二」與體證的方法〉，《鵝湖月刊》第 228 期，1994 年 6 月。

孟子民本思想之研究

沈錦發　著

作者簡介

沈錦發，1959 年 2 月生，男，臺灣省台南縣新營市人，於南華大學哲學研究所，攻讀中國哲學，2004 年取得碩士學位。目前是上海華東師範大學人文學院哲學系博士生，專研孟子政治哲學，將於 2010 年取得博士學位。目前是台南市東區民眾服務社主任，並於中華醫事科技大學通識中心兼任國文講師；教授論語、孟子、孔子、老子、莊子、詩經、禮記及人生哲學等。近來在《中國南昌大學學報》、《東方人文學誌》發表〈先秦儒家聖王原理探析〉及〈孟子民本思想的現代對話〉等論文數篇。

提　　要

　　本書以「孟子民本思想」作為研究主題，共分六章完成。各章提要分別陳述如下：

　　第一章　緒論。從當代重民思想研究之現況，了解前輩學者研究之成果，試圖發掘其政治理論中有關民本思想在各階段研究之進路及未來待開創之課題。

　　第二章　孟子民本思想之產生與涵義。希望從孟子以前古聖先賢的民本思想中找到產生孟子民本思想之源頭，並從中肯定確認民本思想的內涵。

　　第三章　孟子民本思想之理論基礎。性善論是民本思想之理論基礎，然性善論有何淵源？當時人性論派別如何？其意義為何？孟子對心性如何詮釋？本章將會清楚交代。

　　第四章　孟子民本思想之客觀實踐。研析孟子在政治、經濟及教育、軍事上之民本思想，不僅在理論上，更在實務應用上有其精闢獨特，具體可行之處。

　　第五章　孟子民本思想之現代對話。比較以人民為本的民本思想及以人民為主的民主思想間之差異，並探究近代新儒家如何轉化？及孟子民本思想對後世的影響？

　　第六章　結論。本章將探討孟子在中國歷史上的地位，並將全文作一總結。

　　俾能重新肯定孟子民本思想，雖有其客觀上的侷限，但其創造性的貢獻，和其所發揮的道德精神，使歷代君主政體傾向開明專制而不走向絕對獨裁；在面對西方民主政治時，亦當可發揮善化、超化之功能，使其免於腐惡與社會風氣之敗壞。

目
次

第一章　緒　論

　　本章從當代重民思想研究之現況進入，了解前輩學者研究之成果，試圖發掘其政治理論中有關民本思想在各階段研究之進路及未來待開創之課題，同時敘述筆者之研究動機與方法，俾能充分的、有效的建構闡明論文的意義和價值。

第一節　當代重民思想 [註1] 研究現況

　　儒學作爲兩千多年來的立國之道，其中民本思想是中國政治思想的主流，它與現代民主之間的理論關聯，一直是專家學者探究的課題，此一課題不僅關係中國政治的發展，更攸關東亞儒學未來的走向。尤其五四新文化運動，以民主科學爲主要內涵的西方近代思潮強勢的湧入，從自由主義、社會主義至共產主義，幾乎主導當代中國政治、文化的發展。因此當代新儒家 [註2] 如何透過儒學的重新探索，尤其對儒家政治思想核心——民本思想的重新詮釋，以發掘可以作爲現代民主的理論源頭，使中國在儒學基礎之上，擺脫治亂相循的歷史軌轍，進入康壯的民主大道，一直是最重要的思想主題之一。歷年來研究重民

〔註1〕重民思想：指凡研究中國哲學，對儒家有關民本思想之議題如愛民、利民有所著墨者一律稱之。

〔註2〕余英時指出「新儒家」的三種用法：第一種是中國大陸的流行用法，幾乎二十世紀中國學人，凡對儒學不存偏見，並認眞研究者皆稱之；第二種是只有在哲學上對儒學有新的闡述發展者才稱之；第三種是海外流行的本義，即專指熊十力開創的哲學學派。見余英時，《猶記風吹水上鱗——錢穆與現代中國學術》（台北：三民，1995 年），頁 58～59。

思想的學者甚多，然民本思想起源於《尚書》「民惟邦本」之語，孕育於孔子，而孟子建立之，並成一代宗師，因此孟子「民本思想」自然成爲諸學者研究之重心，亦是筆者以「孟子民本思想之研究」爲主題之由來。近代學者以哲學或觀念史進路研究者有：唐君毅、牟宗三、袁師保新、李明輝、何信全、林毓生、韋政通等人；以歷史或思想史作爲研究途徑的有：孫中山、梁啓超、徐復觀、黃俊傑等人。現代學者在研究孟子民本思想時之路徑，似乎可歸納成四個階段：

一、探討與西方民主思想關連性之階段。

二、比較民本思想與民主思想異同之階段。

三、研究開展民本思想成民主思想之可能性階段。

四、重新詮釋評估民本思想對後世影響之階段。

孟子思想中「人性論」受到中國歷代知識份子重視。然其民本思想中「民貴君輕」的理論，確令後世君王坐立難安；尤其以明太祖令劉三吾刪《孟子》書中不便於他專制統治之篇章而作成《孟子節文》，並廢其祭祀爲最。孟子這種放伐暴君之革命論，當然不見容於二千多年之中國專制政體的當權者；直到十九世紀以後，西方民主政治理念傳入，才益加顯見其可貴。此即進入研究孟子民本思想之第一階段。關於此點，孫中山先生的《三民主義·民權主義》第一講可看出，他說：

> 孟子說：「民爲貴，社稷次之，君爲輕。」又說：「天視自我民視，天聽自我民聽。」又說：「聞誅一夫紂，未聞弒君也。」他在那個時代，已經知道君主不必一定是要的，已經知道君主一定不能長久的，所以便判定那些爲民造福的，就稱爲明君。那些暴虐無道的，就稱爲獨夫，大家應該反抗他。由此可見中國人對於民權的見解，兩千年以前早想到了。不過那個時候，還以爲不能做到，好像外國人烏托邦，是理想的事，不是即時可以做得到的。〔註3〕

孫中山《三民主義》，因循中國固有思想，並參酌西方政治思想寫成。當時西方思想和概念，一般人尚無法接受，因此以孟子政治思想之「語言」和「概念」陳述，如養民、保民、王道等，並以「放伐革命論」闡述西方「市民革命」之義涵。

當國人對西方政治思想逐漸認識之後，此即進入第二階段，對孟子民本思想與西方民主思想之異同產生了研究之興趣，學者梁啓超在這方面有獨到

〔註 3〕參見孫中山，《三民主義》（台北：中央文物供應社，1985 年），頁 99。

見解。他說：

> 我先民極知民意之尊重。惟民意如何實現，則始終未嘗當作一問題，
> 以從事研究。故執政若違反民意，除非到惡貫滿盈、群起革命外，在
> 平時更無相當的制裁之法，此吾國政治思想中之最大缺點也。〔註4〕

孟子民本思想雖然以人民意願爲依歸，然因當時治權非在民，仍是君主政治
中「德治」的一面，如果一位暴君不以「民爲貴」方式執政，人民只有生活
在困苦中，對君王並沒有足夠之約束力。這與西方政治中「主權在民」之制
度，實有明顯之差別。此點蕭公權先生作了詳細說明。他說：

> 孟子民貴之說，與近代之民權有別，未可混同。簡言之，民權思想
> 必含民享、民有、民治之三個概念。故人民不祇爲政治目的，國家
> 的主體，必須具有自動參預國政之權利。以此衡之，則孟子貴民，
> 不過由民享以達於民有。民治之原則與制度皆爲其所未聞。〔註5〕

牟宗三先生又說：

> 只有治權之民主，而無政權之民主，則治權之民主亦無客觀之保證，
> 而不得其必然性。而真正之民主則寄託於政權之民主。〔註6〕

因此中國以往雖有治權之民主，但仍屬於君主專制非西方民主政治。在
簡單區別民本思想與民主思想之後，當代學者對「民本」能否開出「民主」
進入正反二派論戰。此乃進入第三階段的研究路徑。其中持正面看法以牟宗
三先生爲代表。在他的理論建構中，儒學與現代民主及其與科學相融通之問
題，應視爲同一。相對於道德主體面言，政治主體與認知主體同屬另一層次。
且前者偏「內聖」〔註7〕部份，後者屬「外王」〔註8〕部份，因此內聖與外王
在融通上只能曲轉而無法直轉，只能曲通而無法直通。牟先生指出：

> 德性，在其直接的道德意義中，在其作用表現中，雖不會有架構表
> 現中的科學民主，但道德理性，依其本性而言之，卻不能不要求代
> 表知識的科學與表現正義公道的民主政治。而內在於科學與民主而

〔註4〕 梁啓超、賈馥茗標點，《先秦政治思想史》（台北：東大，1986 年），頁 38～
39。

〔註5〕 蕭公權，《中國政治思想史》（台北：聯經，1982 年），頁 97。

〔註6〕 牟宗三，《政道與治道》（台北：學生，1996 年），頁 10。

〔註7〕 「內聖」指道德主體之培養，及其所達之境界，屬於儒家常道，是永恆，古
今皆普遍適用。

〔註8〕 「外王」指內聖道德之外王的事業，如開出科學與民主政治或開物成務，利
用厚生而言。

言，成就這兩者的「理性之架構表現」其本性卻又與德性之道德意義與作用表現相違反，即觀解理性與實踐理性相違反。……它要求一個與其本性相違反的東西。這表面或平列地觀之，是矛盾；但若內在貫通地觀之，則若必須在此一逆中始能滿其要求，則表面之矛盾即在一實現或滿足中得消融。……如果我們的德性只停在作用表現中，則只有主觀的實現或絕對的實現。如要達成客觀的實現，則必須在此曲通下完成。如祇是主觀實現，則可表之以邏輯推理；而如果是曲通由之以至客觀實現，便非邏輯推理所能盡。此處可以使吾人了解辯證發展的必然性。〔註9〕

從以上陳述看出，透過理性辯證發展，亦即由道德理性的「自我坎陷」〔註10〕（self-negation），轉而爲逆其自性之觀解理性；由是，理性之運用表現辯證發展爲理性之架構表現，民主與科學即可由此開出。

另一位持反面看法之學者林毓生先生可能對牟宗三的理念有誤解，因此他極力反對「藉思想文化以解決問題的方法」，他說：

民主制度在西方發展的歷史是多元的，極爲複雜而曲折。雖然各家的理解不盡相同，但從來沒有任何人認爲完全或主要是由道德主體性的思想資源一元式導致的。〔註11〕只能透過「創造性轉化」〔註12〕將儒

〔註9〕 同註6，參見《政道與治道》，頁55～57。

〔註10〕 「自我坎陷」一詞出自牟宗三，《現象與物自身》一書中，全段如下：「自由無限心」爲道德意識顯露之道德實體，乃是無執無著。而「自由無限心」既朗現，我們進而即由自由無限心開「知性」。這一步開顯名曰知性之辯證的開顯。知性，認知主體，是由自由無限心之自我坎陷而成，它本身本質上就是一種「執」。它執持它自己而靜處一邊，成爲認知主體，它同時亦把「物之在其自己」之物推出去而視爲它的對象，因而亦成爲現象。現象根本是由知性之執而執成的：就物之在其自己而綯起或挑起的。知性之執，我們隨佛家名之曰識心之執。識心是通名，知性是識心之一形態。知性，想像，以及感性所發的感觸直覺，此三者俱是識心之形態。識心之執是一種執執到底的：從其知性形態之執執起，直執至感性而後止。參見該書〈序〉（台北：學生，1984年），頁6～7。

〔註11〕 參見杜維明，《儒學發展的宏觀透視》（台北：學生，1997年），頁400。

〔註12〕 杜維明在《儒學發展的宏觀透視》一書中談到，何謂「創造性轉化」，依林毓生先生說法即「把一些中國傳統中的符號、思想、價值、與行爲模式加以重組與（或）改造，使經過重組與（或）改造的符號、思想、價值、與行爲模式變成有利於變革的種子，同時在變革中繼續保持文化的認同」。林先生同時又指出「這套轉化系統與中國傳統一元式思想模式相反，它對傳統中不好成份嚴拒，同時對全盤化反傳統主義也採拒斥態度，深信經此過程，傳統因獲

家道德性或道德自主性的觀念變成與現代自由的民主（liberal democracy）及平等的自由（equal liberty）「接枝」的思想資源。〔註13〕這兩位學者之看法各有其理論根據，到底民本思想是否真能開出民主制度，容後第五章再討論；不過他們之論點倒也豐富了此階段之研究內容。

以上所舉學者研究之成果，大部份偏向傳統意義之闡述或滿足於歷史與現實的簡單比附，對民本思想在當時如何客觀實踐？對歷史的的影響力如何？以及面對當代如何突顯其現代意義之功能，即筆者所指第四階段則較少探討；因此如何重新抓住孟子民本思想之深層內涵，對歷史的影響；同時更進一步透過新的詮釋系統去發覺它不只是一套知識性的理論系統，更是一種有道德主體性之生命的學問，對當代西方民主政治有針砭和啟示之作用，則是筆者嘗試探討努力的方向和目標。

第二節　研究動機與方法

民本思想在中國政治流變中，一直是儒家的基本信念，到孟子始有較完整之思想體系，因此研究民本思想必然以孟子為核心開展。然任何思想的形成總是受歷史環境的影響，也是那個時代政治經濟的客觀反映；尤其一個哲學家所提出的問題，必然和他所處的時代背景有著密切之關連。孟子生於戰國時代，〔註14〕當時周文疲憊，禮崩樂壞，戰亂頻繁，民不聊生，邪說橫行，再加上統治者「重利輕義」，孟子以憂國憂民的心境出發，並以「當今之世，舍我其誰」〔註15〕（〈公孫丑上〉）之精神，試圖挽救狂瀾。惜孟子思想不受當時國君所重用，於是返鄉教書述作。關於此點，《史記・孟荀列傳》曾描述

得新的意義而復甦，我們所面臨的許多問題因有新的、有效的答案而獲得解決」。同註11，頁404～405。
〔註13〕同註11，頁399～400。
〔註14〕孟子名軻，戰國鄒國人，其生卒年已難考證，據《史記・孟荀列傳》及《孟子》一書等相關記載來看，比較可信的說法是其生年大約在東周烈王四年（西元前372年），卒於東周赧王二十六年（西元前289年）。
〔註15〕孟子面對當時之環境及其作為，正如漢代趙岐《孟子注・題辭》中所說：「周衰之末，戰國縱橫，用兵爭強，以相侵奪。當時取士，預先權謀，以為上賢。先王大道，凌遲墬廢，異端並起。若楊朱，墨翟放蕩之言，以干時惑眾者非一。孟子憫悼堯舜禹湯文武周公孔子之業，將逐湮沒，正途壅底，仁義荒怠，佞偽馳騁，紅紫亂朱。於是慕仲尼，周流憂世，遂以儒道遊於諸侯，思濟斯民」。

如下：「所如者不合，退而與萬章之徒序《詩》、《書》，述仲尼之意，作《孟子》七篇」。儘管孟子當時「仁義」的理想與現實追求「功利」之環境不符，但其不隨俗沉浮，堅持「富貴不能淫，貧賤不能移，威武不能屈」（〈滕文公下〉）及「自反而縮，雖千萬人吾往矣」（〈公孫丑上〉）之強烈使命感，令後人景仰。總之，孟子以其悲天憫人胸懷，持先覺之志，養浩然之氣，展雄辯之才，明義利之辨，別王霸之分，闢邪說，放淫辭為己任，主張民貴君輕之說，強調養民教民之政。這種見義勇為和獨立不懼之精神，儼然有泰山巖巖的氣象。而其思想中有著超越卓絕之理想，又不離現實人間之苦難，這種理想現實兼顧之學說及人格典範，不僅是部份知識份子的生命情調，也是東亞思想家思考的課題；尤其「孟子民本政治的理想，更是輾轉於專制政治之下的中國人民與傳統知識份子心靈深處的永恆鄉愁」。〔註16〕曾子說：「士不可以不弘毅，任重而道遠，仁以為己任。」處在一個風雲際會的變動年代裡，面對功利主義盛行，道德淪喪的社會環境中，如何激勵人心，挽救社會墮落，並啟動知識份子報國的萬丈豪情，孟子的民本思想給了筆者莫大的啟示，也促發筆者研究的動機。

至於如何採擷運用最有效的方法研究孟子的民本思想；個人認為任何哲學的真正實現是方法論的認識。因此方法論對研究一門學問是何等的重要。研究中國哲學都是在對傳統的經典作解釋或再解釋。但這些經典大都文字艱澀，除了要了解字面意思外，還需發掘其中義理，將其思想疏理彙整。但若超越字面義，亦應加以依循釐清。《孟子》一書共七篇，〔註17〕成書單純，較無爭議。但歷代經典詮釋者並不只將此書視為一個知識的理論系統而是視為可以興〔註18〕、可以發、能觀悟、能踐履，而與詮釋者有「主體性」的互動關係之經典。最典型的是徐復觀先生在解讀《孟子》政治思想時，面對當時戰國時代政治主體在國君，而《孟子》書中政治的主體在人民，因而形成一種「雙重主體性」的矛盾。徐復觀先生對此有同感並曾作透徹的解釋。他說：

中國的政治思想，除法家外，都可說是民本主義：即認定民是政

〔註16〕 參見黃俊傑，〈自序〉《孟子》（台北：東大，1993年），頁2。

〔註17〕 《孟子》一書依《史記・孟荀列傳》言，可推論孟子親作；但從各篇中之差異，並以「孟子曰」方式表達來研判，應為孟子及其門人如萬章、公孫丑等所共作。

〔註18〕 唐君毅在《中國哲學原論・原道篇卷一》中指出孟子學的精神在於「興起一切人之心志，以自下升高，而向上植立之道。」（台北：學生，1976年），頁212。

治的主體。但中國幾千年實際政治，卻是專制政治。政治權力的
根，係來自君而非來自民；於是在事實上，君才是眞正的政治主
體。……政治的理念，民才是主體；而政治的實現，則君又是主
體。這種二重的主體性，便是無可調和對立。對立程度表現的大
小，即形成歷史上的治亂興衰。於是中國的政治思想，總是想解
消人君在政治中的主體性，以凸顯出天下的主體性，因而解消上
述對立。人君顯示其主體性的工具是個人的好惡與才智。好惡乃
人所同有，才智也是人生中可寶貴的東西。但因爲人君是政治最
高權力之所在，於是它的好惡與才智，常挾其政治的最高權力表
達出來，以構成其政治的主體性，這樣便會抑壓了天下的好惡與
才智，即抑壓了天下的政治主體性。〔註19〕

因此面對現實與理想之矛盾時，詮釋者如何在經典原意上表達，尤其詮釋者
若當時也是大一統帝國的臣民，如何持平而論，在在考驗詮釋者內心之掙扎；
傅偉勳先生曾提出「創造的詮釋學」〔註20〕一詞，並且認爲作爲「一般方法
論的創造的詮釋學」，基本上包括五個層次，即實謂層次、意謂層次、蘊謂層
次、當謂層次與必謂層次。其中「實謂層次」，即是閱讀文本時，從字句篇章
切入，確認「原思想家實際上說什麼？」；「意謂層次」主要探索「原思想家
想要表達什麼？」，「蘊謂層次」，揣摩「原思想家想說的可能蘊涵什麼？」；「當
謂層次」主要在追索「原思想家本來應當說出什麼？」；而「必謂層次」則盼
望接續「原思想家未完成的課題」。依傅偉勳先生的說法，只要能批判的繼承
（繼往）與創造的發展（開來），任何研讀哲學的方家皆可成爲創造的詮釋學
者。然不先繼承，何來批判，因此筆者將以傅偉勳先生的方法出發，即從「實
謂層次」開始下功夫研究，並依朱子《四書集註》中文本之原義，再尊重各
種學術史上具客觀性的資料與研究成果，進行詮釋上的反省批判，以提升自
己方法與假定的週延性與客觀價值性。

　　黃俊傑先生在《孟學思想史論・卷二》中談到：「中國思想史上孟子學的
昇遷變化，與詮釋者的歷史性、問題意識的自主性以及詮釋的循環等三個方

〔註19〕徐復觀：〈中國的治道〉《儒家政治思想與民主自由人權》（台北：八十年代出
　　　　版社，1979年），頁215～242。
〔註20〕傅偉勳：《從創造性的詮釋學到大乘佛學——「哲學與宗教」》（台北，東大，
　　　　1990年），頁9～10。

法論問題有密切關係。」〔註21〕因此在研究孟子學時需掌握孟子的時代背景外，亦應克服自己與孟子的時空差距所引起語言性與脈絡性的斷裂，同時注意孟子對「人」的理解不只是活在現實中，更有其超越性如「盡心知性知天」（〈盡心上〉）等，亦即留意孟子學不只是一種知識的學問，更是一種生命的學問。

又《孟子》文本中本身就蘊藏著「歷史性」與「超越性」間的關係。黃俊傑先生曾對這兩個問題有如下的看法，他說：

> 從人的歷史性看來，孟子雖然強調人間現實活動的意義，但是，他卻也不能同意人只活在現實界之中，而成為「一度空間的人」。他一再鼓勵人自我提升，自作主宰，以躍入「上下與天地同流」的宇宙境界。但是，從人的超越性看來，孟子雖然強調性善說的宇宙論或本體論根據，但他也時時關懷如何使這種人性的超越本體，在世界展現其自身，而成為一個客觀化的事實。〔註22〕

因此研究如何轉化此二者間之關係，使「天道」轉化為「人道」事業，落實到客觀實踐上，就得靠創造的詮釋。洪師漢鼎曾說「伽達瑪堅持理解不只是作品原來意義的單純重構，作品的意義隨著解釋者在新時代的新提問而不斷改變。」〔註23〕伽達瑪本人也說過：「文本的意義超越它的作者，這並不只是暫時的，而是永遠如此的，而理解就不只是一種複製的行為，而始終是一種創造性的行為。」〔註24〕

基於以上的論點，筆者面對創造詮釋學的方法，當謹慎使用；以免因下層詮釋學課題的改變而影響上層次課題的解決。

〔註21〕黃俊傑，《孟學思想史論卷二》（台北，中研院中國文哲所，1997年），頁98；這其中詮釋者「歷史性」指人的生命是一種時空的產物；在詮釋經典時與其自身所處的時代背景、思想氛圍及個人經驗有關。「問題意識的自主性」指有些問題如義利之辨、王霸之別都具有相當自主性，本身也都有內在又超越的基本特質。「詮釋的循環性」指的是一種多層次的循環，從方法論的立場言，「部分」與「全體」之間存有一種發生程序上的緊張性；在經典內部之間以及在經典與詮釋者之間，都存有循環的關係。

〔註22〕黃俊傑，〈孟子思維方式的特徵〉《中國文史哲通訊》，第一卷，第三期，頁31。

〔註23〕洪漢鼎，〈從詮釋學看中國傳統哲學「理一而分殊」命題的意義變遷〉《中國文哲研究通訊》，第九卷，第三期，頁52。

〔註24〕伽達瑪（Gadamer, Hans-Georg, 1920〜1991）洪漢鼎譯，《眞理與方法》（台北：時報，1993年），卷一，頁389。

第三節　預計之成果

本論文以「孟子民本思想」作爲研究主題，共分六章完成。除第六章結論外，其餘各章預計達到之成果如下：

第一章緒論。從當代重民思想研究之現況，了解前輩學者研究之成果，試圖發掘其政治理論中有關民本思想在各階段研究之進路及未來待開創之課題，同時敘述筆者之研究動機與方法，俾能充分的、有效的建構闡明論文的意義和價值。

第二章孟子民本思想之產生與涵義。希望從孟子以前古聖先賢的民本思想中找到產生孟子民本思想之源頭，並從中肯定確認民本思想的內涵，至少應包括民爲邦本、民貴君輕、尊重民意、順應民心、愛民保民、注重民生、與民主觀念等六項基本原則。

第三章孟子民本思想之理論基礎。性善論是民本思想之理論基礎，然性善論有何淵源？當時人性論派別如何？其意義爲何？孟子對心性如何詮釋？本章將會清楚交代。

第四章孟子民本思想之客觀實踐。研析孟子在政治、經濟及教育、軍事上之民本思想，預期從中了解孟子對社會國家關心之程度，不僅在理論上，更在實務應用上有其精闢獨特，具體可行之處。

第五章孟子民本思想之現代對話。從西方民主的本質，了解民本思想不是民主思想，民本政治不是民主政治，進而比較以人民爲本的民本思想及以人民爲主的民主思想間之差異，並進一步理解民本思想因其具民主思想之精神，而無具體的制度，乃其最大之限制，並探究近代新儒家如何轉化？及孟子民本思想對後世的影響？

第六章結論。本章將探討孟子在中國歷史上的地位，並將全文作一總結。俾能重新肯定孟子民本之政治思想對西方民主政治之間有互補的作用，更期盼孟子民本思想所展現的精神，除了爲今日民主思想提供一價值與意義上之安立外，其所內涵之道德理念，應足以改善西方民主政治平面化危機；另一重要的是孟子民本思想在客觀實踐上，有令人效法、取材之處。

第二章　孟子民本思想之產生與涵義

　　本章希望從孟子以前古聖先賢的民本思想中找到產生孟子民本思想之源頭，並從中肯定確認民本思想的內涵，至少應包括民為邦本、民貴君輕、尊重民意、順應民心、愛民保民、注重民生、革命理論等七項基本原則。

第一節　孟子民本思想之產生

　　本節從古聖先賢堯、舜、禹、湯、文王、武王、周公、孔子等人之言行中，尋找孟子民本思想之來源，並試著從戰國時代的背景去了解孟子民本思想產生的原因及其動機，現依序分述如下：

一、孟子民本思想之淵源

　　我國民本思想萌芽甚早，孟子所揭舉的「民本」主張並非發前聖所未發；最早追溯民本思想之濫觴首推《尚書・泰誓》﹝註1﹞之言曰：「天視自我民視，天聽自我民聽」，亦即老天看到的是來自我們百姓看到的，老天聽到的是來自我們百姓聽到的；《尚書・洪範》曰：「天子作人父母以爲天下王」；一般人覺得在古代天子之「王位」乃神聖不可侵犯之職位，然人人皆可爲之，此種人類平等之大精神，可謂民本思想之總根芽。

　　然歷史上受後代歌頌之聖君先賢，莫不具有「民本思想」，以謀求人民之幸福爲目標，而至孟子始集其大成，爲了證實孟子之前早有民本思想，筆者

﹝註1﹞　本文所引之《尚書》包括今古文經，此引文屬古文經，據考證古文經係僞書，但兩種經文諸多民本思想之材料，可作爲參考之用。

將依中華道統十三贊〔註2〕所列之古聖先賢如堯、舜、禹、湯、文王、武王、周公、孔子等人之言行中有關民本思想部份一一詳列佐證。現依序探討之：

（一）帝堯之民本思想

孟子在駁斥許行君民並耕主張時說：

> 當堯之時，天下猶未平，洪水橫流，氾濫於天下。草木暢茂，禽獸繁殖。五穀不登，禽獸偪人，獸蹄鳥跡之道，交於中國。堯獨憂之，舉舜而敷治焉。舜使益掌火，益烈山澤而焚之，禽獸逃匿。禹疏九河，瀹濟漯，而注諸海；決汝漢，排淮泗，而注之江，然後中國可得而食也。當是時也，禹八年於外，三過其門而不入，雖欲耕，得乎？后稷教民稼穡，樹藝五穀，五穀熟而民人育。人之有道也，飽食煖衣，逸居而無教，則近於禽獸。聖人有憂之，使契爲司徒，教以人倫，父子有親，君臣有義，夫婦有別，長幼有序，朋友有信，放勳曰：「勞之來之，匡之直之，輔之翼之，使自得之，又從而振德之。」聖人之憂民如此，而暇耕乎？（〈滕文公上〉）

堯以天下之憂而憂，孟子遂引孔子的話來稱讚帝堯說：「大哉堯之爲君。惟天唯大，惟堯則之，蕩蕩乎，民無能名焉。」（〈滕文公上〉）從這段引文中，除了孟子之論述中一再出現「堯獨憂之」、「聖人有憂之」、「聖人之憂民如此」，顯見堯以天下蒼生爲念，憂民之憂；另一方面出現孔子「惟天唯大，惟堯則之」之讚美詞。可見孔子對堯之推崇；歷史上「堯舜禪讓」，開傳賢不傳子之風，也凸顯其天下爲公之精神。另引文中他告誡官員之道，必須「勞之來之，匡之直之，輔之翼之，使自得之，又從而振德之。」凡此都表明帝堯一切以民爲本之用心。

（二）帝舜之民本思想

堯傳舜，千古美談。其愛民之作風，在《周易・繫辭下》有句「堯舜氏作，通其變，使民不倦；神而化之，使民宜之。」〔註3〕可見堯舜不可分，都

〔註2〕 南宋理宗趙昀曾作「道統十三贊」。清人畢沅指出：「淳佑元年正月戊申，車幸駕太學大成殿，遂御崇化堂，命祭酒曹咸講《禮記・大學》篇。監學官各進秩一等，諸生推恩賜帛有差。倂以紹定三年御製伏羲、堯、舜、禹、湯、文王、武王、周公、孔子、顏子、曾子、子思、孟子道統十三贊，就賜國子監，宣示諸生。」參見畢沅撰，《續資治通鑑》（台北：文光，1982 年），頁170。

〔註3〕 參閱《周易・繫辭下》（台北：臺灣開明，1975 年），頁25。

是「民本思想」的實行家。

帝舜在攝政時，進賢退惡，爲民著想，並詢於四岳，〔註4〕「闢四門，明四目，達四聰」，〔註5〕不僅重視官意，也重視民意。另曾對皋陶說：「皋陶，惟茲臣庶，罔或干予正。汝作士，明於五刑，以弼五教，期於予治。刑期於無刑，民協於中，時乃功，懋哉！」，〔註6〕其明刑罰以輔教化，充分顯示帝舜愛民之深意。

帝舜決定禪位於禹時說：

> 來，禹，降水儆予，成允成功，惟汝賢。克勤於邦，克儉於家，不自滿假，惟汝賢。汝惟不矜，天下莫與汝爭功。予懋乃德，嘉乃丕績。汝惟不矜，天下莫與汝爭功。予懋乃德，嘉乃丕績。天之曆數在汝躬，汝終步元后，人心惟危，道心惟危，惟精惟一，允執厥中。無稽之言勿聽，弗詢之謀勿庸。可愛非君？可畏非民？眾非元后何載？后非眾罔與守邦。欽哉，慎乃有位，敬修其可願，四海困窮，天祿永終。〔註7〕

舜稱讚大禹治水有功，克勤克儉，不矜不伐，足爲天子。「可爲非民」「后非眾罔與守邦」二語，乃明言人民爲國家之根本。即民本思想之表現。而其中「人心惟危，道心惟危，惟精惟一，允執厥中」四語，即有名之道統十六字心傳。孔穎達曾謂精心以明道，一意以民安，信執其中，大道乃行。因此帝舜不僅是民本思想的思想家，更是實行家。

（三）禹王之民本思想

禹治水有功，三過家門不入，〔註8〕勞身苦思，使天蒼生安居樂業，其公而忘私之精神，民間各地都建禹王廟祭祀他。司馬遷在《史記》中稱大禹：

> 與益、后稷奉帝命，命諸侯百姓興人徒以傅土，行山表木，定高山大川。禹傷先人父鯀之不成受誅，乃勞身苦思，居外十三年，過家門不敢入。薄衣食致孝於鬼神。卑宮室，致費於溝淢。陸行乘車，

〔註4〕 四岳指四方諸侯的代表，東以泰山，北以恆山，西以華山，南以嵩山爲地方標誌，代表各諸侯代表。皇帝有事用人，都徵詢地方代表的意見。

〔註5〕 《尚書・虞書舜典》。

〔註6〕 《尚書・虞書大禹謨》。

〔註7〕 《尚書・虞書大禹謨》。

〔註8〕 〈滕文公上〉記載孟子之言曰：「禹八年於外，三過其門而不入。」與下引書《史記》所載「居外十三年」之語，有出入。

水行乘船，泥行乘車。左準繩，右規矩，載四時，以開九州，通九道，陂九澤，度九山。〔註9〕

孟子在〈離婁下〉曾曰：「禹思天下有溺者，由己溺之也。」這種富有同情心之度量，再加上其大功於世，故稱之爲大禹。〔註10〕孔子也曾讚嘆說：「卑宮室而盡力乎溝洫，禹，吾無間然矣。」《論語・泰伯第八》現在將他之誕辰六月六日訂爲工程師節，極有意義。另大禹曾對皋陶說：「知人則哲，能官之。安民則惠，黎民懷之。」〔註11〕這些都是民本思想之表現。

在民本思想中有二句名言，其中一句「天聰明自我民聰明，天明威自我民明畏。」〔註12〕意謂：「天的聰明，由於我們人民而來；天揚善罰惡，由我們人民揚善罰惡的意見而決定。」〔註13〕乃大禹認可皋陶之看法，亦充分顯示大禹相當重視「民意」。另一句「民爲邦本，本固邦寧」，也是出自於大禹孫子太康之弟五人曾作歌曰：「皇祖有訓：民可近，不可下。民爲邦本，本固邦寧。」〔註14〕其中皇祖指大禹，「民可近，不可下。」是實踐原則，「民爲邦本，本固邦寧。」是理論基礎。就以這種有代表性，又有創造性之言論，大禹可謂民本思想的奠基人。

（四）湯王之民本思想

湯王是中國歷史上第一個最偉大的政治革命家。孔子曾稱讚說：「湯武革命，順乎天而應乎人。」孟子更詳細的描述其過程，孟子說：「湯始征，自葛載，十一征而無敵於天下。東面而征西夷怨，南面而征北狄怨，曰：「奚爲後我？」民之望之若大旱之望雨也。歸市者不止，芸者不變。誅其君，弔其民，如時雨降，民大悅。」（〈滕文公下〉）湯王平日爲政，戰時用兵，無不爲民興利除弊。因此其征伐各國，師出有名，民心歸向，故「如時雨降，民大悅。」尤其在伐桀之戰，言明主要原因是「夏王滅德作威，以敷虐于爾萬方百姓。爾萬方百姓，罹其凶害，弗忍荼毒」。〔註15〕於是向眾請命，黜伏罪人，使百姓安居樂業。其宰相伊尹說：「惟我商王，布昭聖武。代虐以寬，兆民允懷。」

〔註 9〕司馬遷，《史記・夏本紀第二》。

〔註 10〕《尚書・虞書大禹謨》；〈孔安國傳〉云：「禹稱大，大其功。」

〔註 11〕《尚書・虞書皋陶謨》。

〔註 12〕同前註。

〔註 13〕參閱屈萬里，《尚書今註今譯》（台北：台灣商務，1997 年），頁 24。

〔註 14〕《尚書・夏書五子之歌》。

〔註 15〕《尚書・商書湯誥》。

〔註16〕總之，湯王仁民愛物，除暴安民，兼善天下之精神，是民本思想之表現。

（五）文王之民本思想

文王得姜太公之輔佐，征伐無道，勢力遠超商紂，然始終臣事紂王，爲西伯五十年。孔子說：「三分天下有其二，以服事殷，周之德可謂至德也已矣。」《論語・泰伯第八》文王有仁厚之心，由此可見。文王勤政愛民，周公曾推崇說：「文王卑服，即康功田功。徽柔懿恭，懷保小民，惠鮮鰥寡。自朝至於日中昃，不遑暇食，用咸和萬民。文王不敢盤於遊田，以庶邦惟正之供。文王受命惟中身，厥享國五十年。」〔註17〕文王在位期間，爲民服務，一心一意，爲民服務，日日夜夜，惟民是念。孟子說：「文王一怒而安天下之民。」（〈梁惠王下〉）這種一生行誼，公忠體國，志在安天下之民，這不是民本思想嗎？

（六）武王之民本思想

文王卒，武王即位後，以太公望爲師，以其弟周公旦、召公奭與畢公高共同輔政。經過十年整軍經武，生聚教訓，見商紂暴虐無道，遂決心號召天下，推翻商紂王朝；其大軍渡過黃河時，武王召告將士說：

> 今商王紂，力行無度，播棄黎老，昵比罪人，淫酗肆虐，臣下化之。……受有億兆夷人，離心離德。予有亂臣十人，同心同德。雖有周親，不如仁人。天視自我民視，天聽自我民聽。百姓有過，在予一人。今朕必往。我武惟揚，侵于之疆，取彼凶殘。我伐用張，於湯有光。〔註18〕

武王以「天視自我民視，天聽自我民聽」爲號召，爲民除暴，乃順天應人之事。他又說：「惟天地萬物父母，惟人萬物之靈。亶聰明作元后，元后作民父母。」及「天矜於民，民之所欲，天必從之。」〔註19〕可見武王不僅繼承了文王之道，也光大了文王之道。當他得天下後，注重民心向背及民情之好惡；曾引古語誥康叔說：「人無於水監，當於民監。」孟子說：

> 《書》曰：「天降下民，作之君，作之師，惟曰其助上帝，寵之四方，有罪無罪惟我在，天下曷敢有越厥志？」一人衡行於天下，武王恥

〔註16〕《尚書・商書伊訓》。
〔註17〕《尚書・周書無逸》。
〔註18〕《尚書・周書泰誓中》。
〔註19〕《尚書・周書泰誓上》。

之，此武王之勇也。而武王亦一怒而安天下之民。(〈梁惠王下〉)

武王鼓勇而伐紂，以安天下之民，正是民本思想之表現。孔穎達在疏解「湯武革命，順乎天應乎人」時，說：

> 湯武革命順乎天應乎人者，以明人革也。夏桀殷紂，凶狂無度，天既震怒，人亦叛亡。殷湯周武，聰明睿智，上順天命，下應人心，放桀鳴條，誅紂牧野，革其王命，改其惡俗，故曰：湯武革命順乎天應乎人。

（七）周公民本思想

周公是文王第四子，武王之弟，文王時其采邑在周城，故稱周公。輔佐武王伐紂有成，當武王卒，成王繼位，年僅十三，恐天下諸侯叛亂，乃代行天子攝政，有流言曰：「周公將不利於成王。」周公對太公望和召公奭道：「我之所以弗辟而攝行政者，恐天下畔周，無以告我先王太王、王季、文王。三王之憂勞天下久矣，於今而後成。武王蚤終，成王少，將以成周，我之所以為之若此。」周公輔佐成王，命其長子就國於魯，告誡曰：「我文王之子，武王之弟，成王之叔父，我於天下亦不賤矣。然我一沐三握髮，一飯三吐哺，起以待士，猶恐失天下之賢人。子之魯，慎無以國驕人。」可見周公禮賢下士，一片忠心，令人感佩。

周公對周朝之貢獻，《禮記》云：「武王崩，成王幼弱，周公踐天子之位，以治天下。六年，朝諸侯於明堂，制禮作樂，頒度量，而天下大服。」周公平管、蔡之亂，著「周官」，定禮樂，建立宗法、封建及井田制度，對立國有八百餘年之周王朝，貢獻至大，影響深遠。

周公輔佐成王時，曾告誡成王，要效法文王「自朝至於日中昃，不遑暇食，用咸和萬民」之精神，「無淫于觀于逸，于遊于田，以萬民惟正之供」，這種「以萬民惟正之供」，不要只貪圖享樂，是即民本思想。

（八）孔子之民本思想

孔子身處春秋時代，其言論雖無孟子那樣強烈且明顯之主張，但其民本思想仍非常濃厚；齊景公曾問政於孔子，孔子曰：「君君，臣臣，父父，子子」《論語‧顏淵第十二》，孔子針對當時為爭君權而臣弒其君、子弒其父的無道之世，道出「君臣」之道理，期盼君臣、父子之間，各守其分，以禮相待，以維社會安定與和諧，此種關心國事安危，社會安定之精神，是一種愛

民之表現，是一種民本思想之發揮。另外主張「為政以德」，認為為政者需具有「恭、寬、信、敏、惠」五種德性，所謂「恭則不侮，寬則得眾，信則人任焉，敏則有功，惠則足使人」《論語‧為政第二》這種以道德從政的理念，正是民本思想最基本之精神。

孔子又進一步的闡述此種精神，這從孔子與季康子之對話中可明顯看出；孔子對季康子說：「政者正也。子帥以正，孰敢不正？」對季康子患盜則說：「苟子之不欲，雖賞之不竊。」對季康子想殺無道的小人則說：「子為政，焉用殺？子欲善而民善矣。君子之德風，小人之德草，草上之風必偃。」他又說：「其身正，不令而行。其身不正，雖令不從。」《論語‧顏淵第十二》孔子覺得上樑不正下樑歪，官正則民自正，社會風氣之培養，由上而下風行草偃，一般百姓無不善良，只有官吏才會弄權貪財，其民本思想之觀念，表露無遺。另外在答詢子貢及冉有問政時，有如下之對話：子貢問政。孔子說：「足食，足兵，民信之矣。」他曾到衛國，並讚嘆道：「庶已哉！」冉有問：「既庶矣，又何加焉？」孔子說：「富之。」冉有又問：「既富矣，又何加焉？」孔子說：「教之。」在這幾段話中，「足食」、「足兵」、「富之」、「教之」，皆為人民著想，本質上都是民本思想。

金耀基先生在《中國民本思想史》書中，有貼切的描述，他說：

> 吾人可知中國之民本思想，實潮上潮下，流貫中國五千年之政治者，它確是源遠流長，聲勢浩闊的。有時它迂迴曲折，有時又直道而行，它一時可能為專制暴力壓回了頭，但終能源泉滾滾，流經聖賢人之心，流經志士仁人之心，甚至流經專制君主之心，終於貫穿了中國歷史大地之心，故民本思想實是中國政治思想中之主流。〔註20〕

因此從金先生的觀點及以上所舉堯、舜、禹、湯、文、武、周公、孔子諸先聖先賢生平言行事功中，可以看出他們都和大禹一樣具有「民為邦本，本固邦寧」的民本思想。

二、孟子民本思想產生之背景

孟子民本思想從以上考證研究自有其一脈相承的淵源，然其一生的思想言論受當時社會環境的影響很深。

〔註20〕參見金耀基，《中國民本思想史》（台北：台灣商務，1993年），頁4。

　　孟子生於東周戰國時期，也是中國歷史上最動盪不安的時代；此時期盛行軍國主義，就是一種完全喪失精神與文化理想，傾一國的所有物與力從事爭戰天下的時代風氣。牟宗三先生稱之爲「存爲物量之精神」〔註21〕可謂一針見血。事實上，這時期的社會環境如此劇動，亦有它的歷史因素。蕭公權先生研究先秦政治思想之流派時，曾有深刻的描述。他說：

> 周之封建天下，本爲不完全的統一。稍此弛則爲列國之分割，再進則爲一王之專制。其政治基礎，實至不穩定。其所以能維持至百年之久者，其政治原因在於王室之強盛，能執行禮樂之大柄，其社會原因則在於宗法階級，以及農田等制度。當封建天下鼎勝盛之時，生活大體有序，上下守分相安，固不失爲一太平之世。然而時遷事易，政治與社會均起變化，乃由安定以趨爲騷動。夷、平、敬三王之立皆假力於諸侯。威勢已衰，侵侮迭起。於是鄭人射肩，楚子問鼎，遂至諸侯兼併，陪臣執國，不必郟王入秦，而封建制度早已崩潰殆盡。封建社會之主幹之階級制度亦與元后政治同時迅速傾圮。貴族淪爲皂隸，賤人皆陵其上。宗法井田，相隨其滅。舊日維繫人心的一切禮俗均失去原有的意義，即無戰爭水旱產生之痛苦，而人心搖動，文武締造之封建天下亦勢難久存。戰國競智角力之局面，更不啻爲史皇盡掃除之工作。蓋戰國時期政治的最大特點爲君權擴張。七國之君以地廣勢強，多僭稱王號。其尤能振作奮發者則國愈強而君愈威，上無元后之拘束，下無貴族之牽制。專斷之權，名實並具。富強爲國策之主幹，君主爲國政之中心。毀滅宗周，解散封建之政治離心力，至此竟轉化促成極權專制的向心力。始皇之統一，不過因勢利導，以一王全局之專制，代七雄分立之極權而已。〔註22〕

〔註21〕牟宗三先生稱這種「物力的爽快精采」是一種「物量的精神」，他說：「盡物量之精神是一任其原始生命之粗狂與發揚。故戰國風氣一方又極爽朗與脆快。說利就是利，不願聽就是不願聽。胡服就決定胡服。好勇好貨好色，衝口而出，毫無掩飾。孟嘗、信陵、平原、三公子門下士，亦大都具此情調。……由急促忙迫而凝結，則爲李斯之精神。韓非陰險黑暗之思想，爲秦始皇所喜。秦王見孤憤五蠹之書，曰：『寡人得見此人與游，死不恨矣。』以秦政之陰私狼愎正與此思想恰相投。故秦政韓非李斯之僵化乃結束戰國之『盡物力之精神』者也。物力之爽快精采，必至此而後止。」參見牟宗三，《歷始哲學》（台北：臺灣學生，1988 年），頁 106、107。
〔註22〕蕭公權，《中國政治思想史上》（台北：聯經，1982 年），頁 19、20。

此一政治環境下，百家〔註23〕興起，各家學說，縱橫其間，儒家此時也遭敵論之威脅，因此孟子面對此一時代，要重新建立道德標準，重新開顯人類文化理想，只有挺身而出，一方面在學術上駁斥異論，為儒學作中流砥柱，一方面在政治行動上要遊說諸侯，施行仁政。這是一種使命感使然。難怪孟子自己說：「豈好辯哉，予不得已也！」（〈滕文公下〉）

孟子思想要旨在於流傳於後世的《孟子》七篇一書中，孟子為後人尊稱亞聖，蓋因其在孔門弟子當中，宏揚孔門學說最力。在歷代學者不斷研究、闡述之下，孟子之學已成一套有系統、有價值的哲學。儒家政治哲學的特質，在於「內聖外王」，由內聖的德性之學，成就外王事業之功。希望借個人持之有恆的道德實踐，擴充自我，弘揚於天下，使萬方在道德自我的感召潤澤之下，終究呈現一個理想主義的德化治世。這從孟子周遊戰國時代的諸侯列國，〔註24〕期能以自己的政治學說，感召當時的國君，普行天下，可見其實踐儒家「內聖外王」政治理想的用心。

孔子為儒學至聖先師，一身為中華文化道統而努力，其言行皆由隨行弟子記載於《論語》一書中，然其「述而不作」之學風，問答式的表達，言簡意賅，在缺乏更具體的陳述之下，後人實無法了解由心性之學到外王之教整個義理之全貌。所幸孟子以承繼孔子之統自居，而自定之任務又為建立體係學說以駁當世諸家之論，故孔子所未論及之問題，如價值根源、政權移轉等，皆一一提出理論。〔註25〕孟子之政治主張民本思想皆本其性善之學說，由不忍人之心，發為不忍人之政，所謂仁政或王道，亦皆由此推出。因此孟子思想之系統架構可歸結為由心性之學到民本政治思想。

〔註23〕雖稱百家興起，但依班固著《漢書・藝文志》，將戰國時代各派思想學說，只區分為儒家、道家、陰陽家、法家、名家、墨家、從橫家、雜家、農家與小說家等十家，又認為「諸子十家，其可觀者九家而已」，即除小說家外之九家，又稱九流。在班固之前的司馬談，則僅述及六家，認為「陰陽、儒、墨、名、法、道德，此務為治者也。」道德即道家。嚴格言之，從學術思想上看，惟有儒、墨、法、道四家，可以成為四大學派，其餘各家，均不足道也。參見《新校漢書藝文書》（台北：世界，1963年）。

〔註24〕孟子周遊列國，散見於《孟子》一書的零星記載，其遊歷順序，後世學者說法不一，尤其遊齊遊梁之先後，以及遊齊次數，更是莫衷一是。在各家意見中，錢穆先生《先秦諸子繫年》卷二卷三，對這些問題作過比較詳細論證。

〔註25〕勞思光，《新編中國哲學史》（台北：三民書局，1977年），頁162。

三、孟子民本思想產生之動機

在探討孟子民本思想之背景後，要進一步研究孟子民本思想產生之動機，需了解當時的環境。孟子處於亂世，不忍生民塗炭，眼見邪說橫行，毅然以天下興亡為己任，因此其思想學說到處可見正人心息邪說，行仁政安生民，法先王待後學，此三者為其學說產生之動機。現分別闡述如下：

（一）正人心息邪說

戰國時期，百家爭鳴，邪說橫流，孟子力倡仁義以息邪說，以正人心。孟子曰：

> 聖王不作，諸侯放恣，處士橫議，楊朱、墨翟之言盈天下。天下之言，不歸楊，則歸墨。……楊墨之道不息，孔子之道不著，是邪說誣民，充塞仁義也。仁義充塞，則率獸食人。人將相食，吾為此懼，閑先聖之道距楊墨，放淫辭，邪說者不得作。……放淫辭，邪說者不得作。……昔者禹抑洪水，而天下平，周公兼夷狄，驅猛獸，而百姓寧，孔子成春秋，而亂臣賊子懼。……我欲正人心，息邪說，距詖行，放淫辭，以承三聖者。豈好辯哉？予不得已也！能言距楊墨者，聖人之徒也。（〈滕文公下〉）

從文中可知「楊朱、墨翟之言盈天下。天下之言，不歸楊，則歸墨。」可見當時儒、墨、楊朱三家的思想最具影響力。然孟子何以斥楊、墨為邪說、異端。主要是因為楊朱思想包含「為我、貴己」。孟子說：「楊子取為我，拔一毛而利天下，不為也。」（〈盡心上〉）這種以自我為重的觀念，與儒家傳統的「尚公」思想是對立的。另外墨家主張「兼愛」思想，即愛無差等；孟子說：「墨子兼愛，摩頂放踵利天下，為之。」（〈盡心上〉）而儒家強調愛有差等，即有親疏厚薄的區別。孟子更進一步的認為楊朱「為我」則不為「群道」服務；墨家「兼愛」，則無父。這種無君無父不忠不孝無道德的思想，是「禽獸也」。莊子也說，要「箝楊、墨之口。」（《莊子‧胠篋》）因此孟子盡力排除此邪說。除此之外，孟子也拒法家，孟子曰：「徒法不能以自行」。（〈離婁上〉）拒陰陽家，孟子曰：「天時不如地利，地利不如人和。」（〈公孫丑下〉）同時更拒縱橫家，孟子曰：「張儀『以順為正者，妾婦之道也。』」（〈滕文公下〉）可見孟子深刻的體認，邪說不息，則人心不正，人心不正，則天下不治，欲平治天下，只有全力息邪說。

（二）行仁政安生民

戰國時代，烽火迭起，民不聊生，孟子不忍百姓受苦受難，大聲急呼各國要行仁政，以拯救天下蒼生。孟子曰：「民之憔悴於虐政，未有甚於此時者也。當今之時，萬乘之國行仁政，民之悅之，猶解倒懸也。故事半古之人，功必倍之，惟此時爲然。」（〈公孫丑上〉）行仁政者，必然有仁心；有不忍人之心，才有不忍人之政。孟子曰：「人皆有不忍人之心。先王有不忍人之心，斯有不忍人之政矣。以不忍人之心，行不忍人之政，天下可運之掌上。」（〈公孫丑上〉）孟子之所以肯定行仁政可以平天下，他以湯王、文王爲例。他說：

> 以力假仁者霸，霸必有大國，以德行仁者王，王不待大 —— 湯以七十里，文王以百里。以力服人者，非心服也，力不贍也；以德服人者，中心悅而臣服也 —— 如七十子服孔子也，《詩》云：自西自東，自南自北，無思不服，此之謂也。（〈公孫丑上〉）

因此孟子行千里見梁惠王，對其問何以利吾國時，開門見山就回答說：「王何必曰利，亦有仁義而已矣。」（〈梁惠王上〉）順此理路，孟子亦以仁政遊說齊宣王，但也得不到重用，因而遠去。孟子曰：「豈舍王哉？王由足用爲善，王如用予，則豈徒民安，天下之民舉安。王庶幾改之，予日望之。」（〈公孫丑下〉）又曰：「夫天未欲平治天下也。如欲平治天下，當今之世，舍我其誰？」（〈公孫丑下〉），可見孟子一心希望說服國君行仁政以平治天下，讓人民享有安康富足的生活。

（三）法先王待後學

孟子在《孟子》一書常談及「法先王」、「言必稱堯舜」，這裡所稱之「先王」，就是指堯、舜、禹、湯、文武。據統計，在書中堯出現二十四次，舜四十次，禹十次，湯七次，文王二十次。在這些「先王」中，有那些言行、事蹟值得效法的呢？總歸孟子的看法如下：

1. 順應民意

當齊國討伐燕國，獲得勝利。齊宣王曾向孟子徵求是否併吞之意見。孟子曰：「取之而燕民悅，則取之。古之人有行之者，武王是也。取之而燕民不悅，則勿取。古之人有行之者，文王是也。」（〈梁惠王下〉）在這裡孟子就是希望齊宣王效法文王、武王，是否兼併要看看燕國大多數民意而定。

2. 從善如流

古代之聖王賢君不會因為自己地位高而吝於求善行善。孟子以舜、禹為例。孟子曰：「舜之居深山之中，與木石居，與鹿豕遊，其所以異于深山之野人者幾希。及其聞一善言，見一善行，若決江河，沛然莫之能禦也。」（〈盡心上〉）另外更進一步讚頌「禹聞善言則拜。大舜有大焉，善與人同。舍己從人，常取于人以為善。」（〈公孫丑上〉）

3. 關心民瘼

禹有人溺己溺，人饑己饑之胸襟。孟子稱讚禹說：「思天下有溺者由己溺之也。」（〈離婁下〉）人生在世，鰥、寡、孤、獨者，最是可憐。此四種身份的人，文王施政，是最先處理之對象。孟子曰：「老而無妻曰鰥，老而無夫曰寡，老而無子曰獨，幼而無父曰孤。此四者，天下之窮民而無告者，文王發政施仁，必先斯四者。」（〈梁惠王下〉）

4. 為民除害

仁君照顧百姓，人民稱頌不已。暴君凌虐百姓，人民痛苦不堪。在舜時代的共工、驩兜、三苗，武王之前的商紂，挾勢傷人。帝舜、武王見時機成熟，採取放逐或推翻的行動。孟子曰：「舜流共工于幽洲，放驩兜于崇山，殺三苗於三危，殛鯀於羽山，四罪而天下咸服。」（〈萬章上〉）又曰：「武王之伐殷也，革車三百兩，虎賁三千人。王曰：「無畏，寧爾也。非敵百姓也。」（〈盡心下〉）

倘若「先王」之言行事功，值得效法。孟子何以要等待後學者呢？孟子身處戰國亂世，烽火四起，邪說橫行，先王之道不行，孟子懼，起而距邪說，放淫辭，並闡揚先聖及孔子之道為己任。孟子曰：

> 由堯舜至於湯，五百有餘歲，若禹，皋陶則見而知之，若湯則聞而知之。由湯至於文王，五百有餘歲，若伊尹、萊朱則見而知之，若文王則聞而知之。由文王至於孔子，五百有餘歲，若太公望、散宜生則見而知之，若孔子則聞而知之。由孔子而來至於今，百有餘歲，去聖人之世，若其未遠也，近聖人之居，若此其甚也！然而無有乎爾！則亦無有乎爾！（〈盡心下〉）

由此段可知孟子思想需要有人繼承和發揚。惜當時國君為求功利，好戰成性，孟子政治理想，無法得到重用，孟子又怕此道統無法沿襲，惟有著書立說，「守先王之道，以待後之學者」（〈滕文公下〉）。

第二節　孟子民本思想之涵義

　　研究孟子以民爲本的政治思想，在學術界究應賦予何種稱謂，各有定見。
有稱之爲民本主義者，如任卓宣〔註26〕、周世輔。〔註27〕有稱之爲民本思想
者，如徐復觀〔註28〕、韋政通〔註29〕、金耀基。〔註30〕將兩種並說者，如梁
啓超。〔註31〕以上說法，初見似可互通，因爲主義就是思想，思想就是主義；
然進一步剖析，民本思想是一種以人民利益爲目的之政治思想，在民本政治
下，國家的一切施政，必須尊重民意，以人民爲重，以人民爲本。在相對當
今以民爲主，有民主制度的「民主主義」而言，民本思想只具有若干民主的
思想和精神，欠缺民主制度。因此本文概稱「民本思想」，不稱「民本主義」
或「民主主義」，以示區別。

　　謝扶雅先生在研究中國政治思想史時，曾說：「中國五千年來之政治思
想，實爲一氣呵成，可作一幅整個圖畫來看，因其無非發揮一個『民』字，
故全部得稱爲『民學』。」〔註32〕這裡所稱民學，當指與民本思想有關政治理
論之學問而言。然民本思想是一種以民爲本，以人民利益爲目的之政治思想，
其涵義至少應包含民爲邦本、民貴君輕、尊重民意、順應民心、愛民保民、
注重民生、革命理論等內容。現依序分述如下：

一、民爲邦本

　　民本語出《尚書》〈夏書・五子之歌〉，「民爲邦本，本固邦寧」之句，強
調人民是國家的根本；根本穩固，國家才能長治久安。因此人民跟國家關係
相當密切而且重要。人民之重要性從那裡看出？我們從孟子書中「君權天與」
到「君權民與」的思想脈絡中即可得知。孟子曰：「天降下民，作之君」（〈梁
惠王下〉）就是說國君的統治地位是天授予的。另外又如「萬章曰：『堯以天

〔註26〕參見卓任宣，《中國哲學論集》（台北：帕米爾書店，1984年），頁44。
〔註27〕參見周世輔，《國父政治思想與孔孟學說》（台北：中央文物供應社，1980年），
　　　　頁97。
〔註28〕參見徐復觀著、蕭欣義編，《儒家政治思想與民主自由人權》（台北：八十年
　　　　代，1979年），頁119。
〔註29〕參見韋政通，《中國的智慧》（台北：水牛，1986年），頁37。
〔註30〕參見金耀基，《中國民本思想史》（台北：台灣商務，1993年），頁57。
〔註31〕參見梁啓超，《先秦政治思想史》（台北：台灣中華，1978年），頁29。
〔註32〕謝扶雅，《中國政治思想史綱》（台北：正中，1970年），頁26。

下與舜，有諸？』孟子曰：『否。天子不能以天下與人。』『然則舜有天下也，孰與之？』孟子曰：『天與之。』」（萬章上）同樣也表達「君權天授」思想。但若順著本章往下看；即可了解孟子談「天與」，實際上應該是「民與」。

> 天與之者，諄諄然命之乎？」曰：「否。天不言，以行與事示之而已矣。」曰：「以行與事示之者如之何？」曰：「天子能荐人於天，不能使天與之天下；諸侯能荐人於天子，不能使天子與之諸侯；大夫能荐人於諸侯，不能使諸侯與之大夫。昔者堯荐舜於天而天受之，暴之於民而民受之，故曰：天不言，以行與事示之而已矣。」曰：「敢問荐之於天而天受之，暴之於民而民受之，如何？」曰：「使之主祭而百神享之，是天受之；使之主事而事治，百姓安之，是民受之也。天與之，人與之。（〈萬章上〉）

依此篇文意就是說，天將天下給與人君，不是誠誠懇懇的囑咐教導他，而是用行動和事實來表示；如何表示呢？天子把某人推荐給天，被天接受了，又把某人推荐給民，民也接受了，這就表示天把天下授予某人了。然而，以何方式推荐？又用什麼表示天受之或民受之？「使之主祭而百神享之」，就是天受之；「使之主事而事治，百姓安之」，就是民受之。若進一步推論，在主祭時，神是否享用不得而知，所以是虛的一面；而百姓問題是否處理？百姓生活安定否？卻是可以目睹且感受到的，因此是實的。虛依實而判準，「民受之」就是「天受之」，「事治百姓安」就是「神享之」，天與民是相通的，自然可理解「人與之」就是「天與之」。所以孟子引《泰誓》中的話說「天視自我民視，天聽自我民聽」（〈萬章上〉），明確的指出老天看到的是來自我們老百姓看到的，老天聽到的是來自我們老百姓聽到的。這種「天子不能以天下與人」，人民卻可以「以天下與人」，正可以說明民如同樹之根更是邦之本。

二、民貴君輕

　　孟子的民本思想，有其淵源，大都沿襲我國固有的民本思想而來，此點上文已有所說明；不過將民本思想說的精闢而具體實在非他莫屬，尤其他所談「民為貴，社稷次之，君為輕」（〈盡心下〉）的政治思想，更是鏗鏗然擲地有聲，不僅發人未發，言人未言，更有其獨特的見解，更重要的是以人民為政治主體之民主觀念隱然內含其中，相對今日的民主政治而言，仍有其深遠的影響力。

　　孟子「民爲貴，社稷次之，君爲輕」(〈盡心下〉) 的政治思想，何以迄今仍有很大的影響力呢？在此，孟子將人民、社稷、國君三者重要性作了一番比較，其排序第一爲人民，第二爲社稷，第三爲國君，將人民排在第一位。孟子何以把人民放在首位？因爲人民提供國家賦稅、勞力及兵力，是維繫國君權位的基礎。對此，孟子更進一步論述，他說：

> 是故得乎丘民而爲天子，得乎天子爲諸侯，得乎諸侯爲大夫。諸侯危社稷，則變置。犧牲既成，粢盛既潔，祭祀以時，然而旱乾水溢，則變置社稷。(〈盡心下〉)

這即是說天子得到人民的擁戴，才能作得持久，像商湯、文武之得天下，反之，若失去人民之支持，就會被人推翻，如夏桀、商紂之失天下。同樣地，若得到天子的心就成爲諸侯，得到諸侯的心就爲大夫；然若諸侯有違害國家的，就撤換另立。社稷就是土穀神，乃一國之象徵，能否祭祀社稷，代表一國之存亡。如果祭祀用的牛羊都準備齊全，祭祀用的食品都準備豐盛而潔淨，並且也按季節進行祭祀，卻不能風調雨順，還是發生了旱災、水災，那就要另立土神和穀神。對此，朱熹作進一步的解釋說：「社，土神；稷，穀神，建國則立壇遺以祀之。蓋國以民爲本，社稷亦爲民而立，而君之尊又係於二者之存亡，故其輕重如此。」因此，依孟子觀點看，政權是可以改變的，君王的地位也可以易人，他們的作用都不是絕對的。這一切都由人民來作決定。在古代，天子和平民的階級天壤之別，孟子將人民的地位提升，甚至超越社稷和國君，這是孟子偉大之處，他開啓反對君主專制的先河，對後世振聾發聵的作用。

三、尊重民意

　　既然人民的地位如此之重要，且又是國家之主體；而國家存在之目的以增進人民福祉爲依歸，因此聽聽人民的意見，作爲決策之依據，非常重要。關於此點孟子與齊宣王之對話，可明顯看出。

> 孟子見齊宣王曰：「所謂故國者，非謂有喬木之謂也，有世臣之謂也。王無親臣矣，昔者所進，今日不知其亡也。」王曰：「吾何以識其不才而舍之？」曰：「國君進賢，如不得已，將使卑逾尊，疏逾戚，可不愼與？左右曰賢，未可也；國人皆曰賢，然後察之；見賢焉，然後用之。左右皆曰不可，勿聽；諸大夫皆曰不可，勿聽；國人皆曰

不可，然後察之；見不可焉，然後去之。左右皆曰可殺，勿聽；諸
大夫皆曰可殺，勿聽；國人皆曰可殺，然後察之；見可殺焉，然後
殺之。故曰，國人殺之也。如此，然後可以爲民父母。

近代民主政治，相當重視民意，孟子以進賢退惡及刑殺這三件事爲例，強調
民意的重要，更顯得他高瞻遠矚。他以左右近臣、大夫及國人〔註33〕這三個
階級的看法，考驗國君的取捨，畢竟左右近臣、大夫人數少，爲升官或保住
權位，奉承阿諛多，說實話少，而大多數百姓無所求，較能說眞話，可信度
高。一個賢能的國君，爲求政治清明，國家發展，自然應以多數國人的意見
爲意見。

四、順應民心

上文討論的「民意」，指的是國人的意見，大多數人民的聲音。而這裡探
討的「民心」是人民對國家的支持度，對國君的信任度。

孟子所謂「桀紂之失天下也，失其民也。失其民者，失其心也。得天下
有道，得其民，斯得天下矣。得其民有道，得其心，斯得民矣」（〈離婁上〉），
所謂「天與之，人與之」及「昔者堯薦舜於天，而天授之，暴之於民，而民
受之」（〈萬章上〉），所謂「得乎丘民而爲天子」（〈盡心下〉）這些都是針對民
心而言。一個國君若能得民心，必然能得天下。然而如何才能得到民心呢？
孟子進一步說：「所欲與之聚之，所惡勿施爾也。」（〈離婁上〉）換句話說，
就是施行仁政，爲人民興利除弊。孟子接著又說：

「民之歸仁也，猶水之就下，獸之走壙也。故爲淵敺魚者，獺也；
爲叢敺爵者，鸇也；爲湯武敺民者，桀與紂也。今天下之君有好仁
者，則諸侯皆爲之敺矣，雖欲無王，不可得已。今之欲王者，猶七
年之病，求三年之艾也。苟爲不畜，終身不得。苟不志於仁，終身

〔註33〕「國人」一詞，不同於現在的用法。在春秋時代是指有與聞國政權力的一社
會政治群體而言。如同杜勝正所說：「古代社會的中堅是國，國人在貴族政治
之下，產生舉足輕重的力量。他們可以參與國君的廢立，可以左右城邦的外
交，甚至可以決定和戰，貴族與國君爭奪政權，凡贏得國人擁戴者往往勝利，
否則多失敗流亡。國人自成集團，雖構成與國君、貴族鼎足而立的勢力，可
惜這段國人的光榮歷史亦隨城邦的沒落而告結束，無法創造以廣大城裡人爲
基石的『民主』政治。這是因爲中國人干預政治本身就有先天的限度，他們
平時影響政治的行爲多出於輿論，是消極性的。參見杜勝正，《周代城邦》（台
北：聯經，1979年），頁132～133。

憂辱，以陷於死亡。『詩』云：『其何能淑？載胥及溺』此之謂也。」
（〈離婁上〉）

《尚書·太甲》曰：「自作孽，猶可違；自作孽，不可活」；在歷史上，統治者「為淵毆魚」或「為叢毆爵」而失民心失天下者，不可勝數。因此民心是否向背，關係天下之興亡，得民心者，便能得人民，得天下，這是千古不變的真理。

五、愛民保民

孟子對愛民的看法是「愛人不親反其仁」（〈離婁上〉），亦即我給他仁愛，而他卻不親近於我，這時應自我反省一下，給他的仁愛夠不夠。起碼要像文王一樣，「視民如傷」（〈離婁下〉）；要像伊尹一樣，「膏澤於民」（〈離婁下〉）；更要像禹一樣，「禹思天下有溺者，由己溺之也」（〈離婁下〉）

當齊宣王問孟子如何才能王天下。孟子回答說：「保民為王，莫之能禦也。」（〈梁惠王上〉）只有保護人民，才能保有人民，得到人民擁戴。當然保民就是愛民。為了做到愛民，孟子主張用「推恩」的方法，推己及人，「老吾老以及人之老；幼吾幼以及人之幼」（〈梁惠王上〉），由尊敬自己的父母，愛護自己的小孩，推廣到尊敬別人的父母，愛護別人的小孩，更進一步做到「親親而仁民，仁民而愛物」（〈盡心上〉）。相信能做到這種境界，則「天下可運於掌。『詩』云：『刑於寡妻，至於兄第，以御於家邦。』言舉斯心，加諸彼而已。故推恩足以保四海，不推恩無以保妻子。古人之所以大過人者，無他焉，善推其所為而已矣。」（〈梁惠王上〉）愛民保民是為政的首要條件，無論古今中外，掌有政治權力的執政者，為期能長期執政，無不奉為圭臬。

六、注重民生

愛民最具體的實踐方式就是照顧改善人民的生活，亦即為人民謀福利。要如何安頓人民的生活呢？要從人民養生喪死無憾、民有恆產及輕刑薄稅著手。

孟子對梁惠王說：

不違農時，穀不可勝食也。數罟不入洿池，魚鱉不可勝食也。斧斤以時入山林，材木不可勝用也。穀與魚鱉不可勝食，材木不可勝用，是使民養生喪死無憾也。養生喪死無憾，王道之始也。（〈梁惠王上〉）

因此依季節或時令耕作農物、結網補魚、砍伐林木；農物、魚類、材木必能不可勝用，如此人民才能養生喪死無憾。

孟子對人民是否有恆產，十分關心，畢竟「民之為道也，有恆產者有恆心」（〈滕文公上〉），相反的，若民無恆產，生活無保障，整日為生活奔波，所謂「此惟救死而恐不贍，奚暇治禮義哉？」（〈梁惠王上〉），且人民的物質生活與國家之安定息息相關，因此「是故明君制民之產，必使仰足以事父母，俯足以畜妻子，樂歲終身飽，凶年免於死亡。驅而之善，故民之從也輕。」（〈梁惠王上〉）有恆產後，生活能過得舒服，當然希望政府能輕刑薄稅。所謂「易其田疇，薄其稅斂，民可使富也。」（〈盡心上〉）當人民生活改善，自然進一步會如同孟子與梁惠王之對話中所呈現，「王如施仁政於民，省刑罰，薄稅賦，深耕易耨，壯者以暇日修其孝悌忠信，入以事其父兄，出以事其長上，可使制梃以達秦楚之堅甲利兵矣。」（〈梁惠王上〉）若能減輕稅賦，使百姓能專心農事，接受教化，並能孝悌兩全，就能團結一致，抵抗外侮。

七、革命理論

孔子論政，在《論語・顏淵第十二》篇中談到「君君、臣臣、父父、子子」孔子以君要像個君，臣要像個臣，子要像個子，來回答齊景公之問政。另外也以「政者，正也。子帥以正，孰敢不正？」，回應季康子的問政，強調「政」，也就是正，你用正來率領大家，誰還敢不正。從以上論述看出，孔子一向主張「正名」觀點。

孟子繼其遺意，亦主張「欲為君盡君道，欲為臣盡臣道」（〈離婁上〉）。然若遇反復諫諍而不聽者，可變更君位，另立賢人；所謂「君有大過則諫，反復而不聽，則易位。」（〈萬章下〉）若逢暴虐之君，人人皆得而伐之。從以下孟子與齊宣王之對話更能清楚了解。

> 齊宣王問曰：『湯放桀，武王伐紂，有諸？』孟子對曰：『於傳有之。』曰：『臣弒其君，可乎？』曰：『賊仁者謂之賊，賊義者謂之殘；殘賊之人，謂之一夫。聞誅一夫紂矣，未聞弒君也。』（〈梁惠王下〉）

可見若君不盡君道，則不能復謂之君，人人得而誅之。在這裡吾人了解儒家主張革命，為正義而革命，若僅擴張個人之權力，為儒家所不容。梁啟超先生說：「儒家認革命為正當行為，故易傳曰：『湯武革命，順乎天而應乎人』。

孟子此言，即述彼意而暢發之耳。」〔註34〕金耀基先生更一步闡述說：「儒家之暴君放伐論雖遠源於《尚書》「改厥元子」之說，但真正奠定其基礎，而影響千秋後世者，則自孟子「一夫可誅」之論始也。」〔註35〕儒家政治思想一向主張「正名」、「尊君」，孟子卻能打破傳統，另創新義，在此將臣民有權變置或放逐國君，誅殺不仁不義的暴君之思想表現明顯而深刻，對儒家政治哲學之開展，有很大的貢獻。

　　由以上之分析，可清楚的了解，孟子民本思想中「民為邦本、民貴君輕、尊重民意、順應民心、愛民保民、注重民生、革命理論」等內容涵蓋的領域，幾乎包括政治、經濟、教育及軍事等方面；而每個原則，彼此相聯，義理相貫。整體來說，「民為邦本」是民本思想的基礎，也因為民為邦本，而非以君為邦本，才有「民貴君輕」的理論；既然強調人民是國家的主體，自然要「尊重民意、順應民心」才能取得人民的信賴，進一步要鞏固國君的地位，必然要「愛民保民」，而愛民保民之首要在民生，所謂「國以民為本，民以食為天。」以上原則都化為實際的行動，當然可以保住一個國君的政權；但為了促使國君能潔身自愛，而不專制濫權，以免遭致推翻之命運。孟子對國君提出一個強有力的理論，那就是民本思想中最珍貴的「暴君放伐革命論」，這也是孟子最為後人稱頌的地方。

〔註34〕參見梁啟超，《先秦政治思想史》（台北：台灣中華，1978年），頁106。
〔註35〕參見金耀基，《中國民本思想史》（台北：台灣商務，1993年），頁61。

第三章　孟子民本思想之人性論基礎

　　儒家的政治是一種德化的政治，[註1] 其出發點是對人的尊重及對人性的信賴，以修己治人爲基調的內聖外王，倫理與政治結合爲一，故儒家所言的政治即道德的延伸。但它不是一種泛道德的理想主義，[註2]「用現代的意識看，它根本是超級的政治，是一普遍意義的文化理念，是聖賢人格的一步客觀化，充其極的表現。」[註3] 因此，吾人可以說，儒家所說的理想，是具體生命的客觀實踐，與具體生命中心之向上活動而言的。《大學》所謂的「身修而後家齊，家齊而後國治，國治而後天下平」，可說是最爲貼切的說法。而〈離婁上〉提到：「天下之本在國，國之本在家，家之本在身。」修身爲始，只有自己的德行有守，才能治國平天下。以往儒家的德化的政治，即聖人之志。亦即《論語》載：「子路曰：願聞子之志。子曰：老者安之，朋友信之，少者懷之」。但到了孟子時有一轉進，即「民貴君輕」民本思想的提出，此一轉進似乎從超級政治的普遍理念，落實到政治的本分上。亦即從道德人格上的期待，落到經驗界的層面，無疑是政治思想上的一大進步。孟子民本思想的理

〔註1〕 德化程度如何關係政治發展，政治社會之良陋端賴人民是否有道德而定，人民若能爲禮樂（儒家依此教化人民）所陶冶，文質彬彬，民德歸厚，則必爲一良善的政治格局。反之，若人民品質低劣，偷盜橫行，則必爲惡質之政治局面。而人是否爲德所化，其力量來自統治階層，所謂「君子之德風，小人之德草，風加草上必偃」，其要求統治階層者不是威權力量，也不是嚴苛法令刑治，而是統治者自身的道德修養。

〔註2〕 所謂泛道德的理想主義指的是與現實相隔，是在現實以上或以外，儒家的理想不是此意。它不但有理想主義之要求，同時也知道理想實現的現實化過程。

〔註3〕 參見韋政通，〈儒家貴民思想與民主政治〉《民主潮》，第七卷，第七期，第五頁。

論基礎在於性善論，〔註 4〕同時性善論也是其人性論的主張。性善論即心性論。孟子繼承孔子仁教，從心言仁言性，心是不忍人之心、仁義禮智四端之心，此為良知良能，是為天爵，非由外鑠學習而有。心善性善，故主人本性善，以孔子踐仁知天之教言盡心知性知天之弘規，性善論之義理由此展開。然孟子人性論的依據何在？其淵源為何？先秦人性論派別為何？以及孟子性善論中「心」的質性與「性」的內涵為何？有何意義？值得吾人一一探討。現依序分述於下：

第一節　孟子人性論之淵源

趙岐《孟子·題辭》中稱：「孟子治如術之道，通五經，尤長於詩書。」孟子精通詩書，詩書本為性情之教，兩書對孟子性善論有深遠的影響。現分述之。

一、源自《尚書》

《尚書》為中國最古史書。陸象山云：「《尚書》一部，只是說德。」〔註 5〕牟宗三先生更說「中國哲學之重道德性是根源于憂患的意識。」〔註 6〕〈易繫辭下傳〉曰：「易之興也，其當殷之末世，周之盛德耶？當文王與紂王之時耶？」，作易者與孟子皆生於憂患時代，故能於困境中凝聚出強烈之憂患意識。由憂患意識而產生人之責任感，人始能自覺地承擔起人生的一切責任。不再憑外在神之操縱，即由神移轉至自身行為之努力與謹慎上，由此乃見人生行為具有道德價值。在憂患意識躍動下，促使中國古代宗教之天命天道觀念步步下貫而落實於人之踐德工夫上，不向人格神之路子走。在周初則表現在「敬」「敬德」「明德」「命哲」等觀念裡。〔註 7〕如《周書·召誥》曰：「節性，惟其日其邁；王

〔註 4〕孟子民本思想源於性善論。〈滕文公〉有云：「滕文公為世子，將之楚，過宋而見孟子。孟子道性善，言必稱堯舜。世子自楚反，復見孟子。孟子曰，世子疑吾言乎，夫道一而已矣。……顏淵曰，舜何人也，予何人也，有為者亦若是。……今滕絕長補短，將五十里也，尤可以為善國。書曰，若藥不瞑眩，厥疾不瘳」。在這裡也可以看出孟子將性善的原理用於政治之始。

〔註 5〕見《象山語錄上》

〔註 6〕參見牟宗三，《中國哲學的特質》（台灣：學生，1982 年），頁 12。

〔註 7〕此等觀念請參見徐復觀，〈周初宗教中人文精神之躍動〉《中國人性論史·先秦篇》（台灣：商務，1982 年）及牟宗三，〈憂患意識中之敬、敬德、明德與

敬所作，不可不敬德。」即召公告誡周成王，惕勉其克制個人私欲，宜日日策勵自身言行，不可不謹慎於德性。《周書‧康誥》曰：「惟乃丕顯考文王，克明德慎罰。」周公告誡康叔勉其昭著文王美德，能彰明德性，慎用刑罰。《周書‧召誥》又曰：「今天其命哲，命吉凶，命歷年。」由此段話明顯指出上天不但命吉凶、命歷年，且更重要的是命我以明哲。天既命我以明哲，我應盡我之明哲，即「敬德」、「克明德」了。如此一來，「天命不于常」〔註8〕全由吾人自身之敬德與明德之功夫來決定，故曰：「天視自我民視，天聽自我民聽」（〈萬章上〉）。

在此憂患意識之貫注與敬德明德等觀念之籠罩下，不僅使吾人肯定天命天道之實理，也肯定人之真實主體。這種憂患意識中之種種德性觀念，實決定中國文化發展方向，亦為孟子主性善之遠因。

二、源自《詩經》

子曰：「詩三百，一言以蔽之，曰：詩無邪。」（〈論語‧為政〉）「無邪」二字就人之性情說。人之性情自然流露，天真無邪，則自與天地萬物融為一體，自是天理流行，與天合一，天人交感，於此，自有無限天地。有關詩經中言天命與人性之文獻，引兩則佐證之。《詩經‧周頌》曰：「維天之命，於穆不已；於乎不顯，文王之德之純。」意指天命天道創生不已、生生不息，文王之德精純如一、無二無雜。此詩贊美文王之德，意義深遠，在中國人性論發展史上是極為重要文獻。故牟宗三先生說：「為此詩者確有其形而上的深遠之洞悟，亦有其對于道德踐履之真實感與莊嚴感。此詩影響甚大，於儒家對于天道之體悟與對于德性人格之嚮往有決定性之影響，此確能反映出儒家心靈之核心。」〔註9〕另《詩經‧大雅》曰：「天生烝民，有物有則；民之秉彝，好是懿德。」其意指天生一切眾生，有是物（事物）必有是則（法則），且由人之好此美德，而見人所秉持之常性。此詩詩中「秉彝」二字已十分接近「性」這個觀念，因此牟宗三先生引述說：「為此詩者確有道德的洞見，亦有道德的真實感，故能直下從則、道，說到內心好德之實，即說到定然之秉彝之性。雖未明言性字，亦必然要逼至矣。故孟子直引之以證性善也。」〔註10〕

天命〉《中國哲學的特質》一講。
〔註8〕參見《周書‧康誥》
〔註9〕語見牟宗三，《心體與性體第一冊》（台北：正中，1981年），頁211。
〔註10〕語見牟宗三，《心體與性體第一冊》（台北：正中，1981年），頁209。

以上文獻，皆表示天命天道通過人之憂患意識中之敬的作用中，步步發展為人之性的思想趨勢，成為儒家言性命與天道之主要理論淵源；而天命天道之形上實體層層下貫而為人之道德主體性，此是歷經文化長期發展之結果。既落實人之道德主體性，則必重視人之道德實踐工夫。而孔子之仁教，孟子之性善論，便是重視這種主體性，便是指點吾人自覺通過道德實踐工夫，如此即可體證天道天命之實義所在。

三、源自孔子仁教

中國人文之重道德主體性，可以孔子之「仁教」為其代表。「仁」是人人真正之生命主體，此主體即通于客觀面之天命天道實體。依此，人之遙契天命天道，其關鍵乃在人之自證其仁體，如此，性與天道不至懸空的講。是故，孔子之仁，實為吾人印證天命天道之根據。若依中國人性論發展史言之，吾人可說前乎孔子之詩書等傳統文化思想，皆是孔子仁教建立之預備，而後乎孔子之孟子之義理引申，亦是本孔子仁教應有必有之妥當而順勢之申展而已，故孔子仁教誠為決定中國文化發展方向之本質關鍵。

仁之意義為何？仁即是仁體、仁理、仁道、仁心，四詞通用。〔註11〕仁是全德，不為任一德目所限，而任一德目皆足以指點仁之意義。仁是關乎生命的學問，不能離乎日常生活而指點之，故決不能依訓詁方式下定義；唯有當機指點，如孔子對宰我之由「不安」〔註12〕指點者是。「不憤不啟，不悱不發」、「能近取譬」，此是孔子指點仁之方式，于此開啟人之不安、不忍、憤悱不容已之真實生命。易言之，仁是一切德性之源，是價值之源、創造之源。若依人之踐仁工夫言，則首在自覺。人能自覺作道德實踐而發為道德行為，便是仁心之呈現；人能充盡仁心，健行不已，便可遍潤遍攝天地萬物；孔子

〔註11〕 牟宗三先生在講明道〈識仁〉篇指出：「仁體、仁理、仁道、仁心，四詞通用。『識得此理，以誠敬存之而已』，此是說仁為理，故可曰仁理。『此道與物無對，大不足以明之』，此是說仁為道。『萬物皆備于我』，『蓋良知良能元不喪失』，此是就心說仁，故可曰仁心。下第七條『學者識得仁體，實有諸己，只要義理栽培』，此說是仁體，仁即是體。」其中『』字句請參見二程全書、遺書第二上、二先生語二上。

〔註12〕 參見《論語‧陽貨》云：宰我問三年之喪。……「夫君子之居喪，食旨不甘，聞樂不樂，居處不安，故不為也。今女安，則為之。」宰我出。子曰：「予之不仁也。」此處可知孔子以心之「安不安」方式當機指點宰我，如此以明仁之實義，而不落于語言或概念方式定義。

下學上達，踐仁知天，已開孟子「盡心知性知天」之弘規。

孟子履言學孔子。曾自述曰：「予未得爲孔子之徒，予私淑諸人也。」（〈離婁下〉）「禹抑洪水而天下平，周公兼夷狄……孔子成春秋而亂臣賊子懼……，我欲正人心……以承三聖者。」（〈滕文公下〉）又曰：「自有生民以來，未有孔子也。」、「乃所願，則學孔子也。」（〈公孫丑下〉）

因此，孟子繼承孔子仁政；孔子更一步強調說：「仁遠乎哉？我欲仁，斯仁至矣。」（〈論語·述而〉）孔子踐仁知天之教如此，孟子從心言仁，故本孔子踐仁言盡心，孟子進而言「盡心知性知天、存心養性事天、殀壽不貳修身以俟以立命」（〈盡心上〉）之弘規，此亦通孔子踐仁知天之教。

綜而言之，孟子性善論，有承襲古籍者，《尚書》、《詩經》、《論語》等皆露顯人性之曙光。《尚書》、《詩經》所言，大抵從天而下貫於人者說性，而孔子側重踐仁通達於天的「下學而上達」之「學」的工夫。孟子則以「心」說仁說性，由人乍見孺子將入於井，惻隱之心之自然呈現，而說性善。此其創見，待下節詳論。

第二節　孟子人性論之辯解

談孟子人性論，首先應先了解先秦時期人性論之派別有那些？那些派別對孟子有影響？而這些先秦諸子對人性的主張如何？何人之主張，曾與孟子產生激辯，雙方見解何者有理？都是吾人要探討之問題，現依序討論。

一、人性論之派別

王充在《論衡·本性》篇中說：

周人世碩，以爲人性有善有惡，舉人之善性養而致之則善長，惡性養而致之則惡長……善惡在所養焉。故世子作養書一篇。宓子賤、漆雕開、公孫尼子之徒，亦論情性，與世子相出入，皆言性有善有惡。孟子作性善之篇，以爲人性皆善，及其不善，物亂之也……若孟子之言，人幼小之時無有不善也。告子與孟子同時，其論性無善無惡之分，譬之湍水，決之東則東，決之西則西……孫卿又反孟子，作性惡之篇，以爲人性惡，其善者僞也……若孫卿之言，人幼無有善也。

另孟子與告子在人性上亦有一番對話。

公都子曰：「告子曰：性無善無不善也。或曰：性可以無善，可以爲
不善。是故文武興則民好善，幽厲興則民好暴。或曰：有性善，有
性不善。是故以堯爲君而有象，以瞽瞍爲父而有舜……今曰性善，
然則彼皆非與？」孟子曰：「乃若其情，則可以爲善矣，乃所謂善
也……」（〈告子上〉）

從以上兩段引文，吾人可將人性論歸納爲五派：

（一）性善論：以孟子爲代表。

（二）性惡論：以荀子爲代表。

（三）性無善無不善：以告子爲代表。

（四）性可以爲善，可以爲不善：以世碩爲代表。

（五）性有善，有不善：以宓子賤、漆雕開、公孫尼子爲代表。

孟子性善說，容下節再論。先談荀子性惡說，荀子談「性」時指出，性
是天生的、自然的，而不是後天的人爲。這從《荀子·儒效》、《荀子·禮論》、
《荀子·性惡》中可以明確看出：

性也者，吾所不能爲也，然而可化也。（《荀子·儒效》）、

性者，本始材朴也；僞者，文理隆盛也。無性，則僞之無所加；無
僞，則性不能自美。（《荀子·禮論》）

凡性者天之就也，不可學，不可事。……不可學，不可事而在人者，
謂之性。（《荀子·性惡》）

另荀子從人之天生的感官知覺說性。如《荀子·性惡》云：

今人之性，目可以見，耳可以聽。夫可以見之明不離目，可以聽之
聰不離耳；目明而耳聰，不可學明矣。

從人之自然的生理欲求說性。如《荀子·性惡》云：

今人之性，飢而欲飽，寒而欲煖，勞而欲休，此人之情性也。

從人之原始的情識好惡說性。如《荀子·性惡》云

今人之性，生而有好利焉，順是，故爭奪生而辭讓亡焉；生而有疾
惡焉，順是，故殘賊生而忠信亡焉；生而有耳目之欲，有好聲色焉，
順是，故理義文理亡焉。

因此，從以上的文獻，可以證明「荀子正是組織了每一個人天生的感官知覺、
自然的生理欲求、原始的情識好惡以完成他的人性結構」。〔註13〕然從一般上

[註13] 參見陳師德和，〈荀子性惡論之意義及其價值〉《鵝湖月刊》，第二〇卷，第三

來說，天賦的本能與自然情欲本無善惡之分，荀子何以主張性惡？唐君毅先生曾有一段精闢的的言論，值得參考。他說：

> 荀子之論證人性之惡，乃皆從人性與人之禮義之善，所結成之比較對反之關係中，二者之此起彼伏、彼起此伏處看出的。荀子於此之特見，則在其能見人之欲禮義、行禮義、造禮義之積思慮習僞故之心，乃恆對較其所欲轉化之現實生命狀態以存在。此所欲轉化者，對吾人之道德文化理想所在之禮義言，即爲一負面者。故前者爲善，後者即爲不善而爲惡。〔註14〕

可見荀子所謂「性惡」，「乃是用人爲的禮義來反照自然人性，以自然人性中不具足禮義之善爲理由而斷定它是惡的，《荀子‧性惡》中對性惡的證明，主要也是在表示此一意思，是故，『惡』在荀子的系統裏，應該了解爲『善的缺乏』」。〔註15〕

　　告子主張性無善無不善。將人性比擬水性，「決諸東方則東流，決諸西方則西流。」其結論爲「人性之無分於善不善也，猶水之無分於東西也。」但孟子也以水的「就下性」來喻人的「善性」，「人性之善也，猶水之就下也！人無有不善，水無有不下。」

　　因此，水的「就下性」，係受外在力量「勢」的影響。人性之有不善，非本性之不善，乃外在環境使然。至於孟子與告子之對辯，下文再討論。

　　另世碩主張性可以爲善可以爲不善。王充《論衡》曰：「舉人之善性養而致之則善長，惡性養而致之則惡長……作養書一篇。」顯見世碩以爲人之爲善爲惡，依其後天「修養」而定。這種論點如同公都子所言：「文武興則民好善，幽厲興則民好暴。」

　　而宓子賤、漆雕開、公孫尼子皆主張性有善有不善。據王充《論衡》曰：「宓子賤、漆雕開、公孫尼子之徒，亦論情性，與世子相出入，皆言性有善有惡。」這些人對人性之觀點屬「先天決定論」，認爲人一出生性已決定，後天之修養是無法改變的。如同公都子所言：「以堯爲君而有象，以瞽瞍爲父而有舜。」

　　　　期，總號第二三一，頁22。

〔註14〕參見唐君毅，《中國哲學原論‧原性篇》（香港：新亞，1968年），頁52。

〔註15〕參見陳師德和，〈荀子性惡論之意義及其價值〉《鵝湖月刊》，第二〇卷，第三期，總號第二三一，頁26。

二、孟子與告子之辯性

在先秦諸子的人性論派別中，以孟子與告子之辯性最具代表性，現就以孟、告二人之辯性為例，展開對話。孟子與告子之辯性，緣於兩人對人性內涵的認定不同。告子以生言性，認凡生者皆是性，「食色性也。」朱熹釋之曰：「生，指人物之所以知覺運動者而言。」胡毓寰先生說：「告子以生而具有，不待困知勉行者為本性，如食色之不待教而知而能者，性也，人獸所同具也。」〔註16〕

孟子突破「以生言性」的傳統，從人之所以為人的幾希仁義處去看人性。「君子所性，仁義禮智根於心。」（〈盡心上〉）「人之所以異於禽獸者，幾希。庶民去之，君子存之。舜明於庶物，察於人倫，由仁義行，非行仁義也。」（〈離婁下〉）

孟子與告子之辯性，共計有四則，皆記載於〈告子上〉；除有一則，告子將人性比擬水性，而孟子提出水的「就下性」和「勢」兩個觀點，來辯駁告子之水「無定向性」，已於上文探討過外。以下就其他三則逐一討論。

第一則，孟子反駁告子對性的看法。

> 告子曰：「性，猶杞柳也；義，猶桮棬也。以人性為仁義，尤以杞柳
> 為桮棬。」

> 孟子曰：「子能杞柳之性而以為桮棬乎？將戕賊杞柳而後以為桮棬
> 也！如戕賊杞柳而以為桮棬，則亦將戕賊人以為仁義？率天下之人
> 而或仁義者，必子之言夫！

從上引之對話而知，告子以仁義外在於人，仁義不在人性之中，人之有仁義，必待於後天加工。「以人性為仁義，尤以杞柳為桮棬。」這句話正是此意。孟子視仁義為人性中所本有，人只要「反求諸己」仁義即可得。外在加工而得仁義，無異戕賊了人性。是以孟子反駁：「子能順杞柳枝之性而以為桮棬乎？」「率天下之人而禍仁義者必子之言夫！」

第二則，孟子反駁告子對性之界定。原文如下。

> 告子曰：「生之謂性。」

> 孟子曰：「生之謂性也，猶白之謂白與？」

> 曰：「然。」

> 曰：「白與之白也，猶白雪之白，白雪之白，猶白玉之白與？」

〔註16〕參見胡毓寰，《孟學大旨》（台北：正中，1973年），頁28～29。

曰：「然」

曰：「然則犬之性，猶牛之性，牛之性，猶人之性與？」

由上引對話觀之，孟子與告子之辯論，顯係起於「性」之界定不同。告子以人生而有者為人性之內涵，可見其所謂的性，就其實係指感官慾望之本能。基於此，告子以為「性，猶杞柳也。」「人性之無分於善不善也。」蓋仁義非在人性之中。

趙歧注：「凡物生同類者皆同性。」趙歧的闡釋，無疑是依孟子立場以釋告子之言。焦循明白點出趙歧的誤解處曰：「物生同類者，謂人與人同類，物與物同類。物之中，則犬與犬同類，牛與牛同類，人與物不同類，則人與物之性不同。趙氏蓋採孟子之指而言之，非告子意也。」

因此孟子談「性」時，雖會不自覺順著老傳統的說法，非全然反對告子以生言性；但孟子在談生命的意義時，將「性」作超越義解，非感官或生理的「性」，即幾希的仁義之心。告子說：「食色，性也。」食色者，孟子視之為人之小體，孟子雖不主張節欲，但是一味順從於感官小體之欲，終會迷亂仁義心官的大體。孟子步步為營地，將告子「生之謂性」的大前提，推到「犬之性，猶牛之性，牛之性，猶人之性。」的結論上。其目的無疑在曉諭告子「生之謂性。」「食色，性也。」只是動物性，而非人之性；終必導致有犬性、牛性、人性同一的錯誤。

這一則對話，義理上孟子欲乎辯駁了告子，然而在邏輯形式的推論上，告子自始至終並無錯誤。誠如徐復觀先生所言：「從邏輯上說，告子生之謂性的命題，是全稱判斷……。告子的全稱判斷，成為他推論的大前提；若承認他的大前提，則他的推論都是對的。……（孟子與告子）在不同的前提下所作的爭論，是實質上，或效果上的爭論，而不是邏輯形式上的爭辯。」〔註17〕

第三則，孟子與告子「義內義外」之爭辯。原文如下。

告子曰：「食色，性也；仁，內也，非外也。義，外也，非內也。」

孟子曰：「何以謂仁內義外也？」

曰：「彼長而我長之，非有長於我也，猶彼白而我白之，從其白於外也，故謂之外也。」

曰：「異於白馬之白也，無以異於白人之白也。不識長馬之長也，無以異於長人之長與？且謂長者義乎？長之者義乎？」

〔註17〕 參見徐復觀，《中國人性論史・先秦篇》（台北：商務，1994年），頁189。

> 曰：「吾弟則愛之，秦人之弟則不愛也，是以我爲悅者也，故謂之內。
> 長楚人之長，亦長吾之長。是以長爲悅者也，故謂之外也。」
> 曰「耆秦人之炙，無以異於耆吾炙。夫物則亦有然者也，然則耆炙
> 亦有外與？」

另有一則公都子與孟季子對於「義」與「敬」之出於內或出於外諸問題之辯論。併錄於下。

> 孟季子問公都子曰：「何以謂義內也？」曰：「行吾敬，故謂之內也。」
> 「鄉人長於伯兄一歲，則誰敬？」曰：「敬兄。」「酌則誰先？」曰：
> 「先酌鄉人。」「所敬在此，所長在彼，果在外，非由內也。」公都
> 子不能答，以告孟子，孟子曰：「『敬叔父乎？敬弟乎？』彼將曰：『敬
> 叔父。』曰：『弟爲尸，則誰敬？』彼將曰：『敬弟』子曰：『惡在其
> 敬叔父也？』彼將曰：『在位故也。』子亦曰：『在位故也。』庸敬
> 在兄，斯須之敬在鄉人。」季子聞之曰：「敬叔父則敬，敬弟則敬，
> 果在外，非由內也。」公都子曰：「冬日則飲湯，夏日則飲水，然則
> 飲食亦在外也。

從上引二段文字，大致可歸納成兩個要點：

（一）告子所說的「仁內」異於孟子的「仁內」

告子認爲「愛」是「以我爲悅者」，係自「我」處而發，所以是（仁）「內」。考告子所謂「我悅」，所悅的對象在外界的「吾弟」。究其實這種由我悅而發，去愛外界事物的動機，不可謂爲仁，而是欲望。告子以「我」爲（仁）「內」，而不明辨我之欲所指爲何，孟子說：「理義之悅我心」（〈告子上〉）心所欲的對象，係內在於心的理義，是心的「自欲」，此孟子謂之「內」。

（二）告子與孟季子「義外」之誤解

告子認爲「長」係「以長爲悅者」，意指「敬長」由「長者」所決定，因他年長則我長之，若他非年長則我不長之。所決定長或不長的條件，在外界的長者，所以謂之「外」。孟季子的見解與告子相同，認所敬的對象在外，敬或不敬，非由我決定，所以謂「敬在外」。

判斷可分爲兩類，一爲事實判斷，一爲價值判斷。「敬」「長」皆屬於道德倫理的規範，應歸之於價值性判斷；故作爲判斷的主體，有最後裁斷的權力。誠如除復觀先生所言：「義的對象，雖有外在的客觀標準，但承認此一標

準而與適當地道德判斷（敬），卻是主觀的，卻是內發的。」〔註18〕告子與孟季子皆從判斷的外在對象上見「義」，認定「敬」與「長」皆為事實判斷，故其所「敬」所「長」，並非自人內心自然而有的虔誠敬意。

孟季子問公都子曰：「何以謂之義內？」公都子告以：「行吾敬，故謂之內也。」此已明喻「敬」乃出自「吾心」之敬，所以是「內」。告子以義為外，孟子質之曰：「……且謂長者義乎？長之者義乎？」亦明白說出義之所出在敬長之人。

第三節　孟子性善論的意義

在探討孟子性善論的意義之前，要先了解孟子性善論之「心」的質性與「性」的內涵，現依序闡述如下：

一、孟子性善論之「心」的質性

儒家主流中孟子民本思想所講的心，是一種實體性的道德本心，則它必然道德實踐的主體，依於道德心的本性，亦是道德價值的實現。因此，創造價值、實現價值就是道德心的內在目的與自發的要求，求其在主觀與客觀方面均能獲得充分的實現。現分主觀與客觀兩方面來分析：

（一）主觀方面是內聖之學的實現

內聖之學，以成聖成賢為目標。儒家認人人都可以成聖賢，都可以通過道德實踐，完成自己的德性人格，以進到聖人的境地。道德實踐可以為超越客觀的根據，便是關乎「本體」的問題；道德實踐可以為內在主觀的根據，便是關乎「工夫」的問題。儒家的內聖之學，主要就是集中在本體與工夫這二個問題上。本體是寂而能感的創造實體，工夫是為了使本體呈現起用。而所謂「承體起用、即用見體」一類的話，在儒家亦絕非玄談，而是對道德實踐、道德創造的真實說明。因此，重視工夫，固然是滿足實踐的要求；然而討論本體，亦不是純理論的興趣，乃是為了滿足實踐的要求。

（二）客觀方面是外王事功的實現

外王是內聖的延伸，內聖一定要通向外王。因為道德的心性，不但要求

〔註18〕參見徐復觀，《中國人性論史‧先秦篇》（台北：商務，1994年），頁193。

立己，亦要求立人；不但要求成己，同時也要求成物。所以一定要向外通，通向國家民族，通向天下民物。《尚書》所謂「正德利用厚生」，孔子所謂「修己以安人，修己以安百姓」，孟子所謂「親親而仁民，仁民而愛物」，由合內外、通物我，以開物成務、利濟天下，這就是外王事功之學。

總括而言，從主觀面看心的實現，其實踐的方向是縱的，是要成就生命之「質」的純一高明，以上達天德，與天道天命通而為一。從客觀面看心的實現，其實踐的方向是橫的，是要成就生命之「量」的廣大博厚，並與家、國、天下合而為一體，以期天下民物之各得其所、各遂其生。這「縱、橫」雙向度的申展，既是生命的開擴，亦是道德價值與文化價值的實踐創造，同時亦是「純亦不已」的道德心之實現。蔡仁厚先生從「心知」來說，心知既要上達，亦要下開：〔註19〕

　　1. 上達，是通過良知明覺（與物無對）以成就聖德。

　　2. 下開，是良知明覺自我坎陷轉而為知性（與物為對）以成就知識。

上達而成聖德，儒家有幾千年的傳統，此即由孔子的仁教而開顯的內聖成德之教。這個成德之教，早已成為中華民族文化生命中的常道，生活的原理和生命的途徑，都植根於此。

當代學者對孟學心性之研究，如唐君毅先生以孟子之即心言性者可統攝即生言性，而特別強調心之自發性，以心於物之直接感應與直接安悅處而顯者即為善，以此善之心為性者而言善性。徐復觀先生則以踐形為孟子性論之極致，其所重為儒學之外王者。牟宗三先生以「仁義內在，性由心顯」為之綱領綜括孟子之說，立以道德主體，進而據此道德主體之無限心為優先地位以言「道德的形上學」（Moral Metaphysics），直以吾人之心性釋天而具形上義，乃三位中對孟子心學研究最為豐碩者。唐、徐、牟三先生之論孟學心性，一致認為孟子對心性之詮釋可謂，不僅賴以安身立命，而且可以修己治人的價值系統。

就「心的質性」而言，必然要涉及心與性的關係。就「心的實踐」而言，則必須論德性工夫的問題。這兩層的問題幾乎涉及儒家全部心性之學，此處皆引而不發未作申述，乃採取綜括性的義理說明，現將唐牟徐三位先生對孟子之心學作一綜括性的結論：

　　1. 唐君毅先生認為孟子學本質上就是心學，而且特別強調心的自發性，

從思想史的立場來看，唐先生強調孟子之「即心言性」〔註20〕近於王陽明以「心即理」釋孟的立場。

2. 牟宗三先生是新儒家學者中對孟子心學闡釋貢獻最大的一位。牟先生對孟子學的詮釋較突出之處統括三點簡述：

（1）「天命之謂性」，以《中庸》、《易傳》爲代表，是「宇宙論的進路」；「仁義內在」，以孟子的即心說性爲代表，是「道德的進路」；此二者可以合而爲一。〔註21〕

（2）孟子學就是「心性之學」，此「心」即爲『道德主體性』。〔註22〕

（3）孟子思想中的「心」具有自我立法性，是一種既主觀而又客觀的「心即理」之心即是吾人之性。〔註23〕

3. 徐先生所持的孟子「性善」即是「心善」之論點與唐牟是一致的，但徐先生重內外一如、主客交融之角度，談孟子「踐行」之義。〔註24〕

唐君毅先生的解釋完全從心學立場出發，強調心之自興自發。換言之，唐先生與牟先生部分的思想，是作爲「在己」（thing in itself）的「心」如何自我完成的問題，而非「心」如何從「在己」的狀態走向「爲己」（thing for itself）的問題。〔註25〕

唐、徐、牟三人對孟子心性之學，各有獨見；然孟子心性之學的基本義理是一種自律道德，孟子運用其智慧，以對立逼顯的方法將人之所以成聖之道德主體明顯地分解出來，而孟子性善之論不僅樹立了道德的尊嚴與宏偉，置定了人生的目的；同時指出了人之踐德以成聖之超越依據。

二、孟子性善論之「性」的內涵

中國哲學的傳統中「性」字，大抵是指「人性」或「性者，生也。」告子順著傳統說：「食色，性也。」「生之謂性」（〈告子上〉）孟子突破此傳統，

〔註20〕唐君毅，《中國哲學原論・導論篇》（台北：學生，1986年），頁82。

〔註21〕牟宗三，《中國哲學的特質》（台北：學生，1965年），頁52。

〔註22〕牟宗三先生說：「中國儒家主宗爲孔孟，故此中國思想大傳統的中心落在主體性的重現，亦因此中國學術思想可大約的稱爲『心性之學』。此『心』代表『道德的主體性』。」

〔註23〕牟宗三，《圓善論》（台北：學生，1985年），頁31。

〔註24〕徐復觀，《中國思想史論集》（台北：學生，1975年），頁142～154。

〔註25〕黃俊傑，〈當代儒家對孟子學的解釋——以唐君毅、徐復觀、牟宗三爲中心〉《當代儒家對孟學的解釋》（台北：文津，1994年），頁119。

強調人的獨特性，即人所異於禽獸之處，並賦予「性」字一個嶄新的內涵。孟子對當時所流行的人性論有一段評語。

> 天下之言性也，則故而已矣。故者，以利爲本。所惡於智者，爲其鑿也。如智者若禹之行水也，則無惡於智矣。禹之行水也，行其所無事也，如智者亦行其所無事，則智亦大矣。天之高也，星辰之遠也，苟求其故，千歲之日至，可坐而致也。（〈離婁下〉）

朱熹與焦循咸認「天下之言性也，則故而已矣，故者以利爲本。」這段話，係孟子對於「性」之見解。

朱熹曰：「故天下之言性者，但言其故而理自明，猶所謂善言天者，必有驗於人也。」焦循曰：「言天下萬物之情性，當順其故則利之也。改戾其性，則失其利矣。若以杞柳爲桮棬，非杞柳之性也。」〔註26〕

當時「性論」紛歧，孟子此段文字，係不滿當時人論性之觀點，所下之批評，非孟子自申己見。從公都子與孟子的一段對話，可以證知。

> 公都子曰：『告子曰：性無善無不善也。或曰：性可以爲善，可以爲不善。是故文武興則民好善，幽厲興則民好暴。或曰：有性善，有性不善。是故以堯爲君而有象，以瞽瞍爲父而有舜，以紂爲兄之子，則以爲君，而有微子啓、王子比干。今曰性善，然則彼皆非與？』
>
> 孟子曰：『乃若其情，則可以爲善矣；乃所謂善也。若夫爲不善，非才之罪也。』

因爲當時流行之人性學說，都不同於孟子的性善說，所以公都子才對孟子說：「今曰性善，然則彼皆非與？」

由上引二段文字，可斷定孟子對當時之人性學說，頗不苟同。「則故而已矣」之「故」與「苟求其故」之「故」，並不然要作同義解釋。前者可解作「習」（同於朱註：故者其已然之跡）後者應解作「本」。〔註27〕又「故者以利爲本」的「利」，可以視爲孟子義利對舉的利。孟子這段文字的原意：是說天下討論人性，都是隨各人一己之習慣，以利或方便（利，亦可作順，順，方便也。）爲依循；故產生許多分歧之人性論。接下來孟子又說：「所惡於智者，爲其鑿也。」「智」並非不可用，但應避免「以智鑿本」之誤。又說：「如智者若禹之行水也，則無惡於智矣。」意謂禹之治水，係順著水

〔註26〕焦循，《孟子正義》，卷八。

〔註27〕參見徐復觀，《中國人性論史‧先秦篇》（台北：商務，1994年），頁169。

之本性疏導之，非徒以個人利益或方便，不務水性去治水。至此，孟子此段原意應可理解，末句說：「苟求其故，千歲之日至，可坐而致也。」意在強調「務本」之重要。

孟子既然批評當時人討論人性不務本，則自己必從根本處來立說。〈離婁上〉曰：「人之所以異於禽獸者，幾希。庶民去之，君子存之。舜明乎庶物，察於人倫，由仁義行，非行仁義也。」孟子考察人之所以為人之根本處在「幾希」，此即人與禽獸之分辨。禽獸全憑感覺、慾望的生物本能以營生，而人除了有感覺與慾望的本能，更有仁義理智之心。心之四端視人之所以為人的根本，人能保持此心的善端則可成其為人，不能保持之，則離禽獸不遠。由此可知孟子性善論之「性」的內涵，主要是指仁義理智四端而言。所謂「君子所性，仁義禮智根於心。」（〈盡心上〉）「仁，人心也；義，人路也。」（〈告子上〉）「仁義禮智，非外由鑠我也，我固有之也。」（〈告子上〉）

孟子論性之內涵，則重在仁義禮智四端，其意義深遠。人只要存養四端之心，不使其放失，則可以超越於「生之謂性」、「食色，性也」的動物層次之上。若能將此四端，擴而充之，由「己欲立而立人，己欲達而達人。」（〈論語・雍也〉）則可以成己成物，上達於聖賢。「堯舜與人同耳。」（〈離婁下〉）「人皆可以為堯舜。」（〈告子下〉）由於人人皆可成為堯舜，故興起人向上奮發成賢成聖的志向。

孟子性善之內涵為仁義禮智四端，此點較無爭論。所以不能定論者，孟子是否以感官欲望為「性」？孟子嘗謂「體有貴賤、有大小。」、「先立乎其大者，則其小者不能奪也。（〈告子上〉）又謂：「形色，天性也。惟聖人然後可以踐形。」（〈盡心上〉）據此觀之，若認為孟子不以感官欲望為性分，又似乎不合情理。孟子有一段關於「性分」關係的文字，頗值得注意。

> 口之於味也，目之於色也，耳之於聲也。四肢之於安佚也，性也。
> 有命焉；君子不謂性也。仁之於父子也，義之於君臣也，禮之於賓
> 主也，智之於賢者也，聖人之於天道也，命也。有性焉；君子不謂
> 命也。（〈盡心下〉）

這段文字可歸納成為兩個值得爭論的要點。

（一）口、目、耳、鼻、四肢感官究竟是性？抑或是命？

（二）仁、義、禮、智、天道，究竟是命？抑或是性？

孟子說口耳等感官欲望是性，係就人之由天所受、生而本有的這一觀點

來立說的。說口耳等感官欲望是命，係就感官所欲的對象在外，不能必得滿足，而有所限制來立說的。所謂「求之有道，得之有命，是求無益於得也，求在外者也。」（〈盡心上〉）

這點朱熹見解深刻，其引程子之言曰：「五者之欲，性也，然有分，不能皆如期願，則是命也，不可謂我性之所有，而求必得之也。」又曰：「愚按不能皆如願，不止爲貧賤，蓋雖富貴之極，亦有品節限制，則是亦有命也。」孟子說仁義禮智天道是命，係指出仁義等雖是人之所以爲人之性分，但是就道德實踐而言，往往受到限制，不能盡性。如孔子與孟子皆聖人而不得行其志者。說仁義等是性，係就君子當不屈服命限，而奮力去盡性而說的。即「求則得之，舍則失之，是求有益於得也，求在我者也。」（〈盡心上〉）趙岐對孟子這段話，闡釋的極爲貼切。

> 仁者得以恩愛施於君臣，好禮者的以禮敬施於賓主，知者得以明智知賢達善，聖人得以王道於天下，此皆命祿遭遇，乃得居而行之，不遇者不得施行，然亦才性有之，故可用也，凡人則歸之命祿在天而已，不復治性，以君子之道，則修仁行義，修理學知，庶幾聖人，矗矗不倦，不但坐而聽命，故曰君子不謂命也。〔註28〕

孟子認爲耳目等感官與仁義等心之官，皆有其限制，且兩者都是人所受之於天，生而有之者，故皆是「命」亦皆是「性」，所不同者，尙仁義禮智者，爲大人爲君子，追求口耳等感官欲望者爲小人近禽獸。孟子將感官欲望說其爲命，將仁義等心之官說其爲性，理由在此。〔註29〕苟感官欲望有所節制，則反能輔人近仁義禮智之性。

> 人之於身也，兼所愛，兼所愛則兼所養也。無尺寸之膚不愛焉，則無尺寸之膚不養也。所以考其善不善者，起有他哉？於己取之而已矣。體有貴賤，有小大，無以小害大，無以賤害貴……飲食之人無有失也，則口腹啓適爲尺寸之膚哉？（〈告子上〉）

〔註28〕 參見《孟子趙注》，卷四。

〔註29〕 《孟子》書中的「性」和「命」是兩個義相近似，但價値截然不同的概念：「命」是著重在天所賦與的意思，「性」則是重在天生固有的意思；就此而言，類似口目耳鼻及四肢的本能欲望，和惻隱、羞惡、辭讓、是非等四種高貴的心理作用，都可以既是命又是性。然而從價值的角度來看，「性」是指異於禽獸的高貴品質，而與「命」完全不同。參見陳大齊，《孟子待解錄》（台北：商務，1991 年），頁 16～17。

　　　飢者甘食，渴者甘飲，是未得飲食之正也，飢渴害之也。豈惟口腹
　　　有飢渴之害，人心亦皆有害，人能無以飢渴之害為心害，則不及人，
　　　不為憂矣。(〈盡心上〉)

「無以飢渴之害為心害」則「飲食之人無有失也」。孟子這些話皆在說明：感
官欲望不可無度，而致使心之官失卻主宰的地位，適度的感官欲望是人生所
必需的，亦是性分中的事。對於身與心之調適，孟子提出以大體馭小體的主
張，「先立乎其大者，則其小者不能奪也。」胡適先生不同意孟子此一主張，
他有以下的批評：

　　　其實這種議論，大有流弊。人的心思並不是獨立於耳目五官之外的。
　　　耳目五官不靈的，還有什麼心思可說？中國古來的讀書人的大病
　　　根，正在專用記憶力，卻不管別的官能。到後來只變成一般四肢不
　　　靈，五官不靈的廢物。〔註30〕

胡適先生這番話，顯係一種誤解。孟子並不主張壓抑感官欲望，感官欲望亦
是性分之事。孟子嘗以心官、感官並舉，又以感官之欲推知心官之欲。

　　　人之有是四端也，猶其有四體也。(〈公孫丑上〉)

　　　體有貴賤，有小大。(〈告子上〉)

　　　從其大體為大人，從其小體為小人。(〈告子上〉)

　　　口之於味也，有同耆焉。耳之於聲也，有同聽焉。……至於心，
　　　獨無所同然乎？……故理義之悅我心，猶芻豢之悅我口。(〈告子
　　　上〉)

孟子並舉仁義等心之官與耳目等感官，並同稱之為體。又從感官之耆欲推而
之心官之所欲理義。是明喻此二者皆性也。惟主張先立乎大體，不以感官迷
亂心之官而已。

　　總之，孟子「性善論」中的「性」，指的不只是順著老傳統說感官欲望之
性(如〈盡心上〉云：「形色，天性也。」)，而同時又是道德的基礎，道德的
根源所在；甚至「它不只是一個給出道德法則的機能，它自己同時是一種動
力，驅使或命令我們去做道德行動。」〔註31〕

〔註30〕參見胡適，《中國古代哲學史》(台北：台灣商務，1986 年)，頁 261。
〔註31〕參見李瑞全，〈孟子哲學中「性」一詞的意義分析〉《當代新儒學之哲學開拓》
　　　(台北：文津，1993 年)，頁 153。文中更進一步指出，在孟子來說，人性永
　　　遠不會對道德行動變得無能為力，它自身就是一個活動原理(activeprinciple)

三、孟子性善論的意義

孟子道性善以「人禽之辨」為起點，旨在辨明人與禽獸所異者在幾希，由幾希而見人有仁義之性。孟子性善論證，是一種義理的論證，人只要透過反思，「反求諸己」當下便能體悟心之善端。由於善性本具於人心，「仁義禮智，非由外鑠我也。」人人同具善性，「惻隱之心，人皆有之，善惡之心，人皆有之，辭讓之心，人皆有之，是非之心，人皆有之。」聖人不過「先得我心之所同然耳」，人只要存養善論，並擴而充之，亦可以為聖人賢人，「舜何人也，予何人也，有為者亦若是。」故孟子性善論給予人無窮的希望，增加成聖成賢可能性。現在從以下三點探討性善論的意義：

（一）人禽之辨——由幾希見心性

孟子說：「人之所以異於禽獸者，幾希，庶民去之，君子存之。舜民於庶物，察於人倫，由仁義行，非行仁義也。」（〈離婁上〉）

人與禽獸之別，惟在幾希的仁義而已，此幾希的善端若不操持隨即散失，「孔子曰：『操則存，舍則亡，出入無時，莫知其鄉。』惟心之謂與！」（〈告子上〉）舜能操持此幾希的仁義，故雖處在山野與禽獸為伍，一旦觸及善言、善行，則仁心發動，有如江河之決，水勢浩浩蕩蕩，沛然莫之能禦。孟子說：「舜之居深山之中，與木石居，與鹿豕遊，其所以異於深山之野人者，幾希，及其聞一善言，見一善行，若決江河，沛然莫之能禦也。」（〈盡心上〉）

告子與荀子皆不從仁義之心論人性。告子曰：「食色，性也。」荀子說：「今人之性，饑而欲飽，寒而欲煖，勞而欲休，此人之情性也。」（〈荀子・性惡〉）吾人若從告子、荀子之言，則必視人同於禽獸。要之，人與禽獸差別，極其微小，朱熹注曰：「幾希，少也。」然而，人之所以成其為人者，卻恰恰落在者幾希的仁義上。孟子洞察精微，特從這人所獨有的幾希處看人性。君子能存養、擴充此幾希的善端，終可成聖成賢。眾人往往放失本心，不能存養，以致淪為禽獸。然而這人與禽獸的幾希仁義，並不會長此泯滅，一旦有其時機，必顯露無遺。例如「象日以殺舜為事」屢不得逞，及其見舜，面上終現出慚色。「象往入舜官，舜在床琴，象曰：『鬱陶思君爾！』忸怩。」（〈萬章上〉）人雖無受禮教，善端亦不泯，孟子嘗舉上世古人為證。「蓋上世常有不葬其親者，其親死，則舉而委之於壑，他日過之，狐狸食之，蠅蚋姑嘬之，其顙有泚，睨而不視，夫泚也，非為人泚，中心達於面目。」（〈滕文公上〉）

　　孟子特從人與禽獸之辨以見人性之善，其意義在曉喻人，當心存仁義而爲人，否則淪爲禽獸。猶如孔子所言：「道二，仁與不仁而已矣！」（〈離婁上〉）孔子之意，惟要人嚴判「仁」與「不仁」乃是人與禽獸分際。此點唐君毅先生說得極爲透徹。他說：

> 識得此幾希，則人只有或仁而爲聖賢，或不仁而爲禽獸，人道只有二，『仁與不仁而已矣』；爲人之道亦只有二，求爲聖賢或爲禽獸而已矣，人果爲禽獸則亦已矣，如其眞不爲禽獸，則又不只爲一般人而已，亦必將爲聖賢之人而後止。〔註32〕

孔孟皆明白示人，得仁義之心的簡易之方，惟在「反求諸己」而已。孔子曰：「爲仁由己，而由人乎哉！」（《論語・顏淵》）又曰：「仁遠乎哉？我欲仁，斯仁至矣！」（《論語・述而》）孟子亦曰：「仁義禮智，非由外鑠我也。」（〈告子上〉）「由仁義行，非行仁義也。」（〈離婁下〉）

（二）即心以言性──由心善證立性善

　　孔子從心「不安」處來陳仁，孟子從心「不忍」處來說仁，其意義是相同的。孔子說「安心」，孟子說「不忍人之心」，其意義皆指「心」的自然呈現，亦即心的一種直覺。梁漱溟先生說：「這個『仁』就完全要在那『安』字上求之……仁就是本能、情感、直覺。」〔註33〕

　　宰我欲改三年之喪，孔子以心之安否，作爲裁定。「宰我問！『三年之喪期已久矣！君子三年不爲禮，禮必壞，三年不爲樂，樂必崩。舊穀既沒，新穀既升，鑽燧改火，期可已矣！』子曰：『食夫稻，衣夫錦，於女安乎？』曰：『安。』『女安則爲之！』」（《論語・陽貨》）

　　孔子所謂心之「安」，蓋指心安於仁，即「仁者安仁」（《論語・里仁》）之謂。

　　孟子從人心之「不忍」處說仁。孟子曰：

> 人皆有不忍人之心。先王有不忍人之心，斯有不忍人之政矣。以不忍人之心，行不忍人之政，治天下可運之掌上。所以謂人皆有不忍人之心者。今人乍見孺子將入於井，皆有怵惕惻隱之心，非所以內交於孺子之父母也，非所以要譽於鄉黨朋友也，非惡其聲而然也，由是觀之，無惻隱之心，非人也，無羞惡之心，非人也，無辭讓之

〔註32〕參見唐君毅，《中國哲學原論・原道篇》（台北：新亞，1968年），頁219。
〔註33〕參見梁漱溟，《東西文化及其哲學》（台北：台灣商務，2002年），頁126～128。

> 心，非人也，無是非之心，非人也，惻隱之心，仁之端也，羞惡之
> 心，義之端也，辭讓之心，禮之端也，是非之心，智之端也。(〈公
> 孫丑上〉)

「乍見孺子將入於井」之當下，人皆自然流露出怵惕惻隱之心。「乍見」二字，是表示當人見到孺子將入於井之刹那，毫無遲疑，惻隱之心油然而生。在此「乍見」之際，並未想及「內交於孺子之父母」或「要譽」或「惡其聲」。「由是觀之」係指由怵惕惻隱之心，推而之人有羞惡之心，辭讓之心、是非之心。朱熹指出：「人之所以為心，不外乎是四者，故因論惻隱而悉數之，言人若無此，則不得謂之人。」

「心」在不受外界干擾的情況下，是可以完全獨立自主的，所以是「純善」的。孟子常以「本心」或「赤子之心」表示之。孟子曰：

> 萬鍾則不辨禮義而受之。萬鍾於我何加焉？為宮室之美，妻妾之奉，
> 所識窮乏者得我與？鄉為身死而不受，今為宮室之美為之，鄉為身
> 死而不受，今為妻妾之奉為之，鄉為身死而不受，今為所識窮乏者
> 得我而為之，是亦不可以已乎？此之謂失其本心。(〈告子上〉)

> 大人者，不失其赤子之心者也。(〈離婁下〉)

孟子謂「乍見孺子將入於井」，人皆有不顧及其他、衝動地欲往而救之之心。這時刻的心，就是心未受外界干擾，完全獨立自主的狀態，是主體的全然顯現，是純善的。但是心的這種完全自主的機會並不多見，只有在十萬火急的刹那始有之。一般而言，心之善端一發動，外界的干擾往往隨後而至，是以孟子謂之心善之端而已。因此孟子特要人在心之存養與擴充上下工夫。

從以上的論證，可知孟子所謂性善其實即是心善。性之善由心之善端 (惻隱之心) 之露顯而得證。另外，孟子嘗由「親親敬長」，而說人有善性。孟子曰：「人之所不學而能者，其良能也；所不慮而知者，其良知也。孩提之童，無不之愛其親者；及其長也，無不知敬其兄也。親親，仁也；敬長，義也。無他，達之天下也。」(〈盡心上〉)

孟子認孩提之童不假思慮，自然地親愛父母；及其長大後，不經學習，亦能尊敬兄長。故由親親而見仁，由敬長而見義，此乃人皆有之，人皆能之，通達天下之至理。朱熹對此段文字有一精闢之見解。他說：「親親敬長，雖一人之私，然達之天下無不同者，所以為仁義也。」又引程子言：「良知良能，皆無所由，乃出於天，不繫於人。」

親親之表現為仁，敬長之表現為義，所以說「仁之實，事親是也；義之實，從兄是也。」（〈離婁上〉）此乃人天性之使然。誠若趙歧注云：「不學而能，性所自能。」焦循直認為親親敬長為性善之表現。他說：「孩提之童，無不之愛其親，則仁可達矣。及其長也，無不知敬其兄，則亦可達矣。有此親親敬長之心者，性善也。」〔註34〕親親敬長係內在仁義之外顯，故不待學習、思慮，通達天下人人皆知皆能，是以孟子名之曰「良知良能」，人性之善，經由此亦得已證實。

（三）善性本具——人人皆可成聖賢

孟子說：「惻隱之心，人皆有之。羞惡之心，人皆有之。恭敬之心，人皆有之。是非之心，人皆有之。」（〈告子上〉）又說：「無惻隱之心，非人也；無羞惡之心，非人也；無辭讓之心，非人也：無是非之心，非人也。」（〈公孫丑上〉）

惻隱、羞惡、辭讓、是非之心，人皆有之，無此則人不能成其為人。由此而知，善的根苗，已然深植於人心之中。所以說「仁義禮智，非由外鑠我也，我固有之也。」若就仁義禮智之善端而言，人皆是相同的，是以聖人亦與人同。孟子說：

> 聖人與我同類者……心之所同然者何也？謂理也、義也。（〈告子上〉）
> 聖人之於民亦類也。（〈公孫丑上〉）
> 堯舜與人同耳。（〈離婁下〉）

聖人之異於常人者，在善於存養並擴充其原有之善端，使心善之端成長與壯碩。所以說「凡有四端於我者，知皆擴而充之矣；若火之始然，泉之始達。苟能充之，足以保四海。」（〈公孫丑上〉）

由此觀之，聖人不過是「先得我心之所同然耳。」（〈告子上〉）只要人人能立志向上，必有一番作為。所謂「待文王而後興者，凡民也，若夫豪傑之士，雖無文王猶興。」（〈盡心上〉）孟子更明確的指出「舜何人也，予何人也，有為者亦若是。」（〈滕文公上〉）凡人只要能把持此心之善端，善加培養並擴而充之，則人人皆可為聖賢。

〔註34〕參見焦循，《孟子正義》，卷八。

第四章　孟子民本思想之客觀實踐

　　唐朝魏徵諫太宗《十思疏》有云：「求木之長者，必固其根本，欲流之遠者，必浚其泉源，思國之安者，必積其德義」。上文論述孟子的民本思想的理論基礎在性善之說。魏徵為唐代貞觀之治的名臣，其立論與孟子相契，堪為孟子知音。惜戰國時代，人心陷於功利，沉於物欲，當時君王皆重利輕義，而不知反本（德性），幸有孟子凜於天降之大任，提出仁心與仁政的民本思想，企圖挽救人心，濟世救國，當時雖未見用，然孟子民本思想不只停留在理論層級，在客觀的實踐上亦有足堪取材之處。雖然在第二章時已將孟子民本思想之涵義，「民為邦本、民貴君輕、尊重民意、順應民心、愛民保民、注重民生、革命理論」等觀念，加以論述，其中幾乎涵蓋政治、經濟、教育、軍事四方面，但為再次強調孟子民本思想之客觀實踐性，重覆部份不再贅言，現仍將其在政治、經濟、教育、軍事之建言與可行性，逐一討論。

第一節　孟子民本思想之政治

　　孟子之民本思想，為後代學者常相討論，即其人禽之辨、義利之辨、王霸之辨。而人禽之辨重點在心性之探討；此點在第三章已略加討論。而心性之學重點在性善說，所謂不忍人之心。有不忍人之心才有不忍人之政、嚴辨義利、尊王黜霸等政治思想的產生，以下依序，逐一說明。

一、不忍人之政

　　孟子在政治思想上所謂的不忍人之政，即是仁政。而仁政的依據，則是

他的性善說。孟子以為善性乃人人所固有，與生俱來。為政者本此仁心善性，實行仁政，自然政通人和。人民本此善性，承受王道（仁政）之化，自然恪守本分，循規蹈矩，社會自然充滿祥和。

孟子主「仁內」之說，特重心性修養之實踐工夫，但不以此為終極目標，希望能達到「老吾老以及人之老，幼吾幼以及人之幼」（〈梁惠王上〉）的理想，盼天下之人，都能各得其所，皆有所養。

孔子言仁，論政主德治。如謂「為政以德，譬如北辰，居其所而眾星共之。」、「道之以德，齊之以禮，有恥且格。」（〈論語・為政〉）然仁政之提出，乃由孟子首開其端。孟子云：「人皆有不忍人之心。先王有不忍人之心，斯有不忍人之政矣。以不忍人之心，行不忍人之政，治天下可運之掌上。」（〈公孫丑上〉）康有為深得孟子之本旨，以「體」、「用」釋仁心、仁性之相關性。他說：「不忍人之心，仁心也。不忍人之政，仁政也。雖有內外體用之殊，其為道則一，亦曰仁而已矣。」〔註1〕

不忍人之心，即怵惕惻隱之心，均是仁心。仁心亦即虛靈不昧具眾理的本心本性。〔註2〕仁乃本心本心所具眾理中最重要之一理。本心具眾理，備萬德，隨機而顯，說法多端，而其體則一。孟子依此而說不忍人之政。其方法甚易，惟在人心之「善推」而已。所謂「《詩》云：『刑于寡妻，至于兄弟，以御于家邦。』言舉斯心，加諸彼而已！故推恩足以保四海；不推恩無以保妻子。古之人所以大過人者，無他焉，善推其所為而已矣。」（〈梁惠王上〉）

不忍人之心，向外推移而成不忍人之政；並能化育萬物，成器成材。康有為對此有一精闢之見解。他說：

> 不忍人之心，仁也、電也、以太也，人人皆有之，故曰人皆性善。
> 既有不忍人之心，發之於外，即為不忍人之政。若此人無此不忍人
> 之心，聖人亦無此種。即無從生一切仁政。故知一切仁政皆從不忍
> 人之心生，為萬化之海，為一切根，為一切源，一核而成參天之樹，
> 一滴而成大海之水。〔註3〕

〔註1〕參見康有為，《孟子微》（台北：台灣商務，1987年），卷一，頁3。

〔註2〕朱子註《大學・明德》之語，談人心的本性，原是「虛靈不昧，以具眾理而應萬事者」。若人之心性為純為至善的本體，天真無惡。此至善之本體，為眾理之源頭，故天下之理，原其所自，未有不善。聖人將此本善之理，導向政治，發諸德業，則政治即為仁政。

〔註3〕參見康有為，《孟子微》（台北：台灣商務，1987年），卷一，頁2。

另孟子所謂不忍人之政，實即「先王之道」，亦即堯舜禹湯文武之道而言。孟子舉堯舜爲人倫之至，能平治天下，安撫百姓，皆因實行仁政。孟子曰：

> 離婁之明，公輸子之巧，不以規矩，不能成方員。師曠之聰，不以
> 六律，不能正五音。堯舜之道，不以仁政，不能平天下。今有仁心
> 仁聞，而民不被其澤，不可法後世者，不行先王之道也。故曰：『徒
> 善不足以爲政，徒法不能以自行。』詩云：『不愆不忘，率由舊章。』
> 遵先王之法而過者，未之有也。（〈離婁上〉）

如上文所引，若有仁心仁聞，而民不被其澤者，其故在不法先王之竭盡心思，推仁心以行不忍人之政。

綜而言之，孟子一生論述，以道性善、稱堯舜爲主。康有爲更進一步申論說：

> 孟子傳孔子之道，故師慕堯舜文王，一切議論，舉以爲稱。而孟子
> 尤注意於平世，故尤以稱法堯舜爲主。人人皆性善，人人皆與堯舜
> 同，人人皆可爲太平大同之道，不必讓與人，自諉其實任也。故以
> 爲有責其上者直法堯舜；次者斟酌時勢，亦可法文王。世雖有三，
> 道似不同，然審時勢之並行不悖，故其導只有一。一者仁也。無論
> 亂世平世，只歸於仁而已。此孟子之第一義。」〔註4〕

可見發揚善性，行堯舜之道，即可至太平大同之也，說明性善乃民本思想之理論基礎，更是治理國家，安定民心的重要依據。

孟子提倡不忍人之政，一切以民爲本，一心以蒼生爲念。故特別重視養民、保民諸事，對於重利之說、霸道行徑無不一一加以批判反擊。

二、義利之辨

孟子明辨義利，應有內、外之緣由。所謂內者，乃基於其心性論，提倡仁義，以斥責「利」。所謂外者，乃因當時邪說異端充斥，不得不起而分辨之。

孟子在政治方面，力倡以仁義爲原則。係其心性論（仁義善端）的存養與擴充。孟子嚴斥「利」，係警惕人勿縱耳目之官，而沉溺心之善端，淪爲禽獸般之爭鬥。蓋若利欲充塞仁義，表露於外的，無非貪求無厭，故禍必隨之

〔註4〕參見康有爲，〈總論第一〉《孟子微》（台北：台灣商務，1987年），卷一，頁
　　　1～2。

而至。例如孟子見齊宣王，問他說：「王之所大欲，可得而聞與？」（〈梁惠王上〉）王笑而不言。孟子終說出其所欲在「辟土地，朝秦楚，莅中國，而撫四夷也。」要之，此出之於耆欲得爭利行為，其後果不止於緣木求魚，所求不得而已。是以孟子告誡宣王曰：「緣木求魚，雖不得魚，無後災，以若所為，求若所欲，盡心力而為之，後必有災。」又曰：「海內之地，方千里者九，齊集有其一。以一服八，何以異於鄒敵楚哉？」（〈梁惠王上〉）孟子另一個明辨義利之外在緣由，所謂的邪說異端，主要對象係指楊朱、墨翟而言。

「聖王不作，諸侯放恣，處士橫議。楊朱墨翟之言盈天下，天下之言，不歸楊則歸墨。」（〈滕文公下〉）

孟子所以斥責楊、墨者，其故在「楊墨之道不息，孔子之道不著，是邪說誣民，充塞仁義也。仁義充塞，則率獸食人，人將相食，吾為此懼。」、「邪說者，不得作。作於其心，害於其事，作於其事，害於其政。」（〈滕文公下〉）

楊朱、墨翟之思想為何？孟子、墨子、列子書中皆有所論及。

楊子取為我，拔一毛而利天下不為也，墨子兼愛，摩頂放踵，利天下，為之。（〈盡心上〉）

墨子言曰，仁人之所以為事者，必興天下之利……利人者人亦從而利之……欲天下之治，而惡其亂，當兼相愛交相利，此聖王之法，天下之治道也。（《墨子・兼愛中》）

眾利之所自生，此胡自生，此自惡人賊人生與？即必曰非然也，必曰從愛人利人生。分明呼天下愛人而利人者，別與兼與？即必曰兼也。然即之交兼者，果生天下之大利者與。（《墨子・兼愛下》）

古之人，損一毫利天下，不與也，悉天下奉一身，不取也。人人不損一毫，人人不利天下，天下治矣。（《列子・楊朱》）

綜上所引，可知墨翟、楊朱皆以「利」為學說之核心。楊朱絕對個人主義的「為我」思想，固不可取。墨子之絕對「利他」思想，亦超乎常人所能為。是以莊子評曰：「其生也勤、其死也薄、其道大觳。使人憂，使人悲，其行難為也。恐其不可以為聖人之道。反天下之心，天下不堪。墨子雖獨能任，奈天下何？」（《莊子・天下》）

由此以觀，楊、墨言「利」之說，皆一偏之見。且以「利」為說，終至利欲充塞仁義之心。苟仁義充塞不彰，則爭鬥叢生，爭鬥叢生，則人倫喪盡。

對此太史公嘗嘆曰：「嗟乎，利誠亂之始也！夫子罕言利者，常防其原也。故曰「放於利而行，多怨」。自天子至於庶人好利之弊何以異哉！」(《史記‧孟荀列傳》)

孟子之時，為「天下方務於合從連衡，以攻伐為賢」(《史記‧孟荀列傳》)之局勢，各諸侯無不志在攻城掠地，以求廣土眾民。從梁惠王之問「何以利吾國」、宋牼以不利為號，勸秦楚罷兵這兩件事，可以窺得其時重「利」之說，已瀰漫人心。故孟子義利之辨，絕非無的放矢，良有以也。

孟子見梁惠王。梁惠王開口便問：「叟！不遠千里而來，亦將有以利吾國乎？」梁惠王急於問利國之道，乃世局所趨，不足怪也。孟子之回覆採迂迴說法，其旨在辨明好利之弊。「王何必曰利？亦有仁義而已以！王曰何以利吾國，大夫曰何以利吾家，士庶人曰何以利吾身；上下交征利，而國危矣！萬乘之國，弒其君者，必千乘之家；千乘之國，弒其君者，必百乘之家，萬取千焉，不為不多矣！苟為後義而先利，不奪不饜。」(〈梁惠王上〉)從萬中而取其千，從千中而取其百，雖然為數不少，然而「放於利而行，多怨。」(《論語‧里仁》)固不易滿足，終至有「上下交征利」「不奪不饜」「臣弒其君者有之，子弒其父者有之」之悲慘結局。最後孟子向梁惠王提出「仁義」以為治國之方。「未有仁而遺其親者也，未有義而後其君者也！王亦曰仁義而已矣，何必曰利？」要之，「親親，仁也，敬長，義也。」(〈盡心上〉)君王苟尚仁義，則「人人親其親，長其長，而天下平。」(〈離婁上〉)由此觀之，治國平天下在以仁義為本，不在言利。

宋牼聞秦國楚國將交兵，而欲說秦楚二王罷兵。孟子見之而問曰：「軻也，請無問其詳，願聞其指。說之將何如？」宋牼答之曰：「我將言其不利也。」孟子聽了之後，贊許他志向宏大，然不同意他所持以遊說之理由。「秦楚之王悅於利以罷三軍之帥，是三軍之士，樂罷而悅於利也。為人臣者，懷利以事其君，為人子者，懷利以事其父，為人弟者，懷利以事其兄，是君臣、父子、兄弟，終去仁義懷利以相接，然而不亡者，未之有也。」(〈告子下〉)以利為說，雖可解秦楚一時之兵禍，卻因而埋下重大禍根。苟人人皆悅於利，懷利以相接，則仁義將為之充塞。君臣、父子、兄弟之人倫關係，終在人人競逐於利的情況下而大壞。苟倫常不得以存，則人與禽獸又有何異哉？苟人皆同於禽獸，無不爭亂四起，則國焉得以存？是以孟子建議宋牼棄利而易之以仁義為說。仁義乃息爭止亂的根本之道，故曰：「秦楚之王，悅於仁義而罷三軍

之帥，是三軍之士樂罷而悅仁義也。爲人臣者，懷仁義以事其君，爲人子者，懷仁義以是其父，爲人弟者，懷仁義以事其兄，是君臣、父子、兄弟，去利懷仁義以相接也。然而不王者，未之有也。何必曰利。」（〈告子下〉）

由此以觀，義與利，一則出之本心，一則出之欲望。孟子對此洞察深明，辨之甚嚴。曰：「我亦欲正人心，息邪說，具詖行，放淫辭，以承三聖者（禹、周公、孔子）。豈好辯哉，予不得已也！能言距楊墨者，聖人之徒也。」（〈滕文公上〉）

三、王霸之辨

王道之原始精神乃源於天地人一體之精神，人秉天地之氣以生，王者爲人之極至，於道德事功皆臻化境。所以王者上可通於天地，甚而頂天立地，與天地並立爲三，易文言所謂「大人者與天地合其德，與日月合其明，與四時合其序，與鬼神合其吉凶」；於人倫之際必以德化民，化民成俗，從內在自我修德養性以感化人民，使人民內心感動而自動自願受其領導。所謂「天子作民父母，以爲天下王」（《尚書‧洪範》），因此王者即是倫理，即是道德，即是政治，所以王者必兼聖，聖王一體。

三代以前，堯、舜、禹、湯、文王的治國政績皆是儒家所讚美的聖王境界，但三代以後，尤其是戰國時代，局勢混亂，人性價值迷失，諸侯交相爭利；孟子不忍生民塗炭，挺身而出，奔走各國，奉勸諸侯行王道，以仁政治國，並以「德」與「力」作爲王道與霸政的分殊點。如其謂：

> 以力假仁者霸，霸必有大國，以德行仁者王，王不待大。湯以七十里，文王以百里。以力服人者，非心服也，力不贍也。以德服人者，中心悅而誠服也，如七十子之服孔子也。（〈公孫丑上〉）

王道以德化民，民受其感化，無不中心悅以誠服。霸政假仁之名，實則以利迫人，人之服非眞心服，力不足以反而已。所謂霸者必以大國，而王者不待大，其道理在此。生活於兩不相同的政治之下，其民風亦顯出格外之不同。如其謂：「霸者之民，驩虞如也，王者之民，皞皞如也。」（〈盡心上〉）趙歧對孟子這句話加以闡釋曰：「霸者行善恤民，恩澤暴見易知，故民驩虞樂之也。王者到大法天浩浩，而得難見也。」〔註5〕

〔註5〕《孟子‧趙注》，卷十三。

　　由此而知，王者化民以德，不易見其功，故民之受其德澤感召，潛移默化而不自知。是以「殺之而不怨，利之而不庸，民日遷善，而不知爲之者。」（〈盡心上〉）孟子有感於三代以後，霸道之風日盛一日，故斥責曰：「五霸者，三王之罪人也，今之諸侯，五霸之罪人也……今之大夫，今之諸侯之罪人也。」（〈告子下〉）

　　對此，孟子進一步說明道：「（三代）天子討而不伐，諸侯伐而不討。五霸者，摟之諸侯以伐諸侯者也……長君之惡其罪小，逢君之惡其罪大。」（〈告子下〉）

　　基於此，當齊宣王問及齊桓晉文之霸業時，當下即告以：「仲尼之徒，無道恒文之事，是以後世無傳焉。臣未之聞也。無以，則王乎？」（〈梁惠王上〉）又當景子詢其不受齊宣王之召之原故時，答之曰：「故將大有爲之君，必有所不召之臣……管仲且猶不可召，而況不爲管仲者乎？（〈公孫丑下〉）

　　考諸孔子並未有斥霸之言論，是以孟子所謂「仲尼之徒，無道桓文之事」未必屬實。甚且孔子對齊桓公與管仲之霸業，讚許有加。孔子對此所以有不同之觀點，惟從歷史背景求之。孔子處春秋之世，其時周室雖衰，然猶有復興之望。故孔子之政論，旨在撥亂而反正，以期有一個「天下有道，則禮樂征伐自天子出」（《論語‧季氏》）之政治一統的局面出現。如其謂：「周監於二代，郁郁乎文哉，吾從周。」（《論語‧八佾》）齊景公問爲政，告之以：「君臣、臣臣、父父、子子。」（《論語‧顏淵》）正緣此故，孔子雖曾批管仲曰：「管仲之器小哉！」「管氏有三歸，管事不攝，焉得儉！」「管氏而知禮，孰不知禮！」（《論語‧八佾》）然而對於桓公、管仲之霸業，卻倍加贊許。如其謂：「管仲相桓公，霸諸侯，一匡天下，民到于今受其賜。微管仲，吾其被髮左衽矣！」、「桓公九合諸侯，不以兵車，管仲之力也。如其仁！如其仁！」（《論語‧憲問》）

　　孟子之嚴斥霸政，標舉「保民而王，莫之能禦」之口號，乃有事實爲據，非無的放矢。太史公指出：「當是之時，秦用商君，富國強兵，楚、魏用吳起，戰勝弱敵，齊威王、宣王用孫子、田忌之徒，而諸侯東面朝齊。天下方務於合從連衡，以攻伐爲賢。」（《史記‧荀卿列傳》）霸政惟以富國強兵爲目的，視百姓爲工具。商君說：

　　　　聖人之爲國也，壹賞壹刑壹教。壹賞則兵無敵，壹刑則令行。壹教
　　　　則下聽上。……固知、愚、貴、賤、勇、怯、賢、不肖皆爲其胸臆
　　　　之知，竭其股肱之力，出死而爲上用也，天下豪傑賢良從之如流水。

> 是故兵無敵而令行於天下」〔註6〕

霸政者以役民、強戰、開疆、拓土爲務。孟子嚴斥這類「爭地以戰，殺人盈也，爭城以戰，殺人盈城」的黷武者，是「率土地而食人肉」其「罪不於死」故建議以極刑處置之。「善戰者服上刑，連諸侯者次之，辟草萊，任土地者次之。」（〈離婁上〉）

綜上所述，王則是事功展現的最高境界。而王的最完美典範通常都兼聖，聖是內在道德修養之最高境界，孟子云：「充實之謂美，充實而有光輝之謂大，大而化之之謂聖」（〈盡心下〉），德行美大而能化，以臻人格修養之極至。王道思想就是希望統治者能經由「誠意、正心、修身、齊家、治國、平天下」的工夫，將內在的修身養性推及於治國天下的外在政治行爲，甚至將政治行爲道德化，讓天下人民感受其人格的光輝，而成就德化社會。亦即莊子所謂「能備於天地之美，稱神明之容」的「內聖外王之道」（《莊子·天下》）王道思想之意涵即是以道德爲重心，以人道合理化爲課題。孟子提出「仁政」思想，其欲以「仁政」展現王道精神，而明顯且清晰的以「仁政」要求國君以民爲本，以民爲利，以民爲重的政治考量，經過儒家之理念化具體化後，國君虛己以順民，才是仁政之體現，王道之實踐。

透過「王霸之辨」，更突顯王道政治之內涵，「其目標在於德化人君以表現虛君順民之境界。道德化君權是使君權收斂，虛化其自己而不再威爆其民，順民是消極之讓人民得以『日出而作，日入而息』，作一不受干涉之天民。因此王道之精神是以人民爲重心之政治精神。」〔註7〕

第二節　孟子民本思想之經濟

酈食其曾對漢王劉邦說：「王者以民爲天，而民以食爲天」。〔註8〕國以民

〔註6〕《商君·賞刑》，第十七。

〔註7〕參見陳文章，〈中國文化中之政治理想境界——「聖王」之理念探原〉《國立屏東技術學院學報》，第五卷，第四期（1986年12月），頁75。

〔註8〕參見班固，〈酈陸朱劉叔約傳第十三〉《漢書》（台北：宏業，1972年），卷四十三，酈食其對漢王劉邦說：「臣聞之，知天之天者，王事可成；不知天之天者，王事不可成。王者以民爲天，而民以食爲天。夫敖倉，天下轉輸久矣，臣聞其下乃有臧粟甚多。楚人拔滎陽，不堅守敖倉，乃引而東，令適卒分守成皋，此乃天所以資漢。方今楚易取而漢反卻，自奪便，臣竊以爲過矣。且兩雄不俱立，楚漢久相持不決，百姓騷動，海內搖蕩，農夫釋耒，紅女下機，

爲本，民以食爲天，這已是中國歷代政治家公認的眞理，誰也不能否認。孫中山先生指明「建設之首要在民生」，〔註9〕道理在此。孟子曾於〈梁惠王上〉云：「養生喪死無憾，王道之始也。」，可見其相當重視人民生活之疾苦，也曾多次建議當時的國君注意經濟的發展，現將孟子民本思想中有關農業制度及財經政策分述如下：

一、孟子民本思想之農業制度

　　戰國時代，工業已有相當進步，商業也相當發達，但基本上還是個農業社會。孟子很重視農業，很重視民生問題，可以從他先後和梁惠王、齊宣王談王道仁政中看出。

　　先談孟子與梁惠王對話。

> 梁惠王曰：「寡人之於國也，盡心焉耳矣。河內凶，則移其民於河東，移其粟於河內。河東凶亦然。察鄰國之政，無如寡人之用心者。鄰國之民不加少，寡人之民不加多，何也？」孟子對曰：「王好戰，請以戰喻。塡然鼓之，兵刃既接，棄甲曳兵而走，或百步而後止，或五十步而後止。以五十步笑百步，則何如？」曰：「不可。直不百步耳」，是亦走也。」曰：「王如知此，則無望民之多鄰國也。不違農時，穀不可勝食也。數罟不入洿池，魚鼈不可勝食也。斧斤以時入山林，材木不可勝用也。穀與魚鼈不可勝食，材木不可勝用，是使民養生喪死無憾也。養生喪死無憾，王道之始也。五畝之宅，樹之以桑，五十者可以衣帛矣。雞豚狗彘之畜，無失其時，七十者可以食肉矣。百畝之田，勿奪其時，數口之家，可以無飢矣。謹庠序之教，申之以孝悌之義，頒白者不負戴於道路矣。七十者衣帛食肉，黎民不飢不寒，然而不王者，未之有也。」（〈梁惠王上〉）

天下之心未有所定也。願足下急復進兵，收取滎陽，據敖庾之粟，塞成皋之險，杜太行之道，距飛狐之口，守白馬之津，以示諸侯形制之勢，則天下知所歸矣。方今燕趙已定，唯齊未下。今田廣據千里之齊，田間將二十萬之眾軍於歷城，諸田宗彊，負海岱，阻河濟，南近楚，齊人多變詐，足下雖遣數十萬師，未可以歲月破也。臣請得奉明詔說齊王使爲漢而稱東藩。」

〔註9〕　參見〈國民政府建國大綱〉《國父全集》，第一冊，頁751，第二條：「建設之首要在民生。故對於全國人民之食衣住行四大需要，政府當與人民協力，共謀農業之發展，以足民食；共謀織造之發展，以裕民衣；建築大計畫之各式屋舍，以樂民居；修治道路運河，以利民行。」

然而梁惠王沒有作到這一點。當時的社會情形如何呢？孟子說：「狗彘食人食而不知檢，塗有餓莩而不知發。人死，則曰：「非我也，歲也」。是何異於刺人而殺之曰：「非我也，兵也」？王無罪歲，斯天下之民至焉。」(〈梁惠王上〉)

　　使農民養生喪死無憾，孟子認爲這是實行王道的首要工作。養生喪死無憾是甚麼問題，就是民生問題。民生問題圓滿解決，一無缺憾，是王道的第一步。孟子論政以民生爲首，重視民生問題，至爲顯然。

　　農民種桑養蠶，飼養雞豚狗彘之類的家畜，按時耕種收穫，教育人民明白孝悌之道，年老的不再辛苦工作，這是農村極安樂的景象。孟子認爲使年老的衣帛食肉，一般青壯年也豐衣足食，這樣就一定可以王天下。簡言之，農民老幼衣食不缺，生活無虞，就必能王天下。孟子只要使農民生活安樂就能王天下，可見孟子對農民和農業是何等重視。

　　再看孟子與齊宣王論王道。齊宣王和梁惠王一樣，都只重視霸道，只講求富國強兵之術。現引一段孟子與齊宣王對話以爲佐證。

　　　　曰：「鄒人與楚人戰，則王以爲孰勝？」

　　　　曰：「楚人勝。」

　　　　曰：「然則小固不可以敵大，寡固不可以敵眾，弱固不可以敵彊。海
　　　　內之地，方千里者九，齊集有其一：以一服八，何以異於鄒敵楚哉？
　　　　蓋亦反其本矣。今王發政施仁，使天下仕者皆欲立於王之朝，耕者
　　　　皆欲耕於王之野，商賈皆欲藏於王之市，行旅皆欲出於王之塗，天
　　　　下之欲疾其君者皆欲赴愬於王。其若是，孰能禦之？」王曰：「吾惛，
　　　　不能進於是矣。願夫子輔吾志，明以教我。我雖不敏，請嘗試之。」
　　　　曰：「無恆產有恆心者，惟士爲能。若民，則無恆產，因無恆心；苟
　　　　無恆心，放辟邪侈，無不爲已。及陷於罪，然後從而刑之，是罔民
　　　　也。焉有仁人在位，罔民而可爲也？是故明君制民之產，必使足以
　　　　事父母，俯足以畜妻子；樂歲終身飽，凶年免於死亡，然後驅而之
　　　　善，故民之從也輕。今也制民之產，必使仰不足以事父母，俯不足
　　　　以畜妻子；樂歲終身苦，凶年不免於死亡，此惟救死而恐不贍，奚
　　　　暇治禮義哉？王欲行之，則盍反其本矣。」(〈梁惠王上〉)

孟子告以王道政治的根本工作，首先在使人民有恆產，文中所謂「反其本」即回到王道之本。王道之本者何，即制定人民足以仰事俯畜的產業。其內容與對梁惠王所言完全相同，所謂：「五畝之宅，樹之以桑，五十者可以衣帛

矣。……老者衣帛食肉，黎民不飢不寒，然而不王者，未之有也。」(〈梁惠王上〉)

孟子和齊宣王這次談話很長，內容相當深入而生動。仁君要「發政施仁」，受天下士農工商各種人的愛戴擁護，王天下「孰能禦之」？就一般人民言，有恆產才能有恆心。故「明君制民之產」，必須使人足以仰事俯畜。人民生活安樂，接受教化，「老者衣帛食肉，黎民不飢不寒」，天下歸心，萬民景仰，王天下自然易如反掌，何難之有？

事實上，孟子對梁惠王、齊宣王和滕文公所講王道的首要工作，就是井田制度。滕文公命大夫畢戰向孟子請教井田制度。孟子說：

> 子之君將行仁政，選擇而使子，子必勉之。夫仁政必自經界始。經界不正，井地不均，穀祿不平，是故暴君污吏，必慢其經界。經界既正，分田制祿，可坐而定也。夫滕，壤地褊小，將為君子焉，將為野人焉。無君子莫治野人，無野人莫養君子。請野九一而助，國中什一使自賦。卿以下，必有圭田，圭田五十畝。餘夫二十五畝，死徙無出鄉。鄉田同井，出入相友，守望相助，疾病相扶持，則百姓親睦。方里而井，井九百畝，其中為公田，八家皆私百畝，同養公田。公事畢，然後敢治私事，所以別野人也。此其大略也。若夫潤澤之，則在君與子矣。(〈滕文公上〉) 〔註10〕

由此觀之，同一井里之人，同甘共苦，互助合作，是一種極其祥和可愛的社會，十分令人神往。康有為進一步解釋說：

> 「井田孝悌之義，見前後世，但不虐民為盛朝矣，安識當為民制產授田之事？只知為子制產而已。孔子不獨子其子，視民如子，乃創制產授田之法。自魏周隋唐，有口分世業之田，後世未有行之大地，至今亦不能及此。孟子告滕文公、齊宣王、梁惠王，無他經論，不

〔註10〕 引文中所謂「卿以下，必有圭田，圭田五十畝」，朱子集註：「此世祿常制之外，又有圭田，所以厚君子也。圭，潔也，所以奉祭祀也。不言世祿者，滕已行之，但此未備耳。」所謂「餘夫二十五畝」，朱註云：「程子曰：『一夫上父母，下妻子，以五口八口為率，受田百畝。如有弟，是餘夫也，年十六，別受二十五畝。俟其壯而有室，然後更受百畝之田。』愚按此百畝常制之外，又有餘夫之田，以厚野人也。」又〈梁惠王下〉文中指出「耕者九一」朱子集註：「九一者，井田之制也。方一里為一井，其田九百畝，中畫井字，界為九區，一區之中，為田百畝。中百畝為公田，外八百畝為私田。八家各受私田百畝，而同養公田，是九分而稅其一也。」

出井田之一策。誠以平世之義，不忍之政，無以過此者也。」〔註11〕
依一般人的看法，我國井田制度起源甚早：黃帝之世，經土設井；立步制畝，
使八家爲井，井開四道，而分八宅，鑿井於中，是爲井田之始。〔註12〕眾所
周知，秦孝公時，商鞅變法，廢井田，開阡陌。表面觀之，正式廢除井田制
始於戰國中期之秦國。實際上，在商鞅變法之前，諸候或多已不嚴格實行井
田制。孟子見滕文公、梁惠王和齊宣王，年已六十餘，距秦孝公廢井田已三
十年，諸候對井田制雖未明白宣示廢除，或早已名存實亡矣。

　　滕文公命畢戰問古井田之法，證明滕國在當時已未實行井田制，而且已無
人明瞭井田制之實際情形。東漢趙岐說：「時諸候各去典藉，人自爲政，故井田
之道不明也。」趙岐之言，說明孟子時代井田制度確已破壞。當時戰爭頻仍，
人民徭役繁多，賦稅苛重，農民又無法安心耕稼，生活困苦，社會不安。前引
孟子對齊宣王言：「今也制民之產，仰不足以事父母，俯不足以畜妻子，樂歲終
身苦，凶年不免於死亡。」（〈梁惠王下〉）足見當時農民生活之痛苦。

　　孟子先天下之憂而憂，眼見天下蒼生困苦如是，不得不大聲疾呼，呼籲
各國君主重視人民，重視民生，實行井田制度，使人民能過「出入相友，守
望相告，疾病相扶持」（〈滕文公上〉）之親愛互助的生活，建立一個友善和諧
安寧快樂的社會。從孟子的言論看，要安定民生，健全社會，井田制度是理
想的農業制度，也是理想的社會制度。

二、民本思想之財經政策

　　孟子痛心於當時民生之疾苦，故主張減輕賦稅。他說：「易其田疇，薄其
稅斂，民可使富也。食之以時，用之以禮，財不可勝用也。民非水火不生活，
昏暮叩人之門戶求水火，無弗與者，至足矣。聖人治天下，使有菽粟如水火；
菽粟如水火，而民焉有不仁者乎？」（〈盡心上〉）孟子曾對梁惠王說：「王如
施仁政於民，省刑罰，薄稅斂，深耕易耨；壯者以暇日修其孝悌忠信，入以
事其父兄，出以事其長上，可使制梃以撻秦楚之堅甲利兵矣。」（〈梁惠王上〉）
孟子認爲減輕賦稅可以使人民富裕，加上倫理道德教育，就可以使國家強盛。
實行井田制度和減輕賦稅，可說是孟子建設民生使國家富強的政治主張。

〔註11〕康有爲，〈仁政第九〉《孟子微》（台北：台灣商務，1987年），卷四，頁7～8。
〔註12〕林尹、高明等編，《中文大辭典》（台北：華岡，1979年），第一冊，頁613，「井
　　　　田」注。此言井田制創始於黃帝之世，商、周兩朝仍行之，辦法則小有不同。

滕文公問治國之道。孟子說：

> 民事不可緩也。《詩》云：「晝爾于茅，宵爾索綯，亟其乘屋，其始播百穀。」民之爲道也，有恆產者有恆心，無恆產者無恆心。苟無恆心。苟無恆心，放辟邪侈，無不爲已。及陷乎罪，然後從而刑之，是罔民也。焉有仁民在位，罔民而可爲也？是故賢君必恭儉禮下，取於民有制。陽虎曰：「爲富不仁矣，爲仁不富矣。」夏后氏五十而貢，殷人七十而助，周人百畝而徹，其實皆什一也。徹者，徹也。助者，藉也。龍子曰：「治地莫善於助，莫不善於貢。」貢者，校數歲之中公爲常。幾歲粒米狼戾，多取之而不爲虐，則寡取之。凶年糞其田而不足，則必取盈焉。爲民父母，使民盼盼然，將終歲勤動，不得以養其父母；又稱貸而益之，使老稚轉乎溝壑，惡在其爲民父母也？」(〈滕文公上〉)

我國夏、商、周三代授田之多寡不同，賦稅之名稱亦異。夏朝一夫授田五十畝，計其五畝之平均收入以爲貢。商朝行井田制，以六百三十畝爲一井，畫爲九區，每區七十畝，中爲公田，外八家各受一區，同耕公田，不再稅其私田，是爲七十而助。周朝一夫授田百畝，八家同井，耕則通力合作，穫則計畝而分，是爲百畝而徹。夏名爲貢，商名爲助，周名爲徹，名雖不同，實際都是十分一。國家授田與民，民納十分之一的賦稅與政府，以爲軍國之需。孟子認爲此種稅制十分合理，故舉之以告滕文公。

孟子說：「有布縷之征，粟米之從，力役之征。君子用其一，緩其二。用其二而民有殍，用其三而父子離。」(〈盡心下〉)趙岐以爲「國有軍旅之事，則橫興此三賦也。布，軍卒以爲衣也。縷，絍鎧甲之縷也。粟米，軍糧也。力役，民負荷廝養之役也」。孟子言三種不當並行，「急一緩二，民不苦之。若並用二，則路有餓殍。若並用三，則分崩不振，父子離析，忘禮義矣」。朱子云：「征賦之法，歲有常數。然布縷取之於夏，粟米取之於秋，力役取之於冬，當各以其時。若並取之，則民力有所不堪矣。今兩稅三限之法，亦此意也。」要之，此乃孟子體恤生民，補救時弊而力主薄稅斂之言論。

對於當時諸侯之橫律暴斂，孟子曾一再加以斥責。他說：「求也爲季氏宰，無能改於其德，而賦粟倍他日。孔子曰：「求，非我徒也，小子鳴鼓而攻之可也。」由此觀之，君不行仁政而富之，皆棄於孔子者也。」(〈離婁上〉)又說：「今之事君者曰：「我能爲君辟土地，充府庫。」今之所謂良臣，古之所謂民

賊也。君不鄉道，不志於仁，而求富之，是富桀也。」（〈告子下〉）求爲魯國上卿季康子聚斂，孔子不認其爲門徒，命群弟子鳴鼓而攻。戰國時國君奢侈享樂，卿相爲之搜刮民脂民膏。如此之臣，孟子斥之爲民賊。如此之君，孟子斥之爲桀紂。民本主義思想家之言論如此痛快淋漓，令人不勝激賞。

　　孟子主張合理之賦稅，反對肆意聚斂，但也反對盲目地輕稅。白圭說：「吾欲二十而取一，何如？」孟子說：「子之道，貉道也。萬室之國，一人陶，則可乎？」白圭答道：「不可。器不足用也。」孟子說：「夫貉，五穀不生，惟黍生之。無城郭宮室宗廟祭祀之禮，無諸侯幣帛饔飧，無百官有司，故二十取一而足也。今居中國，去人倫，無君子，如之何其可也？陶以寡，且不可以爲國，況無君子乎？欲輕之於堯舜之道者，大貉小貉也。欲重之於堯舜之道者，大桀小桀也。」（〈告子下〉）趙岐注：「今之居中國，當行禮義，而欲效夷貉，無人倫之敘，無君子之道，豈可哉？陶器者少，尚不可以爲國，況無君子之道乎？堯舜以來，什一而稅，足以行禮，故以此爲道。今欲輕之，二十稅一者，夷貉爲大貉，子爲小貉也。欲重之，過什一，則夏桀爲大桀，子爲小桀也。」賦稅過輕則爲野蠻之夷貉，過重則成爲暴虐之桀紂，均不利於民，不合乎民本思想之精神，絕不可行。

　　對於繁重之賦稅，不論農業或工商業，孟子都主張迅速減輕，以利農工商業之發展，改善人民生活。宋國大夫戴盈之說：「什一，去關市之征，今茲未能，請輕之，以待來年，然後已，何如？」孟子駁斥他說：「今有人日攘其鄰之雞者，或告之曰：『是非君子之道。』曰：『請損之，月攘一雞，以待來年，然後已。』如知其非義，斯速已矣，何待來年？」（〈滕文公下〉）政府官吏往往爲自身之便利著想，不肯爲貧苦之人民著想，古今同然，令人不勝感慨！

　　孟子主張對農人要薄稅斂，對商人也要輕稅甚至免稅，使有無相通，以利民生。他說：「古之爲市者，以其所有，易其所無者，有司者治之耳。有賤丈夫焉，必求壟斷而登之，以左右望而罔市利，人皆以爲賤，故從而征之。征商，自此賤丈夫始矣。」（〈公孫丑下〉）以有易無，人己兩利，故古時不征稅。賤丈夫壟斷市場，貪求厚利，損人利己，故征取商業稅。足見在上古農業社會，征商業稅乃不得而爲之耳。

　　人有智愚，物有優劣。物價之不一，亦自然之理。陳相信從農家許行之說，對孟子道：「從許子之道，則市賈不貳，國中無僞，雖使五尺之適市，莫之或欺。布帛長短同，則賈相若。麻縷絲絮輕重同，則賈相若。五穀多寡同，

則賈相若。屨大小同，則賈相若。」孟子駁斥道：「夫物之不齊，物之情也。或相倍蓰，或目什伯，或相千萬，子比而同之，是亂天下也。巨屨小屨同賈，人豈為之哉？從許子之道，相率而為偽也，惡能治國家？」（〈滕文公上〉）自由社會之自由市場，任何物價均有高低之不同，乃正常現象。有優劣，有競爭，可促使社會進步，對人民亦有利焉。

就以上所述，孟子民本思想之財經政策，可分為以下數項來說明。

（一）土地方面

孟子說「明君制民之產，必使仰足以事父母，俯足以畜妻子，樂歲終身飽，凶年免於死亡」（〈梁惠王下〉），可知他主張耕者有其田。他說「仁政必自經界始。經界不正，井田不均，穀祿不平」（〈滕文公上〉），「經界既正，分田制祿，可坐而定也」（〈滕文公上〉）。他說「方里而井，井九百畝，其中為公田；八家皆私百畝，同養公田」（〈滕文公上〉），可知他主張平均地權。

（二）財政方面

孟子說「易其田疇，薄其稅斂，民可使富也；食之以時，用之以禮，財不可勝用也」（〈盡心上〉），可知他的根本思想是在富民，因此，「賢君必恭禮下，取於民有制」（〈滕文公上〉），認為君主不任意榨取人民財力。他說「夏后氏五十而貢，殷人七十而助，周人百畝而徹，其實皆什一也」（〈滕文公上〉），可知孟子主張十分之一的征稅，反對白圭二十分之一的稅率，更反對肆意聚斂。他認為聚斂的大臣是民賊，貪求財富的君主是桀紂。

（三）農業方面

孟子主張「春省耕而補不足，秋省斂而助不給」，農民在秉耜或糧食不足時，應貸款補助之。他說「不違農時，穀不可勝食也」（〈梁惠王上〉），徭役之征須不妨礙耕稼。他主張「薄稅斂」，「耕者助而不稅」，使農民都能仰事俯畜。他說「數罟不入洿池，魚鱉不可食也；斧斤以時入山林，材木不可勝用也」（〈梁惠王上〉），對水產養殖和山林之保護都須注意。能如此，始可使人民養生喪死無憾。

（四）工商方面

孟子認為社會是分工互助的，「有大人之事，有小人之事，且一人之身，而百工之所為備」，「百工之事」，「不可耕且為」，農人「以粟易械器」，「陶冶亦以其械器易粟」，人皆「紛紛然與百工交易」（〈以上俱見滕文公上〉）。此種

「以其所有易其所無」之交易，應該免稅。他說「市，廛而不征，法而不廛，則天下之商皆悅而願藏於其市矣」，亦主張不征商業稅。此種免稅市場，自可使工商業蓬勃發展，使社會日趨繁榮。孟子說「物之不齊，物之情也，或相倍蓰，或相什伯，或相千萬」，可鼓勵百工相互競爭，不斷進步，改善物產品質與服務品質，安定民生。

要工商業進步，貨暢其流，交通不可不注意。孟子主張採行文王治岐的「關市譏而不征」，使天下人自由往來，則「天下之旅皆悅而願出於其路矣」。他反對設關卡征稅，曾十分感慨地說：「古之為關也，將以禦暴。今之為關也，將以為暴。」（〈盡心下〉）設關徵斂捐稅，阻難行旅，暴虐人民，天下人將裹足不前，工商業焉能繁榮進步？

關卡自由通行固甚重要，道路橋樑之修建尤為重要。公孫僑子產聽鄭國之政，以其乘輿濟人於溱洧。孟子批評他說：「惠而不知為政。歲十一月徒杠成，十二月輿梁成，民未病涉也。君子平其政，行辟人可也，焉得人人而濟之？故為政者每人而悅，日亦不足矣。」（〈離婁下〉）當時為政之人，每年應在十一月修成行人的小橋，十二月要建成行車的大橋，可知其交通的重視。

果能照孟子所說，減輕賦稅，以十分之一為原則；在土地方面實行井田制，平均地權，使耕者有其田；在農業方面，春耕秋收，適時補助農民，紓解民困，不違農時，注意水產養殖與山林保護，使人養生喪死無憾；在工商業方面，實施輕稅或免稅，關卡無阻，交通便利，物價不強求一致，使百工相互競爭，貨暢其流，經濟繁榮，人民富裕，一個安樂的社會就會出現。有子說：「百姓足，君孰與不足？百姓不足，君孰與足？」〔註13〕《論語・顏淵》只要使人民富裕，國家和君主怎麼會窮困呢？是所謂藏富於民。

第三節　孟子民本思想之教育

我國教育，先聖先賢已有典範可尋。《禮記・學記》云：「發慮憲，求善良，足以諛聞，不足以動眾；就賢禮遠，足以動眾，未足以化民。君子如欲化民成俗，其必由學乎！玉不琢，不成器，人不學，不知道，是故古之王者，

〔註13〕魯哀公問有道：「年饑，用不足，如之何？」有若回答說：「盍徹乎？」哀公說：「二，吾猶不足，如之何其徹也？」有若答道：「百姓足，君孰與不足？百姓不足，君孰與足？」

建國君民，教學爲先。」〔註14〕《學記》篇中將教育之意義、宗旨明確指出。可見教育是國家根本大計，關係國家生存與文化發展，故古時三代聖王治理人民，以教化爲首務，孟子體會最深，尤其受孔子爲學與教育精神所感，自稱「聖人之徒也。」（〈滕文公下〉），其周遊列國，無不處處闡揚孔子學說，推崇孔子行誼。因此，孟子不僅是個政治哲學家，同時也是個教育哲學家。

　　現將孟子的教育思想，分爲教育之重要、教育之目的、教育之內容與教育之方法四點來討論。

一、教育之重要

　　孟子對迷於農家學說的陳相說：「后稷教民稼穡，樹藝五穀，五穀熟而民人育。人之有道也，飽食煖衣，逸居而無教，則近於禽獸。」（〈滕文公上〉）所謂近於禽獸者何，即不知孝悌忠信仁義禮智之道，行爲粗暴野蠻。易言之，日常言行生活只知霸道，不知王道。

　　孟子對門人公都子說：「聖王不作，諸侯放恣，處士橫議，楊朱、墨翟之言盈天下。天下之言，不歸楊，則歸墨。楊氏爲我，是無君也。墨氏兼愛，是無父也。無父無君，是禽獸也。」（〈滕文公上〉）楊朱、墨翟並非未受教育愚頑無知之人，祇因其言論有違父子之親與君臣之義，故孟子斥其爲有如不知孝悌忠信仁義禮智之禽獸也。

　　孟子說：「人之所以異於禽獸者幾希。庶民去之，君子存之。舜明於庶物，察於人倫，由仁義行，非行仁義也。」（〈離婁下〉）庶民不講仁義，則近於禽獸。君子持守仁義，則不失爲完善之人。人與禽獸之別，全在仁義禮智之有無而已。

　　孟子說：「君子所以異於人者，以其存心也。君子以仁存心，以禮存心。仁者愛人，有禮者敬人。愛人者人恆愛之，敬人者人恆敬之。有人於此，其待我以橫逆，則君子必自反也：『我必不忠。』自反而忠矣，其橫逆由是也，君子曰：『此亦妄人也已矣。如此，則與禽獸奚擇哉？於禽獸又何難焉？』」（〈離婁下〉）對於無故以橫逆施之於君子的妄人，視之不可理喻之禽獸，一笑置之可也。對禽獸責難其不知禮義，有甚麼用呢？

　　人雖天生具有仁義禮智的良心，但受到外物的影響，往往會喪失，變得

近於禽獸。孟子說：「牛山之木嘗美矣。以其郊於大國也，斧斤伐之，可以爲美乎？是其日夜之所息，雨露之所潤非無萌蘖之生焉，牛羊又從而牧之，是以若彼濯濯也，以爲未嘗材焉，此豈山之性也哉？雖存乎人者，起無仁義之心哉？其所以放其良心者，亦猶斧斤之於木也。旦旦而伐之，可以爲美乎？其日夜之所息，平旦之氣，其好惡與人相近也者幾希；則其旦晝之所爲，又梏亡之矣。梏之反覆，則其夜氣不足以存。夜氣不足以存，則其違禽獸不遠矣。人見其禽獸也，而以爲未嘗有才焉者，是豈人之情也哉？」（〈告子上〉）

綜上所述，可見人之所以爲人，全在人具有仁義禮智之良心。禽獸無仁義禮智之良心，則野蠻殘暴，不可理喻，無所不爲。康有爲氏說：「國之文明，全視教化。無教之國，即爲野蠻；無教之人，近於禽獸，故先聖尤重教焉。」〔註15〕欲使國爲文明之國，人爲文明之人，捨教育外無他途。教育之重要，由此可見。

二、教育之目的

上文論教育之重要，實已說明教育之目的。教育之目的爲何？使人成爲人而已。易言之，教育在使人成爲具有倫理道德之人而已。

孟子說：「人之有道也，飽食煖衣，逸居而無教，則近於禽獸。聖人有憂之，使契爲司徒，教以人民有恆產之後，接著說：「設爲庠序學校以教之：庠者養也，校者教也，序者射也。夏曰校，殷曰序，周曰庠，學則三代共之，皆所以明人倫也。人倫明於上，小民親於下。有王者起，必來取法，是爲王者師也。《詩》云：『周雖舊邦，其命維新。』文王之謂也。子力行之，亦以新子之國。」（〈滕文公上〉）人倫就是「父子有親，君臣有義，夫婦有別，長幼有序，朋友有信」，是謂五倫之教。人能切實作好這五倫，就是君子，就是個品格完善的人。

人人修行五倫，則人人相親相愛，社會和諧安定，舉國團結一心，此必然之理也。康有爲氏說：「五倫之立，據亂世之人道也。生我及我生者爲父子，同生者爲兄弟，合男女爲夫婦，有首領服屬爲君臣，有交遊知識爲朋友。此並世相接之人天然交合之道，非強立者，聖人但因而教之。父子，天性也，故立恩而益親。兄弟，天倫也，故順秩而有序。男女不別，則父子不親。太

〔註15〕康有爲，〈闢異第十八〉《孟子微》（台北：台灣商務，1987 年），卷八，頁7。

古男女隨意好合，夫婦皆無定分，既亂人種，又難育繫人類，故特別正定為夫婦，以定種姓而傳嗣續。若君臣無義，則國體不固，而不能合大羣。朋友無信，則交道不行，而無以成群會。凡五倫之設，實爲合群之良法也。而合群之後，乃益求進化，則自有太平大同之理。」〔註16〕康氏以五倫爲促使國家社會合群團結之良法，相當有見地。

孟子說：「仁，人心也。義，人路也。舍其路而弗由，放其心而不知求，哀哉！人有雞犬放則知求之，有放心而不知求。學問之道無他，求其放心而已矣。」（〈告子上〉）放心者何，亡失之仁義良心也。學問之道無他，但尋求其放失之仁義良心而已。

總之，不論是作個具有仁義禮智美德的健全個人，或作個具備禮義廉恥四德的現代國民，都是要作個品德高尚懂得力行人倫道理的人。這就是民本思想的教育目的。

三、教育之內容

教育之目的決定教育之內容。孟子民本思想教育之目的既在教人明人倫，則其教育之內容自以倫理道德爲主。孟子主人性本善，天賦人以仁義禮智之性，而其入手則重在孝悌。有子曰：「孝弟也者，其爲仁之本與？」〔註17〕《論語・學而第一》孟子重孝悌之道，想亦與有子此種言論及思想有關也。

孔子有富而後教之思想，〔註18〕孟子亦然。他對梁惠王說：「五畝之宅，樹之以桑，五十者可以衣帛矣。雞豚狗彘之畜，無失其時，七十者可以食肉矣。百畝之田，勿奪其時，數口之家，可以無飢矣。謹庠序之教，申之以孝悌之義，頒白者不負戴於道路矣。七十者衣帛食肉，黎民不飢不寒，然而不王者，未之有也。」（〈梁惠王上〉）這也是富而後教，而且教育的內容主要在「申之以孝悌之義」。

在和梁惠王論立國之道時，孟子說：「地方百里，而可以王。王如施仁政於民，省賞罰，薄稅斂，深耕易耨；壯者以暇日修其孝悌忠信，以入事其父

〔註16〕康有爲，〈闢異第十八〉《孟子微》（台北：台灣商務，1987年），卷八，頁78。
〔註17〕有子曰：「其爲人也孝弟，而好犯上者鮮矣。不好犯上，而好作亂者，未之有也。君子務本，本立而道生。孝弟也者，其爲仁之本與？」爲仁，猶曰行仁。
〔註18〕參見〈子路第十三〉《論語》，子適衛，冉有僕。子曰：「庶矣哉！」冉有曰：「既庶矣，又何加焉？」曰：「富之。」曰：「既富矣，又何加焉？」曰：「教之。」

兄，出以事其長上，可使制梃以撻秦楚之堅甲利兵矣。」（〈梁惠王上〉）此言先富後教，與上文同，小異者在教育青壯年「修其孝悌忠信」耳。

孟子極反對戰爭，此言可使制梃以撻秦楚之堅甲利兵，蓋極言人民能明孝悌忠信之道，不僅能孝悌以齊家，且可忠勇以衛國也。孟子反對不義之戰，至於保國衛民之義戰，自無反對之理。

孟子與齊宣王論王道最後說：「謹庠序之教，申之以孝悌之義，頒白者不負戴於道路矣。老者衣帛食肉，黎民不飢不寒，然而不王者，未之有也。」（〈梁惠王上〉）先富後教，教之以孝悌之道，與對梁惠王所說者全同。

曹交疑人皆可以爲堯舜之言。孟子說：「徐行後長者謂之弟，疾行先長者謂之不弟。夫徐行者，豈人所不能哉？所不爲也。堯舜之道，孝弟而已矣。子服堯之服，誦堯之言，行堯之行，是堯而已矣。子服桀之服，誦桀之言，行桀之行，是桀而已矣。」（〈告子下〉）堯舜爲王天下之大聖，而其道不過孝悌而已。大矣哉孝悌之道也。

君子教化世人，移風易俗，對國家社會之貢獻極大，無人可以否認。公孫丑不明此理，問孟子：「『詩』曰：『不素餐兮』。君子之不耕而食，何也？」孟子說：「君子居是國也，其君用之，則安富尊榮；其子弟從之，則孝弟忠信。不素餐兮，孰大於是？」（〈盡心上〉）能使社會上人人爲孝弟忠信之人，的確是莫大的功績。

齊宣王欲短喪。公孫丑說：「爲期之喪，猶愈於已乎？」孟子說：「是猶或紾兄之臂，子謂之姑徐徐云爾。亦教之孝弟而已矣。」（〈盡心上〉）如能深明孝弟之道，自不致有縮短父母三年喪期之念也。

民本思想之教育內容，在明人倫，在教人孝悌忠信之道，作健全完善之人。

四、教育之方法

孟子之教育方法，有許多合於現代教學原則者，至爲可貴。以下就《孟子》一書中所述及者，分爲啓發、漸進、專一、有恆、環境、自反、因材施教、有教無類，易子而教與家庭教育等十項，略作說明。

首先說啓發原則。孟子說：「君子深造之以道，欲其自得之也。自得之則居之安，居之安則資之深，資之深則取之左右逢其原，故君子欲其自得之也。」（〈離婁下〉）教者指導其爲學之方法，深造有得則在學者自己。俗語云：「師傅領進門，修行在個人。」正是此意。孟子又說：「梓匠輪輿，能與人規矩，

不能使人巧。」（〈盡心下〉）規矩是方法，如何推陳出新，有奇巧之創造，全在自己。

　　第二說漸進原則。孟子曾說過一個有趣的故事：「宋人有閔其苗之不長而揠之者，芒芒然歸，謂其人曰：『今日病矣，予助苗長矣。』其子趨而往視之，苗則槁矣。天下之不助苗長者寡矣。以爲無益而舍之者，不耘苗者之。助之長者，揠苗者也，非徒無益，而又害之。」（〈公孫丑上〉）爲學如一味貪多，夢想一步登天，正如揠苗助長，有害無益。孟子說：「流水之爲物也，不盈科不行。君子之志於道也，不成章不達。」又說：「其進銳者，其退速。」（〈盡心下〉）爲學應按部就班，循序漸進。

　　第三說專一原則。爲學或做事貴在專心一致。孟子說：「無或乎王之不智也。雖有天下易生之物也，一日暴之，十日寒之，未有能生者也。吾見有萌焉何哉？今夫弈之爲數，小數也；不專心致志，則不得也。弈秋，通國之善弈者也。使弈秋之爲聽。一人雖聽之，一心以爲鴻鵠將至，思援弓繳而射之，雖與之俱學，弗若之矣。爲是其智弗若與？曰，非然也。」（〈告子上〉）一暴十寒，一心二用，天下無可成之事，爲學尤然。

　　第四是有恆原則。有恆即努力不懈，持續不斷，不達目的，絕不中止。孟子說：「有爲者，辟若掘井。掘井九軔之，而不及泉，猶爲棄井也。」（〈盡心上〉）半途而廢，前功盡棄，絕不會有成就。掘井如此，治事如此，治學亦如此。

　　第五是環境原則。孟子對宋大夫戴不勝曰：「子欲子之王之善與？我明告子，有楚大夫於此，欲其子之齊語也，則使齊人傅諸？使楚人傅諸？」戴不勝答道：「使齊之傅之。」孟子說：「一齊人傅之，眾楚人咻之，雖日撻而求其齊也，不可得矣。引而置之莊嶽之間，數年，雖日撻而求其楚，亦不可得矣。子謂薛居州善士也，使之居於王所。在於王所者，長幼卑尊皆薛居州也，王誰與爲不善？在王所者，長幼卑尊皆非薛居州也，王誰與爲善？一薛居州，獨如宋王何？」（〈滕文公下〉）又說：「富歲子弟多賴，凶歲子弟多暴。非天之降才爾殊也，其所以陷溺其心者然也。」（〈告子上〉）環境對人之影響極大，人莫不知。所謂「近朱者赤，近墨者黑」，〔註19〕所謂「染於蒼則蒼，染於黃則黃」，〔註20〕均在說明此理。有志上進力學之士，對環境不可不注意也。

〔註19〕「近朱者赤」二語，乃晉人傅玄之言。
〔註20〕「染於蒼則蒼」二語，參見《墨子・所染》。

第六是自反原則。孔子有「學而不思則罔，思而不學則殆」《論語・為政第二》之言，又謂「博學之，審問之，愼思之，明辨之，篤行之」《中庸》，都說明自我反省思考之重要。孟子說：「愛人不親，反其仁。治人不治，反其智。禮人不答，反其敬。行有不得者，皆反求諸己，其身正而天下歸之。《詩》云：『永言配命，自求多福。』」（〈離婁上〉）又說：「君子所以異於人者，以其存心也。君子以仁存心，以禮存心。仁者愛人，有禮者敬人。愛人者人恆愛之，敬人者人恆敬之。有人於此，其待我以橫逆，則君子必自反也：『我必不仁也，必無禮也，此物奚宜至哉？』其自反而仁矣，自反而有禮矣，其橫逆由是也，君子必自反也：『我必不忠。』自反而忠矣，其橫逆由是也，君子曰：『此亦妄人也已矣。如此，則與禽獸奚擇哉？於禽獸又何難焉？』」（〈離婁下〉）又說：「萬物皆備於我矣，反身而誠，樂莫大焉。彊恕而行，求仁莫近焉。」（〈告子下〉）以上所說，都是仁義禮智孝悌忠信等爲人之道的自我反省，以求改過遷善，日新又新，十分重要。

孟子說：「教亦多術矣。予不屑之教誨也者，是亦教誨之而已矣。」（〈告子下〉）不屑教誨，有輕賤羞辱之意，對有志之士，反能促使其自我反省，激勵其雪恥圖強之上進心，或有更大之成就也。是以不教之教，有深意在，學者豈可忽之哉？

第七是因材施教原則。孟子說：「君子之所以教者五：有如時雨化之者，有成德者，有達財者，有答問者，有私淑艾者。此五者，君子之所以教也。」（〈盡心下〉）孔子以因材施教聞名，孟子亦因材施教，誠所謂「先聖後聖，其揆一也」（〈離婁下〉）。

第八是有教無類原則。孟子之滕，館於上宮。有業屨於牖上，館人求之弗得。有人來問孟子：「若是乎，從者之廋也！」孟子說：「子以是爲竊屨來與？」那人道：「殆非也。」孟子說：「夫子之設科也，往者不追，來者不拒，苟以是心至，斯受之而已矣。」（〈盡心下〉）大教育家固應來者不拒，有教無類，始不失其爲大教育家也。孔子如此，孟子亦復如此。

第九是易子而教原則。公孫丑問：「君子之不教子，何也？」孟子說：「勢不行也。教者必以正；以正不行，繼之以怒。繼之以怒，則反夷矣。『夫子教我以正，夫子未出於正也。』則是父子相夷也。父子相夷，則惡矣。古者易子而教之，父子之間不責善，責善則離，離則不祥莫大焉。」（〈離婁上〉）孟子答公都子之問，說明匡章並非不孝後，接著說：「夫章子，子父責善而不相

遇也。責善，朋友之道也。父子責善，賊恩之大者。」(〈離婁下〉)今日教育界強調親職教育，對於孟子易子而教與父子不責善之言，值得大家借鏡。

最後說家庭教育原則。孟子說：「中也養不中，才也養不才，故人樂有賢父兄也。如中也棄不中，才也棄不才才，則賢不肖之相去，其閒不能以寸。」(〈離婁下〉)守中道有才能的父兄，應注意養育教誨其子弟，使之亦成為守中道有才能之人。此種家庭教育，言教固不可少，但身教尤其重要，身教應多於言教，身教應先於言教，同時避免有父子責善之情形發生。

以上就啟發、自動、漸進、專一、有恆、環境、自反、因材施教、有教無類、易子而教與家庭教育十項原則，分別作了簡要說明。從這些教育方法看，孟子真不愧為一大教育家。這十項原則，今天無一不可適用，值得教育界人士及社會各界人士參考。

教育的重要，在使人脫離獸性，發揚人性。教育的目的，在使人成為明白人倫大道品格健全的人。教育的內容，以孝悌忠信仁義禮智為中心。教育的方法，基於人性，豐富而多於變化。民本思想的教育，大致如此。

第四節　孟子民本思想之軍事

孟子一生尊王道，賤霸道，倡行仁義，高唱「仁者無敵」(〈盡心下〉)的調子，但並非全然反對戰爭。然而戰國之世，戰爭頻繁，攻伐年年，國家如圖存，戰爭之準備必不可少，國防軍事建設絕不可忽。孟子反對戰爭，乃反對侵略不義之戰爭，並非反對自衛或除暴安良誅君弔民之正義戰爭。

關於孟子的軍事思想，茲分為支持仁義之師、主張自衛之戰、反對不義戰爭與期望仁者統一四項，試作如下論述。

一、支持仁義之師

齊宣王問：「湯伐桀，武王伐紂，有諸？」孟子答道：「於傳有之。」齊宣王說：「臣弒其君，可乎？」孟子說：「賊仁者謂之賊，賊義者謂之殘。殘賊之人，謂之一夫。聞誅一夫紂矣，未聞弒君也。」(〈梁惠王下〉)夏桀商紂，暴虐無道，湯王和武王起而誅除暴君，安定天下人民，正是仁義之師，孟子極為讚賞。

對於湯王、武王之王天下孟子曾有詳細說明：

> 湯居亳,與葛爲鄰。葛伯放而不祀。湯使人問之曰:『何爲不祀?』葛伯答道:『無以供犧也。』湯使遺之牛羊。葛伯食之,又不以祀。湯又使人問之曰:『何爲不祀?』葛伯說:『無以供粢盛也。』湯使亳眾往爲之耕,老弱饋食。葛伯率其民,要其有酒食黍稻者,奪之;不授者,殺之。有童子以黍肉餉,殺而奪之。《書》曰:『葛伯仇餉。』此之謂也。爲其殺童子而征之,四海之內,皆曰:『非富天下也,爲匹夫匹婦復仇也。』湯始征,自葛載,十一征而無敵於天下。東面而征西夷怨,南面而征北狄怨,曰:『奚爲後我?』民之望之,若大旱之望雨也。歸市者弗止,耕者不變。誅其君,弔其民,如時雨降,民大悅。《書》曰:『徯我后,后來其無罰』。『有攸不爲臣,東征,綏厥士女。匪厥玄黃,紹我周王見休,惟臣附于大邑周。』其君子,實玄黃于匪,以迎其君子;其小人,簞食壺漿,以迎其小人。救民於水火之中,取其殘而已矣。(〈滕文公下〉)

湯王十一次征戰,天下無敵。武王牧野一戰,商紂七十大軍土崩瓦解。仁義之師,受天下人之歡迎如此,自無往不利也。

因此,孟子勸梁惠王「施仁政於民」,說「仁者無敵」(〈梁惠王上〉);勸齊宣王「發政施仁」,「然而不王者,未之有也」(〈梁惠王上〉);他一再說「國君好仁,天下無敵」(〈離婁上〉),無非希望諸侯作仁君,行仁政,動仁義之師,以王道統一天下。

二、主張自衛之戰

孟子說梁惠王,「如施仁政於民」,「壯者以暇日修其孝悌忠信」,即「可使制梃以撻秦楚之堅甲利兵矣」(〈梁惠王上〉),這自然是自衛之戰。滕文公問:「滕,小國也,間於秦楚,事齊乎?事楚乎?」孟子答道:「是謀,非吾所能及也。無已,則有一焉:鑿斯池也,築斯城也,與民守之,效死而民弗去,則是可爲也。」(〈梁惠王下〉)小國夾在兩大國之間只有加強國防工事,君民一心,團結死守,是唯一立國之道。自衛之戰,不得已而爲之,孟子以爲只能死戰,不能投降。

講到戰爭,孟子認爲團結一心最爲重要。他說:「天時不如地利,地利不如人和。」爲甚麼呢?他舉例說:

> 三里之城,七里之郭,環而攻之而不勝,夫環而攻之,必有得天時

者矣，然而不勝者，是天時不如地利也。城非不高也，池非不深也，兵革非不堅利也，米粟非不多也，委而去之，是地利不如人知也。故曰，域民不以封疆之界，固國不以山谿之險，威天下不以兵革之利，得道者多助，失道者寡助。寡助之至，親戚畔之。多助之至，天下順之。以天下之所順，攻親戚之所畔，故君子有不戰，戰必勝矣。(〈公孫丑下〉)

以天時、地利與人和三者相較，人和確實最爲重要。苟得人和，小可以敵大，寡可以敵眾，弱可以敵強，戰必勝，攻必克。

對於外患的威脅，也只有勉力爲善，促進上下團結，才是加強防衛之道。滕文公問：「昔者大王居邠，狄人侵之，去之岐山之下居焉。非擇而取之，不得已也。苟爲善，後世子孫必有王者矣。君子創業垂統，爲可繼也；若夫成功，則天也。君如彼何哉？彊爲善而已矣。」(〈梁惠王下〉)爲善者何？行仁政也。行仁政可以王天下，對於齊之築薛，何懼之有？滕文公問：「滕，小國也，竭力以事大國，則不得免焉，如之何則可？」孟子答道：

昔者大王居邠，狄人侵之，事之以皮幣，不得免焉；事之以犬馬，不得免焉；事之以珠玉，不得免焉。乃屬其耆老而告之曰：『狄人之所欲者，吾土地也。吾聞之也，君子不以其所以養人者害人。二三子何患乎無君？我將去之。』去邠，踰梁山，邑于岐山之下居焉。邠人曰：『仁人也，不可失也。』從之者如歸市。或曰：『世守也，非身之所能爲也，效死勿去。』君請擇於斯二者。(〈梁惠王下〉)

滕文公一再以國小畏懼危亡爲言，孟子亦一再告以行仁政與合力死守答之，無他，立國之道固應如是也。

三、反對不義之戰

先看孟子反對戰爭最有名的一段話吧：「求也爲季氏宰，無能改於其德，而賦粟倍他日。孔子曰：『求，非我徒也，小子鳴鼓而攻之可也。』由此觀之，君不行仁政而富之，皆棄於孔子者也，況於爲之強戰？爭地以戰，殺人盈野；爭城以戰，殺人盈城，此所謂率土地而食人肉，罪不容於死。故善戰者服上刑，連諸侯者次之，辟草萊任土地者次之。」(〈梁惠王下〉)爲無生命之土地，使人民之死亡盈城盈野，人間悲慘之事，寧有甚於此乎？故善戰者服上刑，宜也。

魯欲使慎子爲將軍。孟子說：「不教民而用之，謂之殃民。殃民者，不

容於堯舜之世。一戰勝齊，遂有南陽，然且不可。」愼子勃然不悅地說：「此則滑釐所不識也。」孟子道：「吾明告子：天子之地方千里，不千里不足以待諸子。諸侯之地方百里，不百里不足以守宗廟之典籍。周公之封於魯，爲方百李里也，地非不足而險於百里。太公之封於齊也，亦爲方百里也，地非不足也而險於百里。今魯方百里者五，子以爲有王者作，則魯在所損乎？在所益乎？徒取諸彼以與此，然且仁者不爲，況於殺人以求之乎？君子之事君也，務引其君以當道、志於仁而已。」（〈告子下〉）魯國想命愼滑釐爲將軍，去奪取齊國的南陽（今山東鄒縣），孟子斥其不應好戰殃民，應導引其君向道行仁。

對於當時爲人臣者之悖仁棄義，專務富強，孟子亦深惡痛絕。他說：

> 今之事君者曰：『我能爲君辟土地，充府庫。』今之所謂良臣，古之所謂民賊也。君不鄉道，不志於仁，而求富之，是富桀也。『我能爲君約與國，戰必克。』今之所謂良臣，古之所謂民賊也。君不鄉道，不志於仁，而求爲之強戰，是輔桀也。由今之道，無變今之俗，雖與之天下，不能一朝居也。（〈告子下〉）

身爲國之大臣，但求爲君闢土地，充府庫，約與國，戰必克，全不爲人民生死禍福著想，斥之爲民賊，誰曰不宜？

梁惠王雖連敗於齊、秦、楚之手〔註21〕（〈梁惠王上〉），到老仍不死心，念念在雪恥復仇。孟子說：「不仁哉梁惠王也！仁者以其所愛及其所不愛，不仁者以其所不愛及其所愛。」公孫丑問：「何謂也？」孟子說：「梁惠王以土地之故，糜爛其民而戰之。大敗，將復之。恐不能勝，故驅其所愛子弟以殉之。是之謂以其所不愛及其所愛也。」（〈盡心下〉）好戰輕民，禍及其所愛之子弟，梁惠王誠不仁之至。孟子說：「春秋無義戰。彼善於此，則有之矣。征者，上伐下也，敵國不相征也。」（〈盡心下〉）春秋無義戰，戰國尤無義戰。孟子之厭惡戰爭，理有固然也。

孟子說：「盡信書，則不如無書。吾於武成，取二三策而已矣。仁人無敵於天下。以至仁伐至不仁，而何其血之流杵也？」〔註22〕（〈盡心下〉）孟子

〔註21〕梁惠王對孟子說：「晉國，天下莫強焉，叟之所知也。及寡人之身，東敗於齊，長子死焉；西喪地於秦七百里，南辱於楚。寡人恥之，願比死者一洒之。如之何則可？」

〔註22〕在《尚書·武成》亦曰：「甲子昧爽，受率其旅若林，會于牧野，罔有敵于我師。前徒倒戈，攻于後以北，血流漂杵。一戎衣，天下大定。」

不信武王伐紂有血流漂杵之事。實則大軍會戰，其死傷之慘，有過於血流漂杵者也。

孟子說：「有人曰：『我善爲陳，我善爲戰。』大罪也。國君好仁，天下無敵焉。南面而征北狄怨，東面而征西夷怨，曰：『奚爲後我？』武王之伐殷也，革車三百兩，虎賁三千人。王曰：『無畏，寧爾也，非敵百姓也。』若崩厥角稽首。征之爲言正也，各欲正己也，焉用戰？」（〈盡心下〉）善戰乃大罪，善佔者服上刑，力言好戰悖仁之非。康有爲氏說：

> 右七章皆惡戰之殃民不仁，而歸本於仁。諸國相爭，殺人如麻，各誇攻伐，銘功金石，耀美史書，其罪應若干倍，不待言矣。取非其有，按律猶科大罪，此固古今萬國之所同。至於殺人無數，萬骨枯於成功，則誇名將之偉績殊功矣。如此不公，義實難解。是故妄取人財者謂之賊，殺人占物者謂之賊。至於強占民財而自誇闢土地、充府庫，強取人地而自誇得地得城，糜爛其民，盈城盈野，此其罪浮於妄取人財殺人占物之賊，不啻萬億兆倍，謂之民賊，乃得律名之正；謂之土地食人肉，亦非過激之詞。

對於善戰者爲大罪之當服上刑，康氏在此解說至爲透闢。

他又舉例說：「當時起、翦、頗、牧之徒，用兵愈精，殺人愈眾。秦尚首功，以殺爲樂。以《史記》考之，每戰必斬首數萬級，無歲無之。若白起之坑趙卒於長平者四十萬，項羽之坑新安降卒二十萬，其慘益不可言。以爲民賊，豈爲過哉？」〔註23〕

戰爭的殘酷與人民的痛苦息息相關，戰國的國君皆好戰之徒，爲人臣不勸諫國君，以和爲貴，爲民謀福，爲國建設，還處處火上加油，狼狽爲奸，不顧人民死活。因此觀康氏之論，對孟子所謂民賊之可驚可恨，能不「於我心有戚戚焉」（〈梁惠王上〉）哉？

四、期望仁者統一

孟子處戰禍連綿之世，痛生靈之塗炭，甚盼天下統一，世局平定，使人民得享有生之樂。他對梁惠王說「仁者無敵」，對齊宣王說「然而不王者未之有也」（〈梁惠王上〉），意均在此。

〔註23〕康有爲，〈仁不仁第七〉《孟子微》（台北：台灣商務，1987年），卷三，頁17～18。

梁惠王去世，梁襄王即位。孟子見梁襄王。出語人曰：

> 望之不似人君，就之而不見所畏焉。卒然問曰：『天下惡乎定？』吾
> 對曰：『定於一。』『孰能一之？』對曰：『不嗜殺人者能一之。』『孰
> 能與之？』對曰：『天下莫不與也。王知夫苗乎？七八月之閒旱，則
> 苗槁矣。天油然作雲，沛然下雨，則苗浡然興之矣。其如是，孰能
> 禦之？今夫天下之人牧，未有不嗜殺人者也。如有不嗜殺人者，則
> 天下之民，皆引領而望之矣。誠如是也，民歸之，由水之就下，沛
> 然誰能禦之？』（〈梁惠王上〉）

處人君皆嗜殺人之世，有不嗜殺人之仁君出，必使天下人人仰望，四海歸心，
欲不王天下，亦不可得也。

康有爲氏說：「此言能仁而不嗜殺者能天下。項羽焚秦宮室、坑新安降民
而敗，漢高寬仁大度而成。薛仁舉、梁師都殘暴而敗，唐太宗寬仁而成。宋
太祖命曹彬下江南，不戮一人而定天下。若好殺者野蠻盜賊，如李自成、張
獻忠，應劫而興，必無所成。孟子此言，可謂深切足爲萬世法矣。若天下之
定於一，此乃進化自然之理。」〔註24〕

康氏由漢高祖與唐太宗之成功，以證孟子不嗜殺人者能一之之說，極是。
繼以中外歷史上國家由多而少，國土由小而大，推斷未來世界必可合爲一體，
成爲一地球國，組成一世界政府，實現天下統一太平大同世界之理想。此種
世界一國之理想，確有終必實現之可能。惟在此須特別指出者，以往世界國
家之兼併，不論中外，類皆由武力造成。此孟子所謂以力服人之霸道，乃其
極力反對者也。今日陸海空電之交通便捷，已達出神入化之境，全世界已被
形容爲一地球村；加之科技進步，教育普及，民智大開，民主思潮瀰漫，世
界如統一爲一國，必須由和平方式達成，必須由民主方式達成。此孟子所謂
以德服人之王道也。

綜合起來看，孟子支持仁義之師，以其誅君弔民，爲民除害，合於民本思
想之精神也。孟子主張自衛之戰，以其共同禦侮，利國利民，合於民本思想之
原則也。孟子反對不義之戰，以其爲君主個人思欲計，不顧人民安危禍福，違
反民本思想之理想也。孟子期望仁者統一，以其爲天下長治久安計，足以使人
民安居樂業，合於民本思想之目的也。孟子民本之軍事思想，立論正確。

〔註24〕 參見康有爲，〈仁不仁第七〉《孟子微》（台北：台灣商務，1987年），卷三，
頁20～21。

第五章　孟子民本思想的現代對話

　　孟子的民本思想之政治、經濟、教育與軍事，在上一章已討論過，然一般學者在論述中國文化的價值與中國現代化的開展時，民主是其中一個評價的標準。中國文化，尤其是儒家思想是否包含民主的成份或甚至是否與民主不相容，也常是爭論的焦點。而孟子民本思想對於政治方面的論述，很自然地成爲雙方爭論的題材。「孟子思想中的民本論、王霸之辨、仁政王道之宣揚、禪讓政治與湯武革命之並稱，都可與當代西方的民主理論相比」，〔註1〕因此若說以孔孟爲主的儒家思想沒有民主的精神，或更以之爲反民主的封建思想，實爲誣妄之論。但若以孟子民本之政治思想即實有現代民主的理論，卻又似難以有令人信服的論據，而中國自孟子之後就沒有進一步發展成當代的民主理論或實踐的發展，也是使人懷疑儒家以至中國文化是否眞能與民主相容。

　　中國傳統文化以儒家思想爲主軸，自漢以後又罷黜百家獨尊儒術，政治上大體以儒士爲主要參政者，以儒家之尊崇禪讓政治，加上孟子民本之政治思想中有與近代西方民主理論可相表裡的民主思想資源等，可否開出西方的民主制度？若可以，可有理論依據？若不可？其中的歷史社會文化思想的限制何在？而民主的本質爲何？有何缺點？民本思想與民主政治兩者間有何差異？民本思想面對當今的政治環境如何轉化？對後世的影響又如何？都是值得我們關心、探討的問題。現在就讓我們先剖析西方的民主政治，再逐一探討其他問題。

〔註 1〕　參見李瑞全，〈孟子政治哲學之定位：民本與民主之論〉《儒學與當今世界》（台
　　　　　北：文津，1993 年），頁 161、173、174。李瑞全先生並且從「主權在民」與
　　　　　「認受」兩項考察，證明孟子的治道也就是民主的治道。

第一節　西方民主政治的剖析

　　西方民主政治是否完美無缺，是否徹底解決了專制極權的問題，還是有美中不足之處，或隱藏其他危機？都是本節要探討之課題。現依序從其產生之背景、民主的本質及其缺點，一一加以探討。

一、西方民主政治產生之背景

　　對曾飽受專制之苦，對君主權力沒有制限的國家而言，「民主」的確深具吸引。歷史的進步，如同人的成長一樣，其弔詭處在於先付代價，爲過去的愚昧付代價。從人類歷史看來，專制可說是不分東西：東方帝皇以爲受命於天，西方的君主亦以爲君權神授，這就導致權力的擴大，而成爲罪惡的源頭。對權力進行反省，而思加以制衡，首先要面對權力的來源問題進行剖解，但眞要能解開這種自上而下的權力來源的思考方式，就靠人對自己獨立存在的自覺。「洛克（John Locke, 1632～1704）指出人最初生活在一種絕對自由與平等的自然狀態，根本沒有任何形式的政府，則政府的權力顯然爲後起，即由人們所賦予；這就是西方民主政治的萌芽。」〔註2〕反觀中國，在經歷了晚明的亡國之痛，政權獨裁之禍後，知識份子已知君權泛濫，禍延民族，但仍以爲這是人君的「內聖」不足，王船山仍期待再有「聖人崛起，以至仁大義立千年之人極」〔註3〕以爲榜樣，方能挽回歷史的沉淪。從理想政治需要有道德支撐的這一傳統識見上說，自是不易之論，但面對當前君權的泛濫卻無現實的針對性，君權的客觀界限仍然無法劃清，仍然由人君的修養功夫來自我調節，則泛濫者在現實上仍可重來。這一點，可見傳統中國知識份子思想的局限：〔註4〕在已經僵化的政治混同道德的秩序之下，理性精神委曲，不能突破君位。西方則在經歷了十六世紀的文藝復興，十七世紀的啓蒙運動之後，理性成爲人類活動的唯一可靠的南針，加上科學的成果，使人類愈來愈相信自己的判斷力，宗教與形上學的莊嚴世界變成迷信，眞正客觀的知識要從經驗開始。在這樣的前提之下，自然產生民主的理論。由此可見，觀念的產生需

〔註 2〕　見楊祖漢主編牟宗三等著，〈論民主政治平面化的危機〉《儒學與當今世界》（台北：文津，1994 年），頁 203、204。

〔註 3〕　王船山，《讀通鑑論》卷十九。

〔註 4〕　其中義理可參見牟宗三《政道與治道》（台北：學生，1996 年）第一章四、五節。

要歷史條件：歷史過程不同，思想的創造亦異。民主理論何以不發生在中國，是有其外緣的理由的；亦正如「內聖」的要求，唯中國所重，亦應從其歷史文化了解：何以單從客觀制度的建立不能保證理想的群體的生活上著眼，而必更將此制度之理想性植根於人的道德心靈的緣故。總之，人類問題首先是歷史文化的行程問題，應先從歷史文化的脈絡作如實的了解，作知識的定位工作，然後再探討其融貫的可能，使不相害。因為一切文化都是養育人生，只不過由於經驗條件不同，時空易位，纔有各個地域和各個時代的文化。當它們個別發展，目的仍是滋養它們的民族，向前舉步，但當它們相遇，亦可以互利或互作生死之爭。許多人相信民主有普遍性，適合我們這個時代，其實，政治人物的道德修養乃至一切人的道德修養又何嘗沒有普遍性？那不只適合我們這個時代，更適合於人類的任何時代。關鍵是我們要有分判，不可太主觀的單以一方來要求另一方，使自己的主張合理化。今天在西方民主政治制度出現眾多負面效應之際，重新來檢視民主政治的不足，或許孟子民本之政治思想可提供另一種思考的面向。

二、民主的本質

「民主」是什麼？十八世紀以前人人都有個清楚的概念，且幾乎沒有人喜歡它，但現在的情形卻剛好顛倒過來，幾乎人人都喜歡它，卻不再有清楚的概念。的確，民主一詞已被政客與媒體所濫用，而變成像「萬歲」一樣的字眼，幾乎沒有人敢公然反對它。今天，沒有人不宣稱自己是民主主義者，沒有國家放棄民主的頭銜，沒有政權不斷言大眾的支持是其合法性的基礎。雖然民主已然發展成一「神聖」的符號，但其實質意義卻日愈被混淆，甚至被濫用。現在就學者對西方民主政治研究之成果，及其對「民主」所下之定義，一一探尋。

「民主」一詞，誠如陳顧遠所說：

> 近代之民主云者，在西文為 Democracy，係由希臘文 Demos（平民）及 Krateiv（支配）兩字組成，據希臘哲人柏拉圖（Plato）解釋，係指「人民全體運用主權」之謂，而與君主政體、貴族政體有別。是民主思想與其民治觀念，在思想發展史上，首即發生密切關係而不可分。〔註5〕

〔註5〕參見陳顧遠《中國文化與中國法制》（台北：三民，1970年），頁65。

可知當代之民主思想乃是以民治爲核心，而民治落實在制度上雖然可以有直接制或代議制，也可有君主立憲或民主立憲等不同，但公民資格（citizenship）、選舉權（the right to vote）、選舉制度（democratic electoral system）、政黨組織（political parties）和壓力團體（the pressure groups）等五個要素乃是被政治學家認爲缺一不可者。〔註6〕因此「民主」本質應可概括爲四義：

（一）主權在民

洛克首先提出人的自然權利，設想在自然狀態之下，每個人都有自由的個體，每個人都有維護其生命與財產的基本權利。這種權利是自然的，是絕對的，無任何權威，包括政府的裁決可以奪去。政府的功能，只是爲了保護人民的財產而設立，而且它的產生，是出於人民的授與，因權力是授與的，因此政府若違反信託，人民便有權更改政府，必要時可以通過革命來推翻它。洛克的這一個講法，首先把君主政體的權力來源自神的傳統觀念粉碎，使君主的權威失其所依。一七八九年，法國發表人權宣言，進一步肯定人的各種自然權利，並聲稱人的言論、出版信仰的自由不容侵犯，於是使洛克的人權觀念有了基本的防線。

（二）契約政治

基本上，此一概念已爲前一概念所涵。若承認主權在民，則政府應對人民負責，兩著的關係是契約（contract）關係，則通過「契約」形式，人民把管制權力交與政府，但人民仍然保留監督與更改契約的權利。洛克最先提出的民主理論，即包括這種「社會契約」說，後來「盧梭（G. J. Rousseau, 1712～1718）進一步深化這種『契約』，主張每個人通過理性的選擇，把權力交給經過契約的社團，以結集力量，形成公眾意志，而政府只是公眾意志的執行機關。盧梭的這種想法，可說開日後政黨政治的先河。」〔註7〕契約政治的最主要貢獻，是雖承認有國家與政府的存在，但仍保留個人的天賦人權，作監督者即裁決者，同時使政治活動本身不具有目的，而以實現契約中的規定爲目的，這就使政府的權力受到約制。

〔註 6〕 參見陳顧遠，《中國文化與中國法制》（台北：三民，1970 年），頁 64。
〔註 7〕 見楊祖漢主編牟宗三等著，〈論民主政治平面化的危機〉《儒學與當今世界》（台北：文津，1994 年），頁 206。

（三）多數原則

由於民主的權力由下向上集中，每個個體必須讓出他的基本權力纔能形成公眾意志，這就必須通過多數原則。洛克和盧梭則認爲多數人的決定是正確的，再毋須爭辯，這其實是預取了科學上的「量化」立場，以爲在數量上佔優位的即是眞理。後來邊沁（Jeremy Bentham，1748～1832）的「最大幸福原理」便是建基於計算，連善惡的價值標準也是從引起苦樂的量度來決定。

（四）權力制衡

爲了避免政府濫用權力，洛克首先主張權力分立，把政府權力分爲行政與立法兩端，後來孟德斯鳩（Baronde Montesquieu1, 1689～1755）進一步將之分爲三部：行政、立法、司法，彼此互相箝制。例如行政部應有權否決立法機關的建議，而立法機關則有權彈劾行政部的效率，另設獨立的司法機關以對付行政、立法兩部的不負責任行爲，以確保人民權利，孟德斯鳩的這種制衡方案對民主政治的實踐有很大影響，美國立法時便採用了他的構思，直到如今仍爲大多數民主國家所遵從。

上述四義，主權在民是民主政治的前提，由此以說自由、平等，與獨立人格。契約政治是民主政治的本質，由此可以不斷地轉換政府，主要通過選舉，即無異表達人的簽約意願，人仍是自由。多數原則是民主政治的運作原則，一切議案、討論、選舉，均賴此達成。最後權力制衡是民主政治中政府的構造原則，目的在防止權力濫用，造成不公，與對別人權力的侵害。

基於以上關於民主本質的討論，吾人認爲：民主政治要能走向良好的發展道路，有賴人民高度的民主素養及政黨政治的良性互動，然而要達到此一民主境地，則須培養出一個獨立自主的公民社會（civilsociety），發展出高尙的公民文化與強大的公共輿論來監督政府與政黨，這是貫徹民主政治與政黨責任政治的基本條件。

三、西方民主政治的缺點

西方民主政治的思想根源雖然久遠，但它實施而得到的成效，卻還是比較晚近的事。它必須預設一些條件才能夠做得成功，譬如一般人民的生活、教育水準提高、民權的意識覺醒等等，而這些都是工業革命以後的社會才能夠具備的條件。所以我們無須悲嘆我們的文化沒有自己孕育出現代民主思想

的種子。問題只在我們要怎樣適應現代的形勢，把傳統的直貫道德倫理思想作一折曲，在合理的程度下吸納現代個人主義、法治、人權的觀念，以完成這一複雜而困難的轉變歷程。

現代民主的實施的好處固然有目共睹，但它並不是一副萬靈藥。它也有它本身的根本限制所在，此則不可以不察。尤其是現代的代議民主政治用的是選舉多數統治的方式。但明顯的是，客觀的哲學、科學真理的追求，藝術的創造、道德的修養，在這些方面的造就都不是投票可以決定的。如果我們忘記了政治的適當定位，不了解它只不過是用來解決牽涉到眾人之事的一種較好的方式，而把它的膨脹成為了決定真理、藝術、道德的標準，其害就不可勝言。民主的一個困難問題是，在一個短時期之內，民意可以被扭曲左右來支持一些似是而非的偽似真理。更嚴重的是，民主所保障的是一般自然人的權利。如果這些自然人不求上進，自甘下流，順軀殼起念、吸毒賣淫、無所不用其極，這個社會也就種下了自己崩壞的種子。現在吾人就針對民主政治的缺點略述如下：

（一）民主政治缺少自我完善的動力

民主政治注重制度，但自我完善的力量首先不能從制度來。制度的作用是保證最低要求（minimum），原則上是消極性的，目的在堵塞漏洞，防止流弊，但不能產生積極的效應。「徒法不能以自行」（〈離婁上〉），必須依賴執法者自身之公正無私與對法的尊重，此即預設執法者的人格與道德修養。由此再進，方能看到作為一客觀制度的自我完善的動力。換言之，這一動力不從制度來，而從人的修養來，人的眼光來，人的對未來人類的共同命運的承擔來。所以民主政治要走向完善，首先不能離開每個參與者的素養，包括他的道德人格與遠大關懷，否則各為其私，即使賦予其基本人權，此人權亦會被污染。

我們如此說，並非反對人人都有基本權利。此權利既是「天賦」，則不容剝奪。過去貴族政治與獨裁政治認為自己比人民神聖，可以擁有更多的權利觀念當然要廢棄，因為這不合平等原則。今天民主政治提出主權在民，的確可以說是人人平等。但「平等」的意義若只是就平面的人人說，亦會造成簡單化和形式化，結果看不道保證此「平等」的實現的力量。實現平等不能靠制度，而是靠我們追求平等的價值理想，此價值理想內在於人心，由此起用，亦能使制度日趨完善。所以如果我們把民主政治看作是一個制度的建立，以為如此便可以解決人類的紛爭，達致理想的政治生活或群體生活，則顯然是

一個美麗的誤會。也許，民主的多數原則不失為一個解決紛爭的方法，但卻絕不是達致理想的政治生活的方式，因為達致理想必須預設使其完善的力量，而平面化的民主自身顯然並不具備此一要素。

（二）民主政治平面化的缺失

因為民主政治的權力全部來自一個群體內的平面，沒有深厚的根，亦沒有超越的、永恆的方向以帶動群體內部的每一個分子，這就使群體完全沉入現實，再經驗層次上作是非之爭。會使人有「上不到天，下不著地」，而成為一懸空的存在。忽視了人的永恆性的追求，人根本不能安身立命，而只有隨現實形勢而漂浮。人類的千古之苦仍然不能解決，現代的智慧只能提供豐富的物質選擇，但人的精神仍然乾枯。表面看，民主承認個人的基本權利，則人仍可擁有他的私人空間，但事實上這是個假象，如果你不積極參加民主遊戲，選擇依個政黨或政治團體來集中你的意見的話，你的私人空間、你的利益很難得到保護。為什麼？這就是因為民主只有一個平面，你必須在這個平面中取得力量，其他的東西都要依賴這個平面而得到生存。

上面我們曾經分析民主政治四個要素，現在我們不妨逐一分析這四個要素所導致的平面化危機。

首先「主權在民」把中西傳統以來的君主獨裁政治作一扭轉，釐清政府的權力來源，這的確是一大進步。由此以說平等、自由，這些人類在歷史中追求以久的價值觀念纔更有實現的可能，至少是提供了客觀的保證。但其真正的平等、自由，必須先承認每一個人都是一個獨立的存在；不但他的基本權利受到保護，更重要的是他的獨立性，即獨立人格，這樣纔可以保證他的權利在公平地使用，而不會濫用或與魔鬼交換。換言之，一個人的獨立人格必須預設他有清明的理性與無私的性情，否則他的權利亦會被污染。落到人性的私慾上說，便會滿足其私利。例如，把這種權利行使在投票上，如何保證其一票的投出不是為了私利，而是出自公心？便根本無從考究。事實上今天民主政治所依賴的是現實的一票，此票在選舉上有獨立意義，目的在計算，以滿足多數原則的要求，但並不表示投票人有獨立人格。換言之，這形式上的獨立由制度賦予，以保證有人行使其主權，但並未對此人在行使其主權之前有任何人格上與品質上的要求，因此如何保證此票的神聖意義呢？所謂獨立人格，必須是道德的和理性的，這樣他纔能自主，纔能為其神聖的一票負責。《論語》說「君子群而不黨」、「和而不同」，每一個人都是一個獨立

的主體，都可以明辨是非，都有他的理想，因此亦都有他的責任承擔。彼此可以相交、相群、相應、相和，但不必相同，大家一個模樣，更不必結黨，以求力量的組合、壯大，以爭取權位，是終爭取利益。每個人都能自我站立，不必依賴組織，這就有一個深度，有一個道德上和理性上的根，獨立人格的意義亦應進至此，那投出的一票方有意義。但今天的民主政治只著眼於票數，張三與李四毫無分別，豈能見出投票者的素養呢？若不先培養參與者的獨立人格，則大家都是站在同一的平面，競選者便只能從大多數人的利益去考慮了。

其次，「契約政治」方面，說得好，這是對政府權力的控制，政府必須遵守信約方能存在，說得不好，是政府的存在無必然性，在原則上可以隨時撤換，而此國家陷入危機。究竟人民當信政府還是懷疑政府？如當信政府，則契約有貫徹之義，不可遽改。《論語》所謂「信近於義，言可復也」，又從「自古皆有死，民無信不立」，所根據的是信必有守的道德原則，而不是一法律性質的契約文件。若為法律契約，則時移勢易，大可依據法律程序改訂；即使一方背信，另一方義可以依法追討。但今天的民主政治雖然有信任危機，但爲聞競選者違背其競選諾言時有何道德及法律上的責任承擔。人民充其量在契約滿時改任他人，對契約內容未能貫徹亦無可如何。契約未能有深厚的精神支撐，其平面化與形式化可見。

民主政治最受批評的可能是運作上的多數原則問題。由於選舉的勝負標準在數量，參與競逐者便不能不通過各種各類的組織來結集力量，個人沒有位置，只有把自己如盧梭所說的交給組織，在公眾意志下「得回理性的自由」，實質上是託庇於政治團體，通過政治團體的力量來保護自己的利益。團體如有公心，或表現一公共理想，則參與者必須賴超越的理性與無私的性情纔能超越其自身以表現或認同一公共價值。若從價值理想皆內在於人心說，則多數原則是某一價值理想的客觀化，亦是代表善的流行。但由於人的價值理想可通於各方面，多數原則的取捨只能表現其一，而掩蓋其餘，所以未能充分圓滿人的各方面的要求。尤有進者，多數原則的運用往往是用於有兩個以上的選擇的裁決，如果著眼於成敗，便需要結集力量，以多取勝。「多」是數量（quantity），不是質素（quality），與是非、眞假、善惡，均不相干，但在多數原則下它往往代表合理、正確，甚至道德上的善。孟子說：「自反而縮，雖千萬人吾往矣。」（〈公孫丑上〉）這是何等的道德勇氣，起能以雙方的人數作

是非判別？現在潮流文化便講數量，經濟市場的開拓更講數量；在資本主義社會中，一切價值都可以量化計算。我們必須指出：民主政治假定多數人的選擇便是對的，這個假定沒有根據，也不分層次（如貴族政治尚有一些層次，對參與者的某些資格尚有要求）。但今天的民主政治除了年齡一項之外，能有別的要求嗎？年齡只代表生理上的成熟，但不能保證他理性上的成熟與獨立人格，所以高貴的理想只有向下沉。這是民主政治的無奈。

最後，「權力制衡」一項初意是為了防止權力濫用，可見民主政治對人的權力欲不是沒有警覺，甚至契約政治的出現也是為了保留人的最後權力，則人的私欲已在民主政治的算計中。如此即與民主政治想成就一客觀的、公共的政治理想相悖，因為從私欲不可能生出超越其自身的客觀的、公共的價值理想，〔註8〕同時亦與主權在民所預設的人可以理想地、無私地（公正地）選擇相矛盾。或者，權力會濫用，不是出於人的理性，而是出自現實人性的自私本能，所以要進行預防，這是可說的。但為了這種不信任，政府體制必須精細分工、互相監督，結果不但造成人際關係的破裂，而且很簡單的事，也會平添許多文件和程序，造成資源浪費、時間浪費。孔子說：「雍也可使南面」，為什麼呢？因為冉雍「居敬而行簡」，能夠以身作則，無為而治。理想的政治人物，依儒家說，是要對自己作道德上的自我要求，而不是竊取權力，更不是監督別人。儒家德治的最高境界，是「禪讓」，即執政者自動讓出權力，因為「天下為公」。不過這必須預設執政者的道德修養，能從公心超越的涵蓋整個社會，使別人的人格亦得感動超升。所謂「道之以政‧齊之以刑，民免而無恥；道之以德，齊之以禮，有恥且格」，人能自覺的守法、守禮，依道而行，法律與刑罰的作用便減到最低。固然，儒家的德治在歷史上從未真正實現，但這並非無效，因為它是一個方向，至少我們可以看到「刑簡政清」在中國歷史上始終是評估當朝政績的一個標準。反觀現代民主社會強調「法治」，由法律來維持起碼的公民道德與公正，這不過是消極的防範，使社會成為一制度下的平面，結果只有使人的素養倒退到自私的，無反省能力的生物層次。試看美國社會進行民主二百年，道德水準每年下降；最近社會調查，顯示美國虐待兒童個案、少年自殺人數、貧富距離等，皆出現令人憂心的數據。可見不能光靠制衡，還需進一步培養公民的道德人格。

〔註 8〕此義參見唐君毅，《文化意識與道德理性》（台灣：學生，1986 年）第四章第十二節。

第二節　孟子民本與西方民主政治思想的差異

　　國人有時將民本思想與民主思想相提並論，視民本爲民主；認爲民本思想是最完美的政治思想，以我國自古有民本思想而自豪。實則民本思想與民本思想不同，雖然是君主專制下一種很好的政治思想，然而仍非最完美的政治思想。那麼民本思想與民主思想有何不同呢？簡述如下：

一、精神相順相通

　　孟子民本之政治思想，雖然沒有近代意義的民主政治。但孟子講「民爲貴」，講「憂民之憂，樂民之樂」（〈梁惠王下〉），又要求「爲民制產」，使黎民「不飢不寒」，使百姓「養生喪死無憾」（〈梁惠王下〉）。而「愛民、教民、養民、保民」，更是儒家的基本觀念。從以上這些「尊重民意，關切民生」的意思上看，孟子的民本思想，與民主政治的精神，明顯地是相順而不相逆、相通而不相違的。

二、權力來源不同

　　從「民本」到「民主」，比較顯著的不同是因爲「民本」是順著「修德愛民」的觀念而來，是自上而下的。在這種情況之下，民，仍然是被動的，被動地接受仁政的惠澤和禮樂教化的薰陶。這樣，雖然也很幸福，但歷史上又有多少聖君賢相來推行仁政呢？一但政治混亂，禮樂崩壞，人民百姓就只好受苦受罪了。而「民主」就和「民本」不同，它是由下而上的，是公民自決地去爭取自由人權，主動地去爭取平等幸福，並進而建立一個政治體制，以法律來保障人民的自由和權利。所以民本和民主不一樣，是有距離的。

三、民本只有治道無政道

　　民本和民主二者之間的不一樣，並不是精神原則上有衝突、有牴觸；二者之間的距離，也只是政治體制的問題。政治的體制，決定政治的形態，牟宗三先生在《政道與治道》一書中，認爲「中國只有治權的民主，而無政權的民主，則治權的民主亦無客觀的保證，而無法得其必然性。而真正的民主必須寄託在政權的民主，所以中國沒有出現西方意義上的民主。」〔註9〕因此

〔註 9〕見牟宗三《政道與治道》（台北：台灣，學生，1987 年），頁 10。

整個問題的關鍵，還是落在「政道」上。『中國傳統政治有三個大困局：

> 一是「朝代更替」，一治一亂，形成惡性循環；
>
> 二是「君位繼承」，傳嫡與傳賢，常常造成宮廷鬥爭，骨肉相殘；
>
> 三是「宰相地位」，相權不足以和皇權抗衡，宰相的地位沒有取得客
> 觀法治的保障。』〔註10〕

這三大困局，儒家雖然早已看出來，但問題卻無法解決。也就是說，對於皇帝所代表的那個政權，一直沒有想出一個客觀的法制來安排它，使它有一個和平轉移的軌道。（禪讓、革命，不是制度；世襲雖是制度，但只是家天下的制度；而打天下則是武力解決，更無制度、軌道之可言。）據此可知，問題的核心，是欠缺一個安裝政權的「政道」。而近代西方所建立的民主政體，正好可以一舉而解決中國傳統政治的三大困局。這是民主政治可以令吾人學習之處。

四、政治主體不同

所謂民本思想，乃是要君王為政重視人民，而不是由人民為政。君主仍是統治者，人民仍是被統治者；君主仍是政治的主體，處於主動的地位，是政治的發動者，而人民則仍是政治的客體，處於被動的地位，接受君主的統治；雖有類似「天下為主君為客」（黃宗羲語）之類的話，但那是用來告誡君主的，是對君主說的，不是對人民說的，孫中山先生說：「此刻的民權時代，是以人民為動力，從前的君權時代，是以皇帝為動力，全國的動作，是發源于皇帝」。〔註11〕從前的實際政治是如此，民本思想並不能突破這個事實。這因為在古代，事實上：生產力及一切勞動力來自人民，沒有人民，統治階層便無以為生；思想上；認為人民既無知又懦弱，須由天生聖人，「作之君，作之師」，教導之，保育之。而民本思想就是在這種背景之下產生的，因而雖然要君主重視人民，但人民並沒有權利對君主作任何要求，雖可表示意見，但君主並沒有一定要接受的義務。這與民主思想是大不相同的，在民主思想之下，沒有統治者與被統治者之分，只有一般公民與執政者之分。一般公民是

〔註10〕見楊祖漢主編牟宗三等著，〈「所謂開出說」與「坎陷說」〉《儒學與當今世界》（台北：文津，1994年），頁20。

〔註11〕參見孫文〈三民主義・民權主義第六講〉《國父全集》（台北：中國國民黨黨史委員會編，1981年），第一冊，頁141。

政治的主體，理論上處在主動的地位，執政者由人民所選擇，須遵照人民的意思施政，理論上公民有指揮他的權利，他也有接受人民指揮的義務。

五、政治屬性不同

民本思想中所謂重視人民，就是強調人民的重要，要君主尊重民意，安民、保民、養民、教民。這等於說作父母的要尊重子女的意見，對子女善加保育教養，是以君主為父母，以人民為子女，如《尚書‧康誥》篇載周武王誥戒康叔，要他對人民「若保赤子」；《禮記‧表記》說舜統治天下，「子告如父母」，這可說是一種保姆政治。保姆政治不同於民主政治，蓋因視人民如嬰兒，不能獨立自主，唯褓母是賴，而褓母對嬰兒的保障，固須視嬰兒的需要而定，但如何保育，最後還是由保姆決定，而不是由嬰兒決定。民主政治則是假定人人都能獨立自主，有參與政治的能力，有選擇官吏與政策的能力，因為人人不能都親自執政，所以才把執政權委託給少數人。少數人為人民服務，而如何服務，最後也由人民決定，至少理論上是如此。「民本政治是褓母政治，民主政治則是公僕政治。民本思想把君主比著父母，父母對子女是頗有權威的；民主思想把執政者比著公僕，而公僕對人民則毫無權威可言。」〔註12〕

六、民本只講求民享民有而無民治

民主思想中，認為「民主政治是民有、民治、民享（govemment fo the people, by the people, for the people）的政治。」〔註13〕而民本思想只講求民享，如前述養民的主張便是。民本也講求民有，如萬章問孟子：「然則舜有天下也，孰與之？」孟子答曰：「天與之。」……「天與之者。……天與之，人與之。」（〈萬章上〉），蕭公權先生說：

> 先秦以來之政論家，發揚『民為邦本』之學說者雖不乏人，然以近代之語述之，彼等大體祇知『民享』、『民有』，而未知『民治』之政治。孟子民貴之說，與近代之民權有別，未可混同。簡言之，民權思想必合民享、民有、民治之三觀念。故人民不祇為政治之目的，國家之主體，必須具有主動參與國政之權利。以此衡之，則孟子貴民，不過由

〔註12〕 見孫廣德，〈我國民本思想的內容與檢討〉《中國政治思想專題研究集》（台北：桂冠，1999年），頁193。
〔註13〕 參見孫文，〈三民主義之具體辦法〉《國父全集》，第二冊，頁406。

　　民享以達於民有，民治之原則與制度皆為其所未聞。〔註14〕
可見人民不但不能實行統治，而且是統治的對象，是被統治者，譬如談到君
主的任務，總說是治國治民。人民之中有知識有才能的人，雖可以成為官吏，
參加統治，但他是為君主而統治，而且統治的對象仍是人民。換一種說法，
就是民本思想只重民生，不重民權；就重民生來說，並不把解決民生問題完
全視為君主的責任，也視為一種恩德。所以民本思想與民主思想不同。

七、民本不是法治或責任政治

　　民主思想下的政治應該是公意政治、法治政治、責任政治。政權的獲得、
轉移與政治措施須根據公意，如公民投票選舉官吏，或選舉代表成立議會，
重大政策舉行公民投票以作決定等，是為公意政治。一切機關的組織與政治
措施，須依據法律，不能任意成立機構，任用私人，不能依己意施為；而法
律由人民或人民代表制定，是為法治政治。執政者違法失職，或其政策得不
到人民擁護時，須負責任，或立即改正，或引咎辭職，或受法律制裁，是為
責任政治。而民本思想下的政治，只是部分的公意政治，雖主張為政者尊重
民意，但民意並無決定的力量，只能供為政者參考，所以不是完全的公意政
治。更談不上法治政治與責任政治。君主在法律之上，可以制定法律，廢止
法律，而不受法律的約束；一切措施都依照君主的意思，而不是依照法律的
規定，所以不是法治政治。任何人任何機關都對君主負責，而君主不對任何
人任何機關負責，對多只對自己的良心負責；君主有過失，沒有法定的制裁，
最多只受自己良心的制裁，所以不是責任政治。

　　以上於討論民本政治與民主政治不同，在此尚須略作解釋：

一、所謂民本政治不是最理想的政治，乃是依我們現代的眼光所作的判
　　斷，但以古人的眼光看，可能認為民本政治就是最理想的政治，而
　　在古代的環境下，他們那樣認為也並沒有錯。

二、所謂民本政治與民主政治不同，也祇是說明其不同而已，並非強調
　　民本政治一定不如民主政治，或民主政治一定優於民本政治，因為
　　在不同的時代與環境下，二者的意義與本質可以比較，二者的優劣
　　則不可以比較。

〔註14〕參見蕭公權《中國政治思想史》（台北：聯經，1982 年），頁 91。

第三節　孟子民本政治思想之限制與轉化

孟子民本之政治思想為何無法成為西方民主的政治思想，其限制為何？是歷史因素？是中國人的傳統觀念？有辦法轉化嗎？都是本節探討之重點，現依序討論。

一、孟子民本政治思想之限制

民本與民主實在不同，然何以傳統中國具有民本思想，為何始終欠缺民主觀念，以至未形成民主制度，筆者擬就政治思想、社會結構等因素，分下列六項說明之。

（一）重從賢甚於重從眾，未能形成多數決之制度

我國自有歷史記載以來，大致均係大國，且又屬於大陸國家，與古希臘的城市國家（city state）不同；一國領土面積的大小與其政體之關係，若干學者頗有見解，〔註15〕徐復觀先生亦曾言：「西方以議會為中心的民主制度，是在幾萬人口的城邦國家中自然產生的；中世紀若干小的城市，也自然而然的採用了這種制度。」，〔註16〕在幅員面積廣大的傳統中國，要形成西方政治社會中多數決的理論，實有其先天性的障礙；孔子云：「吾從眾」《論語‧子罕》，孟子云：「左右皆曰賢，未可也；諸大夫皆曰賢，未可也；國人皆曰賢，然後察之，見賢焉，然後用之。」（〈梁惠王下〉）等民本思想之語句，一般學者以為中國帝王相當「尊眾」，筆者以為，此應係重視民本思想之言語，距離制度之形成，尚有相當之距離；中國傳統的理想政治模型——「聖君賢相」，促使中國未能由民本邁向民主，傳統中國未能達成民治，欠缺西方政治社會所需要的兩項政治制度的設計 —— 多數決的理論到實際運作及選舉制度。

孔子曾言：「眾惡之，必察焉；眾好之，必察焉。」《論語‧衛靈公》，但發生了「誰察」的問題，與察了之後，由「誰決定」的問題；我國自秦漢，歷經唐……宋、元、明、清諸代，均有「朝議」制度，其間雖有名稱之更易，官制之變動，權力之消長，〔註17〕然天子乃絕對主權者，致「多數」並無絕對之權威；與西方社會所顯現的精神與意義，均不同。

〔註15〕周道濟等著，《三民主義研究》（台北：政治大學公企中心編印，1982年），頁521。

〔註16〕徐復觀，《中國思想史論集》（台中：中央，1959年），頁136。

〔註17〕參見葉廣勳，《多數決的理論與實際》（台北：世紀，1977年），頁17。

　　孔子認為「苛政猛於虎」，孟子亦認為「惟仁者宜在高位，不仁而在高位，是播其惡於眾也。」（〈離婁上〉），因而我國自古較推重賢才，皇帝於朝議之意見中，亦有採納少數或至一人駁眾議之決定，如：「呼韓邪單于上書……願保塞上谷以西至敦煌……請罷邊備塞吏卒，以休天子人民。天子令下有司議，議者皆以為便。郎中侯應習邊事，以為不可許，上問狀，應曰……，對奏，天子有詔勿議罷邊塞事。」；〔註18〕由此可見，中國皇帝的「尚眾」之說，或許用「尚賢」是否較為恰當？

　　中國古代較重視的應是賢人政治，如唐玄宗開元年間用姚崇、宋璟、張說、張九齡為相，而達成「開元之治」，然如何判斷何者為真正的「賢者」，則為另一個重要的問題。

　　中國自秦漢之後，帝王乃絕對的主權者，「朝議」制度雖有，但不一定採取多數之議，反有採取少數或皇帝個人認為「賢明」之議，〔註19〕已如前述，因此，薩孟武先生曾言：「數千年來，吾國政治不能由專制進化為民主，『賢明』二字，實為之梗。」，〔註20〕真為獨到之見解。

（二）人治觀念濃厚，未能突破一治一亂政治思想

　　孔子曾說：「文武之政，布在方策。其人存，則其政舉；其人亡，則其政息。」《禮記‧中庸》可知孔子思想應傾向人治觀念；孟子說：「徒善不足以為政，徒法不能以自行。」（〈離婁上〉）文中謂「徒法不能以自行」應為至理名言，蓋法制定之後，苟吾人執行，則法徒掛牆壁耳，縱令人有執行，苟其人不為善人，則良法亦可變質為惡法。

　　儒家重視仁者、德治，牟宗三先生曾言：

> 儒家『仁者德治』的政治理想不是不對，而是不夠。光從治者個人
> 身上想，不能實現此理想。要實現此理想，根絕循環的革命與造反，
> 必須從『治者個人』身上讓開一步，繞一個圈，再自覺地來一次『理
> 性之外延的表現』，由此開出『政治之所以為政治者』，即政治之『自
> 性』，就政治的自性言，政治要成其自己，不能單從『治者個人』
> 一面作一條鞭地想，而須從政治者與被治者兩面作雙邊地對待地
> 想，使雙方都有責任。依此，政治的自性必然地要落在『對待領域』

〔註18〕見〈匈奴傳〉《漢書》，卷九十四下。
〔註19〕參見葉慶勳，《多數決的理論與實際》（台北：世紀，1977 年），頁 15～16。
〔註20〕參見薩孟武，《儒家政論衍義》（台北：東大，1982 年），頁 392。

中，必然地要建立在雙方都有責任上，而不能只落在一面的無對中，只建立在仁者的無限擔負上。這一步轉進是『理性之內容的表現』所不能盡的。只從治者個人一面想，要求其為仁者，那是政治被吞沒於道德，結果是政治不得解放，道德不得解放。〔註21〕

因此所謂的「治道」總有不足之處，而使得人民的權利無法得到客觀法治架構的保障，〔註22〕或許亦因為且視人民為一存在的生命個體，而注意其具體的生活、價值與幸福，而不是通過西方社會所表現的政治意義，自由、人權、權利諸形式概念而立的，〔註23〕因此每當政治腐敗，民不聊生，除鋌而「造反」之外，別無他法，或許中國傳統政治之所以一治一亂，於此應有莫大關係。

唐君毅先生認為，中國這種「一治一亂」的政治現象，始終無法突破的文化因素，主要在於「中國文化之形成，幾可謂一元，其所歷之文化衝突少；西方文化之形成多元，其所歷之文化衝突多。」，〔註24〕唐君毅先生係就文化形成與文化衝突角度而言，然筆者以為，周道濟先生對此一「一治一亂」之政治現象，有更精闢的見解：「民主政治圖久遠，尚法治，是『長期政治』，而非逞意氣，重人治，把握不定的『短期政治』，就政治思想方面而言，突破之道無他，即落實邁入民主政治，根本打破此一治一亂的循環理論也。」〔註25〕

（三）只重義務不講權利，缺乏鬥爭精神

西方民主政治是由鬥爭而產生，民權是由人民在鬥爭中所獲得，如英國的民主政治，就是由於貴族向君主爭權而來的。而我國卻只有極少數人長於鬥爭，勇於打天下，但他們把前代的君主鬥垮了，把天下打下來之後，自己又做了君主，他們不代表某個集團或某個階段，更不代表大多數人民，而大多數人民則非常缺乏鬥爭的精神，因而政治結構與政治制度永遠不會做根本的改變。至於中國人民缺乏鬥爭精神的原因，其重要者為：無權利觀念。何以如此？

〔註21〕 見牟宗三《政道與治道》（台北：台灣，學生，1987年），頁140。

〔註22〕 參見吳瓊恩，《儒家政治思想與中國政治現代化》（台北：中央文物供應社，1985年），頁194。

〔註23〕 見牟宗三《政道與治道》（台北：台灣，學生，1987年），頁118。

〔註24〕 參見唐君毅，《中國文化之精神與價值》（台北：正中，1982年），頁1。

〔註25〕 周道濟等著，《三民主義研究》（台北：政治大學公企中心編印，1982年），頁514～515。

這是因為中國社會是以倫理為本位的社會，父子、夫婦、兄弟固然是倫理關係，親戚、朋友、師生也是倫理關係，甚至夥計與老版、學徒與師傅，以至於君臣官民，也都是如此。以至於君主官吏與人民之間，皇帝稱「君父」，臣下稱「臣子」，人民稱「子民」，官有「父母官」，一切的關係都倫理化了。而在倫理關係中，一是不對抗，而講互助，如經濟上，大家庭常常好幾代不分產。父子、夫婦、兄弟之間，財產不分彼此；叔伯間，甚至鄉里間，也常通財互助，不像西方人，父子、夫婦、兄弟之間，財產畫分的很清楚。二是講義務，而不講權利，每個人都為其他人著想，子女想應如何對待父母以盡子女之道，不能要求父母盡父母之道，而向父母爭權利；反過來說，父母也是如此。就是在政治上，大家也只講君主應如何盡君道，而不講他應該享什麼權利。譬如孔子說：「君君，臣臣，父父，子子。」《論語・顏淵》就是說君要像君，臣要像臣，父要像父，子要像子，各自盡其應盡之道。孟子〈梁惠王下〉有這樣一段記載：「齊宣王見孟子於雪宮，王曰：賢者亦有此樂乎？孟子對曰：有，人不得則非其上矣，非其上者非也，為民上而不與民同樂者亦非也。」孟子就同一件事上，責人民不得非其上，又責君主應與民同樂，都是從義務上講，而不是從權利上講。國人既沒有權利觀念，不求享權利，只求盡義務，也就不容易形成對立，而易於互助，這樣自然趨於推讓而不尚鬥爭。

（四）崇古價值取向，形成保守個性

任何一個在農業性文化中成長的民族，基本上傾向於保守，比較安於現狀，比較崇古。而中國自有記載的歷史起，數千年來係以農立國，農業對中國人社會、文化、思想的影響甚大；因為農業社會必須定居，所遭遇到的變化較少，感覺不出有太大創新的必要，傳統的農業，再沒有發展出一套完整的農學之前，耕種技術，悉依賴先人的經驗，生活最重要的部分，既賴先人所賜，於是對先人容易興起追慕祖先的意識；這一些實際的情形，都曾直、間接培養了中國古人的保守心習。〔註26〕

至於在政治思想層面，由於先秦儒、墨理想人格的構想，透過古帝理想化的方式，引發出崇古的價值取向，後來因儒家取得文化正統的地位，更使崇古成為中國文化主要的價值取向之一，直接對中國傳統性格產生過深遠的

〔註26〕參見韋政通，《中國文化概論》（台北：水牛，1973 年），頁 40。

影響。所以，崇古價值的取向，對我國國民性若干保守特質的形成，可能是最基本的一個文化因素，崇古取向不但是中國傳統文化裡存在的一項事實，且是世界上這一類文化現象的一個典型例子；〔註 27〕因此堯舜之治成為中國理想的政治模型，在儒家、道家的思想模態下，傳統不只被懷慕，並且被「聖化」了，影響所及，大半認為他們所應努力的，不在創新，而在遵循傳統、維護傳統與回復傳統，因此，中國人未能發展出一套「變的理念」或「歷史的進化觀」；王安石之失敗在於他「祖宗不足法」的反抗傳統措施；大儒顧亭林讀到黃梨洲的《明夷待訪錄》時大為嘆服，但他最大的恭維話是「百王之敝，可以復起，而三代之盛，可以徐還也。」可見「三代的古典型模」已成為文人士子夢寐以求的境界。〔註 28〕可見中國是一個尊古、尚古的民族，當然在如此狀況之下，想要翻轉為民主思想，較為困難。

（五）因果報應說的信仰

我國自古所信鬼神賞罰善惡之說，就是一種報應思想，如墨子說的天賞善罰暴及冤鬼索命等便是。〔註 29〕佛教傳入以後，報應思想更加盛行，譬如分別善惡報應經中，依人之各種行為的善惡程度，指明受各種好壞大小的報應；其他各經中也常常講到報應。行者善得善報，如轉生為富貴之人、長命之人等，為惡者得惡報，如轉生為下流之人、短命之人或畜生，惡大者入地獄受無窮的痛苦等。〔註 30〕野史、小說之中，又將這些報應描述的活現。這種信仰流行，則當政治腐敗，暴君酷吏加害於人民的時候，一方面人民相信：這些暴君酷吏，必然逃不過因果報應的律則，將來一定得惡報，或短命，或入地獄受酷刑，所謂「善有善報，惡有惡報，不是不報，時候未到」，心理上自然得到安慰，而不急於現世上予以反抗。另一方面人民受虐政之苦，也可能以為是自己甚至是這一代的人，前生為惡造孽所得的報應，這樣想，較易心安理得，報應是應得的，自然不會有反抗的心理。

（六）真命天子思想作祟

我國自古相信天子乃由天所命，《尚書‧康誥》篇裡便說：「天乃大命文

〔註 27〕 參見韋政通，《儒家與現代中國》（台北：東大，1984 年），頁 37。

〔註 28〕 見金耀基，《從傳統到現代》（台北：時報，1983 年），頁 190。

〔註 29〕 見《墨子‧天志》及《墨子‧明鬼》各篇。

〔註 30〕 見〈分別善惡報應經〉《大藏經》，卷上，第一冊，（台北：中華佛教文化館大藏經委員會，1955 年），頁 896～897。

王，殪戎殷，誕受厥命」。謂周文王是受天之命而有天下。到陰陽家成立後，對受命而王之說，更加發揮。漢董仲舒陰陽家之說，謂：「堯舜受命於天而王天下」、「受命於天，易性更王，非繼前王而王也」。〔註31〕此外，類似的說法甚多。真正由天所命而為天子者，是謂真命天子。真命天子既由天所命，人民只有接受服從，而不可反抗，更不可把他推翻，另外擇立。天子由天所命，他是天的代理者，是天的兒子，他的任務是替天行道，為天司牧人民，人民不敢反抗天，自然不敢反抗天子。天子若違反天道，有辱天命，自有天罰，非人民所當過問。一直到了民國，因受長期混亂所苦，民間還常常希望有真命天子出現。如此，自然不容易有民權的要求，不容易有民主政治的產生。

二、孟子民本政治思想之轉化

在本文緒論中，牟宗三先生在面對儒家民本思想可否開出西方的民主思想時，他曾提出，透過理性辯證發展，亦即由道德理性的「自我坎陷」（self-negation），轉而為逆其自性之觀解理性；由是，理性之運用表現辯證發展為理性之架構表現，民主與科學即可由此開出。是否如此，吾人先來探討其學理上之可能性。

首先談「良知坎陷」，「良知」雖不能直接成就知識，但良知卻肯定知識的價值。為了要成就科學知識，良知就必須轉而為知性主體，從道德心轉而為認知心（由德性主體開知性），才能進行認知活動，成就科學知識。「『坎陷』二字，是就良知從德性主體（道德心）轉而為知性主體（認知心）而說的。由於良知『與物無對』，它本是一個超越的絕對實體，是自由無限心。而當它一轉而為認知心，便即時『與物無對』，由絕對下落為相對，而成為有限心。」〔註32〕所謂「坎陷」，便是剋就「從絕對降為相對」而言。它唯一的目的只是為了成就知識。這是文化問題，不是道德問題。所以，良知之坎陷，絕不可順道德意義而說成良知本心之坎陷或陷溺。其實，良知從「心外無物」（萬物皆備於我）轉而為「與物相對為二」的認知心，只是降一個層次，並無所謂轉折。須知，良知的活動，永遠都在具體的感應中而進行。不同的時空各有不同的問題，良知便順時代的問題而感應事物的是非，然後

〔註31〕見〈堯舜不擅移湯武不專殺〉《春秋繁露》，第二十五。
〔註32〕見楊祖漢主編牟宗三等著，〈「所謂開出說」與「坎陷說」〉《儒學與當今世界》（台北：文津，1994年），頁23。

是其是而非其非，爲其善而去其惡。中國文化發展到今天而出現科學知識的問題，良知便在具體感應中，順時（物來順應）而感應了今天的是非（應該判斷上的是非），隨即順其所「是」而肯定知識之學的價值；但知識不能由良知直接開出，所以良知便決定坎陷自己轉而爲認知心。這是良知在具體的感應是非中而自覺地要這樣做。良知決定一切應該做的事，而且它的決定是有定然性的，所以良知的決定同時即是必然的理由。

因此，從儒家思想中透顯知性主體以成就民主、科學知識，不但沒有本質上的困難，而且原本就有思想上的線索。

其次談「理性的運用表現」如何辯證發展爲「理性的架構表現」？在談此問題之前要先了解何謂「綜合的盡理」、「綜合的盡氣」及「分解的盡理」之精神？在牟先生《歷史哲學》書中的論述，在該書第一部第三章，指出中國文化表現「綜合的盡理之精神」與「綜合的盡氣之精神」，西方文化則表現「分解的盡理之精神」。

1. 所謂「綜合的盡理」之精神，是指「由盡心盡性而直貫到盡倫盡制」，由「個人的內在實踐工夫直貫到外在禮制」之精神；其表現於人格者，則爲聖賢與聖君賢相。

2. 所謂「綜合的盡氣」之精神，是指「一種能超越一切物氣之僵固，打破一切物質之對礙，以表現其一往揮灑的生命之風姿」的精神；其表現於人格者，是天才，是打天下之帝王。

3. 所謂「分解的盡理」之精神，有二個特徵，第一是推置對象而使它外在化，以形成主客對列；第二是使用概念，抽象地、概念地思考對象。此分解的盡理之精神，表現於文化：第一是神人相離（相對）的離教型的宗教；第二是以概念分解對象和規定對象的科學。

牟宗三先生所謂「理性的運用表現」即是「綜合的盡理之精神」下的表現方式，而「理性的架構表現」則是「分解的盡理之精神」下的表現方式。在「運用表現」中的理性，當然指實踐理性，而且是在生活中具體地說的人格中的德性；所以此理性之運用表現，也就是此德性之感召，或德性之智慧妙用。這方面是中國文化之所長。但在理性之架構表現方面，中國就差了。架構表現主要的成就，一是科學，二是民主政治。科學與民主當然有其獨立的特性，但科學與民主也是道德理性所要求的，並非與內聖成德不相關（雖然不是直接的關係）。

以上是牟先生在學理上之論證；事實上道德主體或良知之呈現，應定位在民主政治與科學知識發展之道德指導或價值規制上，而非挺立在認知主體之前提條件。關於此點，傅偉勳先生就曾提出三點批評，他說：

第一、就事實而言，幾乎所有的科學工作者並不先有意識地挺立自己的道德體性或呈現良知，然後才去從事純粹知性的科學探索，因此一說法並無經驗事實的根據。

第二、就科學知識產生的過程（即科學發展史言），並無所謂道德主體性的挺立或本心本性的自我覺醒在先，而後才有科學知識的形成與發展。「善」與「真」是兩種不同面層，我們的知性探求有其獨立自主的存在理由，即使良知沒有呈現，道德主體未曾挺立，我們還可以獨立自主的從事知識的探求。

第三、自我坎陷的真正意思，應是指如無道德主體性的挺立或良知呈現的終極理據，有如失去指南針的船隻在茫茫大海飄盪不已。質言之，乃是指在生命層次的價值取向上，我們的道德主體對於從事科學探索的認知主體，施行一種道德上的指導（moral guidance）或價值上的規制（valuational regulation）。〔註33〕

因此，針對西方民主政治發展的歷程看來，非純理論考量之產物，而是與實際經驗交互作用之結果，此實際經驗無需道德主體呈現之後再辯證的轉出。

另一位學者林毓生先生面對牟先生「開出說」論調時，也同時指出根據西方經驗，強調民主政治在西方發展是多元的，極為復雜而曲折，將之歸因於道德主體性的思想思源一元式導致，是一種「藉思想文化以解決問題的方法」（cultural-intellectualistic approach），並不妥當。〔註34〕他建議透過「創造性的轉化」將儒家道德性或道德自主性的觀念變成與現代自由的民主（liberal democracy）及平等的自由（equal liberty）「接枝」的思想資源。何謂「創造性轉化」，依林毓生先生說法即

把一些中國傳統中的符號、思想、價值、與行為模式加以重組與（或）改造，使經過重組與（或）改造的符號、思想、價值、與行為模式變成有利於變革的種子，同時在變革中繼續保持文化的認同。

〔註33〕參見傅偉勳，《批判的繼承與創造的發展》（台北：東大，1986 年），頁 30～31。

〔註34〕參見林毓生，《政治秩序與多元社會》（台北：聯經，1989 年），頁 345。

他同時又指出

> 這套轉化系統與中國傳統一元式思想模式相反，它對傳統中不好成
> 份嚴拒，同時對全盤化反傳統主義也採拒斥態度，他深信經此過程，
> 傳統因獲得新的意義而復甦，我們所面臨的許多問題因有新的、有
> 效的答案而獲得解決」。〔註35〕

綜合以上牟、林二位學者之觀點，讓吾人重新思考傳統儒學的現代轉化是歷史客觀的課題還是新儒家主觀心願的設想？當代新儒學的自我轉化（self-transformation）之道為何？這些問題都是本節擬繼續討論的範圍。

雖然中國政治傳統缺乏牟宗三所說的「政道」理論之開展，但我們無需苛責主導中國文化傳統及人民生活方式的儒家，我們惟有努力開發儒學在現代世界中所應自我轉化之道，才能可能接榫現代化。〔註36〕

當代新儒家繼承與闡揚宋明理學的心性之學，並展開了一種肯定道德主體之「道德本體的詮釋學」（moral onto-hermereutics）。他們認為要達到民主建國及科學發展，儒學必須做到「主體轉化之創造」（subject-transformative creation）。〔註37〕所以，當代新儒家對傳統與現代關係的處理絕非保守主義或復古主義所能論括的，而是一種具有批評精神的「創造性轉化」的處理方式。〔註38〕換言之，當代新儒家在文化傳統「個體自固」下，秉守合理的保守性

〔註35〕 參見林毓生，《政治秩序與多元社會》（台北：聯經，1989 年），頁 404～405。林先生的這套說法，李明輝先生曾提出反駁，他說：「就儒家傳統而言，林先生根據什麼標準來決定那些成份可以透過重組或改造而保留下來？按照他自己的說法，其標準是否「有利於變革」。但這樣一來，他對儒家傳統的態度似乎與金耀基先生所描述的香港人沒有兩樣，對儒家傳統採取一種工具主義的觀點。這無異否定了儒家思想底本質意義，又如何能在經過這番「轉化」之後「繼續保持文化的認同」呢？……筆者所理解的「創造性的轉化」並不是要揚棄「內聖外王」底思想格局，而是要透過創造性的詮釋重新賦予這種思想格局一種現代意義。」參見李明輝：《當代儒學之自我轉化》（台北：中央研究院中國文哲研究所，1994 年），頁 15、16。

〔註36〕 參見江日新，〈儒學在社會及其在政治實踐上之理想和現實──以張君勱為例〉《當代新儒學論文集‧外王篇》以張君勱為例》（台北：文津，1991 年），頁 132。

〔註37〕 參見林師安梧，〈當代新儒家在中國思想史上的意義之檢討──對一九五八年《文化宣言》的一個省察〉，收入在李鴻禧等合著，紀錄張君勱先生百年冥誕《張君勱學術研討會論文集》，（台北：紀錄張君勱先生百年冥誕學術研討會，1987 年），頁 226～227。

〔註38〕 參見羅義俊，〈當代新儒家的歷程和地位問題〉《評新儒家》（上海，人民出版社，1991 年），頁 24～25。

原則來進行轉化性之價值實現，並在默識天道之本原中，就現實世界的實然存在，藉由政治實踐展開理想的價值秩序之努力。〔註39〕據此，沈清松先生對當代新儒學的總評：「從主體來統攝系統，從意義來生發結構」，〔註40〕筆者認為應是恰當的評語，因為這正符合上述「道德本體的詮釋學」與「主體轉化之創造」之意思。

目前新生代當代新儒學學者對民主政治轉化路向之觀點，主要在如何從心性儒學開展到政治儒學。關於此點，王邦雄先生在討論儒學客觀化的曲成問題時，曾為牟宗三先生的一心開二門「進一解」，他認為牟宗三先生的「一心開二門」由德性心轉出認知心，其中良知坎陷之曲成關鍵在於：

> 由孔孟而老莊的讓開一步，「絕聖棄智」就是政教分離，「絕仁棄義」
> 就是外在超越，道德退出政治，政治就有獨立的地位；再由老莊而
> 荀韓的下來一步，開放給學術知識，去做客觀的認知建構。〔註41〕

由上可知，王邦雄先生認為此一「曲通式轉化」，在先秦由孔孟而老莊而荀韓的思想發展，已見端倪，大可不必走西化的路，以消除民族尊嚴的困擾。首先，由儒家的仁義內在、理智王道的德性心，來「修己以安百姓」《論語·憲問》，轉為道家的絕仁棄義、絕聖棄智的虛靜心，去「聖人無常心，以百姓心為心」（《老子·第十九、四十九章》），較切合民主的心態；再落實到荀韓知道計利、信賞明罰的認知心，「明法制去私恩、奉公法廢私術」，將仁義聖智消融在公法制度中，以符合當代民主法治的精神。〔註42〕

劉述先在〈論儒家理想與中國現實的互動關係〉一文中，亦贊同牟宗三的曲成說，認為必須採取西方的曲通模式，把政治領域從倫理關係中獨立出來，使現代的平列（coordination）關係取代傳統的臣屬（subordination）關係，以便利於自由民主法治人權之建立，如此，人（仁）道的精神才能進一步的實現。但是，如果當代新儒家提不出一套具體的方案或藍圖來解決現實問題，則何異於宋明理學之清談救不了亡國。所以，當代新儒家目前所面臨

〔註39〕江日新等著，《當代新儒學論文集·外王篇》（台北：文津，1991 年），頁133。

〔註40〕見沈清松，〈哲學在台灣之發展：1949～1985 年〉《中國論壇》，第 241 期，1985年。

〔註41〕參見王邦雄，〈論儒學客觀化的曲成問題——為「一心開二門」進一解〉《人文學報》，（國立中央大學，1987 年），頁 52。

〔註42〕參見王邦雄，〈儒家思想在兩岸中國的未來出路〉，收在中央大學文哲所編印，《台海兩岸文化思想學術研討會論文集》，1992 年，頁 121～122。

的最大挑戰就是：如何促進民主在中國得以穩定的落實，同時又須維護儒家的仁道思想與生生不已精神在現代社會不致墜失。〔註43〕

政治儒學有別於心性儒學，是最能表現出傳統儒學裏「強烈的政治使命感」之獨特性格。這使命感兩千多年來一直激勵著無數儒者為實現仁政理想而奮鬥不息。政治儒學本源於儒家的經學，主要是《禮》與《春秋》，而最能發揮《禮》與《春秋》精神的是《春秋‧公羊》學：它開創於孔子，發微於公羊，光大於荀子，完成於兩漢（董仲舒、何休），復興於清末（劉逢祿、康有為），是我國儒學傳統中另一支一脈相承的顯學。在儒學內聖外王格局上，《春秋‧公羊》學（外王儒學）的焦慮是制度性的焦慮，而不像心性儒學（內聖儒學）的焦慮事實存在的焦慮，故《春秋‧公羊》學最關注制度的建立，把改制立法看作是首要任務。〔註44〕據此，蔣慶說：

> 當代新儒學只有從心性儒學走向政治儒學，才能解決當代中國所面臨的政治問題，從而才能完成自己的現代發展，所以，我們可以說，從心性儒學走向政治儒學是當代新儒學開出新外王與繼續發展的必由之路。

雖然政治儒學的功能在開出外王，但筆者以為：政治儒學與心性儒學並非截然對立，而應恰當地釐清兩者的畛域與聯繫。吾人須指出的是：由於政治儒學關注政治秩序知建立，力圖在社會制度中來體現天道性體，因此儒學就可能有過度世俗化、外在化的傾向，而喪失了批明社會政治的超越精神，變成替統治者服務的意識形態。在這種情況下，我們就需要心性儒學對政治儒學進行批判矯正的工作，消除政治儒學中的意識形態成份，以保持儒學的純正面貌。照理而論，只要政治儒學隨時參照心性儒學，抱守住天道性理來反省人道事理，並保持認知的清明與精神的純正，就絕不會淪為政治工具的意識形態，它就永遠是具有批判社會政治功能的外王之學。

隨著陸、王的提倡，宋明理學已發展出理學與心學理兩大支系的「內聖心性」的思想。據此，干學平與黃春興一致認為：如果我們能權宜性的將傳統儒學分為「外王經世之學」與「內聖心性之學」兩條支係，並引用羅爾斯

〔註43〕 參見劉述先，〈論儒家理想與中國現實的互動關係〉《當代新儒學論文集‧外王篇》（台北：文津，1991 年），頁 15。

〔註44〕 參見蔣慶，〈從心性儒學走向政治儒學 —— 論當代新儒學的另一發展路向〉《當代新儒學論文集‧外王篇》（台北：文津，1991 年），頁 168。

（John Rowls，1921～1991）的正義理論，則我們可以轉移儒家的心性思想而專注於經世思想。〔註45〕

　　總之，針對當代新儒家偏重內聖修養上心性主體之探究，而忽略外王事功上經事發用之開展，筆者非常贊成以上諸位學者所作的轉化努力。筆者也認爲當代新儒學民主政治的轉化路向，有必要從心性儒學開展到政治儒學。不過，在此必須指出的：畢竟在復興儒學與中國現代化的自我轉化道路上，吾人仍應抱持著「心性儒學優先於政治儒學」的觀念與立場，才能使「德」與「能」相得益彰，而不至於形成有能無德的境地。

　　杜維明先生認爲儒學第三期〔註46〕發展的可能性。那麼在現代，儒學受遭著西方思想的衝擊，有沒有可能產生第三期發展呢？取決於它是否能對西方文化的挑戰作出一個「創造性的回應」，這包括：

　　　　一、超越的層次──儒學對於基督教神學及其身心性命之學應給予
　　　　　　超越的理解。

　　　　二、社會政治經濟的層次──儒學對資本主義與馬克思主義應進行
　　　　　　深入的對話。

　　　　三、心理學的層次──儒學對於佛洛伊德學說所牽涉到的人性陰暗
　　　　　　面及存在主義所關係到的深度心理學應加以認清的掌握。

　　　　四、會通態度的層面──儒學對於西方的科學民主與自由人權思想
　　　　　　應抱持批判性與創造性的會通態度。〔註47〕

筆者認爲：依照杜維明的看法，儒學第三期發展之可能性建基在「批判性的繼承」與「創造性的轉化」兩個先決條件上。前者是站在五四批判精神的基礎上，來嚴判儒家的優秀傳統與封建意識形態之分別，亦要釐清作爲「哲學的人學」之儒家與「政治化」之儒家；〔註48〕後者以現代化的語言來表達傳統儒學的精

〔註45〕　參見干學平、黃春興，〈荀子的正義理論〉，收在戴華、鄭曉時主編，《正義及其相關問題》，（台北：中央研究院中山人文社會科學研究所，1991 年），頁94。

〔註46〕　春秋戰國時代百家爭鳴，原始儒家孔孟荀思想於焉誕生。從先秦到漢代是儒學的第一期發展；自宋代始，儒學受到佛教思想的挑戰，產生了一個創造性的回應，形成宋明儒學的第二期發展；那麼在現代，儒學受遭著西方思想的衝擊，有沒有可能產生第三期發展。

〔註47〕　參見杜維明，《傳統儒家的現代轉化》（台北：中國廣播電視出版社，1992 年），頁 186～187。

〔註48〕　同註47，《傳統儒家的現代轉化》，頁 116。

神資源，從而與西方思想文化進行對話，作出創造性的回應。〔註49〕杜維明嘗試從身、心、靈、神四個層次來剖析儒家的「哲學的人學」，並相信儒學第三期發展的前景是樂觀的，也肯定日本及東亞四小龍的經濟現代化與儒家思想是相關的。〔註50〕然而，馮耀明則認為所謂「哲學的人學」之儒家即使是批判性的與開放性的，至多也只是說明它與現代民主政治並非水火不容，卻不足以證明它是民主開出論之積極相干的因素。〔註51〕

綜合上述，筆者以為：當代新儒家必須確立知性主體來發展科學民主，但這不是從傳統「體知」方式就可直通擴展出來的，而是要經過中西文化的會通與曲成後，才可自我轉化而發展出來的。因此，筆者贊同楊炳章所說的：我們對於「儒學第三期發展」課題，還沒有充分的考察研究，所以很難作出準確的切實判斷。〔註52〕吾人若分析儒家生活圈理，日本、南韓、新加坡、台灣、香港的成功發展經驗之因素，除了社會結構與制度因素外，更重要的是文化的價值觀念因素，而這文化因素可從儒家所具有的轉化能力中找到。例如，今日促進台、港政治經濟發展的價值系統已非古代「制度化儒學」，而是一種經過轉化過程而形成的「社會性儒學」。〔註53〕金耀基認為儒家文化在現代仍然是有其生命力的，它已發生了自我轉化的功能，一種嶄新的價值取向已經形成，他稱之為「工具性的理性傳統主義」——這是促使台港成為新興型工業社會之有利的文化因素。〔註54〕金先生認為就台灣與香港的發展經驗來說：「否定了儒家思想不能解釋台港的成就」。〔註55〕吾人以為金耀基先生所倡議的「功能轉化論」〔註56〕是較能扣緊經驗證據來證成儒學現代轉化

〔註49〕同註47，頁69。

〔註50〕參見杜維明，〈儒家第三期發展潛力〉《當代》，第六十四期，（1991年5月），頁119。

〔註51〕參見馮耀明，〈揚棄的超越還是創造的轉化——儒家思想與現代化問題〉《當代》，第九十一期，（1993年3月），頁115～116。

〔註52〕參見陳奎德主編楊炳章著，〈關於儒學第三期和中國文化的前途 1979～1989年〉《中國大陸當代文化變遷》（台北：桂冠，1991年），頁167。

〔註53〕參見金耀基，〈東亞經濟發展的一個文化詮釋：論香港的「理性傳統主義」〉《信報財經月刊》，十一卷，八期，（1987年7月），頁62。

〔註54〕同註53，頁55。

〔註55〕同註53，頁60。

〔註56〕金耀基先生所謂「功能轉化論」指的是將古代「制度化的儒學」經轉化而成「社會化儒學」，也就是一種可以促進經濟發展的「工具性的理性傳統主義」。他舉香港為例，他說：「儘管香港已相當西化，但中國人能保持著有特有的民

之道。〔註57〕雖然我們承認「制度化儒學」在今日已較式微，但「只要儒學在本質上代表人類底常道與理想，能繼續對時代與現實社會保持批判的功能，這又何嘗不是一個轉機，使儒學可在自我澄清與自我轉化之後重新開展？」〔註58〕

第四節　孟子民本思想對後世的影響

　　孟子民本思想涵蓋廣泛，若從哲學、思想、文化史及政治等各種角度觀察，尤其孟子民本的政治思想的出現，更對古代中國產生極大的震撼。而對現代文明與政治生活而言，孟子的反省同樣有其歷久彌新、極其難能可貴之處。孟子民本思想對後世的影響深遠，現舉哲學、思想、文化史、專制政治及近代民主政治等方面，一一說明如次。

一、對哲學、思想、文化史的影響

　　以哲學史的眼光觀之，孟子是儒學理論的重要建構者、完成者，也是一位出類拔萃的中國傳統哲學建構者。

　　以思想史的眼光觀之，孟子是中國傳統型思路的一個極佳的典範，他的思考、反省與所處的時代環境，永遠是息息相關，不可或離。

　　以文化史的角度觀察，則孟子為中華文化慧命與道統的中繼者、光大者，更是一個無庸贅述的事實。

二、對專制政治的影響

　　中國兩千年帝王政治，雖未必近如錢穆在《國史新論》〔註59〕一書中所指陳的是一個「士人政府」，但亦不可用「專制黑暗」來斷定，因為自秦漢以

族和文化意識。……因為他們仍保持著像孝順父母、勤儉節約和尊敬師長等中國傳統的價值觀。」他把已經轉化之儒家文化所產生之價值功能，稱之為「理性傳統主義」。參見註53，頁62。

〔註57〕參見馮耀明，〈揚棄的超越還是創造的轉化——儒家思想與現化問題〉《當代》，第九十一期，頁117～120。

〔註58〕參見李明輝，《當代儒學之自我轉化》（台北：中央研究院中國文哲研究所，1994年），頁21。

〔註59〕參見錢穆，〈中國文化傳統中之士〉《國史新論》（台北：東大，1998年），頁161。

降，雖以君主專制作骨架，但骨肉之間仍有民本思想血脈在周身流轉，使專制弊害得以減輕。或許這可稱為「開明專制」（Enlightened Despotism），此所以十八世紀以前，啟蒙派大師伏爾泰（voltaire，1694～1778）一直對中國文化致最大敬意的緣故。

　　為何中國政治能雖專制卻開明呢？實因儒家注重人文精神教育，其民本思想扮演著沖洗君主專制毒害之角色。金耀基認為：〔註60〕

1. 儒家民本思想胎息於《尚書》，孕育於孔子，而孟子建立之。

2. 漢朝董仲舒守孟子之義，闡明天人之際，「以天權限君權」，暗申貴民之旨。其後專制政局日緊，民本含義日泯。

3. 明末黃宗羲唱「民主君客」之宏論，上接孟子「民貴君輕」之古義，下開孫中山民權說之先河。

4. 清末康有為、梁啟超、郭嵩燾、譚嗣同已知中國積弱乃在專制弊病，故力主實行民主之政。

5. 民初孫中山首創「三民主義」五權憲法，其民權主義雖參考歐美民主長處，但亦有來自儒家之民本思想。至此，民本思想在中山先生之手始得真正的出路。

依據《尚書‧大誥》之記載，一切政治權力之來源有三：天命、人民之善意、統治者之德行。孟子〈盡心下〉云：「民為貴，社稷次之，君為輕」，〈梁惠王下〉云：「聞誅一夫紂矣，未聞弒君也。」，正說明了儒家之民本第一義是人民為政治之主體，以及承認人民對暴君有正當性的「鼎革之義」。當然，古代中國並不視革命為一項權利，而是視為君主虧負上天、濫用天命，人民起義以紓解民困之莊嚴使命。〔註61〕由此可見，中國的政治哲學是：政權乃天命所托，以安倫理以謀民主。對儒家而言，倫理與政治實是同一，因此整個國家政治清明與否，繫於君主德行良莠與否。難怪薩孟武先生會說：「吾國古代沒有『多數』及『代表』的制度，所以先哲沒有民主思想，只說到 for the people，而不能說到 by the people。先哲所注重的是意見的賢明，賢明打垮了多數，而賢明又沒有一定標準，這是吾國政治思想的缺點。」〔註62〕也許，

〔註60〕參見金耀基，《中國民本思想史的發展》（台北：嘉新水泥公司文化基金會，1964 年），頁 1～4。

〔註61〕參見吳經熊，《中國人的心靈 —— 中國哲學與文化要義》（台北：聯經，1984 年），頁 188～189。

〔註62〕參見薩孟武，《儒家政論衍義》（台北：東大，1982 年），頁 58～59。

人們會認為：民本思想只是儒家德治主義的一部份，是向君主申明民意以作為施政為依歸，而民意才是支持政權持續與否的最終根據。然而，這個觀點仍可與開明專制並行不悖，因為儒家的「仁」不只是社會秩序的基礎，也是一切道德行為的根據，而「正名」是這種秩序之安排的手段。〔註63〕

另一方面來說，多數君主總對人民相當關懷，以人民的安居樂業為己任，以擾民虐民為大戒。除了特別動亂的時期之外，人民始終享有相當的自由，「日出而作，日入而息，帝力於我何有哉」？納稅完糧之後，就不須與官府發生關係。周朝而後，人民也有相當的出路，為農為工為商，甚至讀書為士，可以自由選擇；肯努力的話，也可由平民而至高官厚祿。多數君主也常對人民表示愛護，而下詔賑災、安撫，甚至自責。這是開明的一面。就這開明的一面而言，可能多少受民本思想的影響。

開明的執政者，對人民的謗言總是相當重視的，不但不橫加壓抑，而且頗樂於聽聞，甚至用私訪的辦法，探測民間的隱情。譬如，子產初執政的時候，人民毀謗他，希望有人把他殺掉。當時鄭國有一種地方叫鄉校，人民常聚在那裡議論執政的人，然有人勸子產把鄉校毀掉，以絕毀謗。子產回答說：「何為？夫人朝夕退而游焉，以議執政之善否。其所善者，吾則行之；其所不善者，吾則改之。是吾師也，如之何毀之。」〈左襄三十二〉終不肯毀掉鄉校、取締謗言。這種重視人民謗言的態度，可能與民本思想多少有些關係，也可說是民本思想的表現。

基於上述民本思想與開明專制可以合流的觀點，那麼，《尚書‧皋陶謨》：「天聰明，自我民聰明；天明畏，自我民明威。」，以及《尚書‧泰誓》：「天視自我民視；天聽自我民聽。」，兩者所主張的重視民意之民本思想傳統乃理所當然之事。

三、對近代民主政治的影響

孟子的民本思想面對當代的民主政治來做反省時，雖有若干限制。然而吾人發現對民主政治有極具正面的影響力，可引導民主政治走上較圓融、健康的正途，我們可以簡要地舉五項來說明：

〔註63〕參見劉述先，《當代新儒家論文集‧外王篇》（台北：文津，1991年），頁82、84。

（一）對推翻滿清建立民國有深遠的影響

梁任公講到中華民國成立的時候說：「歐美人睹中華民國猝然成立，輒疑爲無源之水，非知言也」。〔註64〕他認爲中華民國的成立是有其源頭的，而這源頭就是民本思想。「我自己的政治運動可以說受這書的影響最早而最深」。〔註65〕「而後此，梁啓超、譚嗣同輩，倡民權共和之說，則將其書節鈔，印數萬本，秘密散布，於晚清思想之驟變，極有力焉」。〔註66〕另外，孫中山先生於1895年廣州起事失敗，逃往日本時，也曾將黃宗羲《明夷待訪錄》中的「原君」、「原臣」兩篇，交文經商店代印一萬冊，分送海外各商埠。〔註67〕都是直接以《明夷待訪錄》的民本思想作爲民主運動的武器。可見民本思想對近代民主政治運動的正面影響是相當大的。孫文先生曾言他的三民主義思想深受中國固有道統思想之影響，這裡所謂「固有道統思想」指的是孔孟學說，尤其是孟子的民本思想。

（二）培養德性建立民主人格的基礎

民主政治是以個人主義的思想爲其背景之一，個人主義崇向個別的生命體所追求的理想及充分享有自由意志之運作。若缺乏德性的修養，基於人自然生命的負面趨向，易使人的理性及自由走向個人自私慾望的追求和滿足。在人權的過份保護下，人民易濫用自由，侵奪犯罪之事層出不窮。議員們在財力的運用下，使選舉變質，走入議會後利用特權營私舞弊，〔註68〕有時甚至因私人恩怨，利用特權對政府提出無謂的干擾和破壞。孟子的民本思想在培養人民及爲政者自尊、自愛及自律的人格，此種強調德性修養和注重律己精神的哲學，可做爲民主理想人格的出發點。蓋民主是種利己容人的生活態度，儒家的忠恕之道可促使在民主社會中，人與人之間懂得相互尊重，做出更多的溝通，增進人際間的關懷。因此，民主政府不該只立基於個人的理性上，實應立基於個人的理性訓練及德性修養的雙重基礎上，將德性的自覺運

〔註64〕 參見梁啓超原著，《先秦政治思想史》（台北：東大，1993年），頁5。
〔註65〕 參見梁啓超，《中國近三百年學術史》（台北：中華，1956年），頁47。
〔註66〕 參見梁啓超，《清代學術概論》（台北：中華，1962年），頁14。
〔註67〕 參馮自由，《華僑革命開國史》（台北：台灣商務，1953年），頁11。
〔註68〕 此點魏元珪先生頗有見解。他說：「人類擺脫了君權神聖，結果卻落入金權的網羅，因爲富豪統治比君主統治更腐敗，君主尚且惜江山，而富豪與企業界巨頭有使政治腐敗系統化的本領」參見魏先生著，〈民主政治的哲學思考〉《東海哲學研究集刊第6輯》

用至政治上，以道德生命來超越偏狹的情慾生命，使民主政治亦兼具道德政治的質素。

（三）建立和諧的世界觀與親和的政治氣氛

儒家的德治思想隱含了人與自然、人與物、人與人三重和諧的形上思想，其核心在於極富包容性的仁愛基礎上，在仁愛的光照下展現出孟子「親親而仁民，仁民而愛物」（〈盡心上〉）和諧且親善的處世態度。這種態度在民主政治中有助於政治胸襟的開拓，化解政治衝突與對抗所造成的分裂現象。

孟子的義利之辨，在民主政治的消極方面可避免獨佔性的階層利益之產生。積極方面，則可使主政者為公眾的福利全力打拚，有助於全民幸福的實現及政治的長期穩定。

（四）有益於民主社會之價值理性的引導

當代德國社會哲學家馬克斯韋伯（Max Weber 1864～1920）把現代化（Modernizati on）的涵義解釋為理性化的歷程。具體地說，就是運用人的理性認識自然，且因勢利導地利用自然，開發它、控制它以滿足人類民生物用的需要。另方面也用理性來管理社會，建立合理的共同生活之秩序。曾春海先生在《儒家的淑世哲學》一書中描述韋伯將現代化分三個層面來談。〔註69〕現分述如下：

1. 動機層面（Motivational level）：就是不斷要求進步，無休無止地求進取的精神。

2. 運作層面（Operational level）：理性可分為兩種運用：一種是「功效理性」或「工具理性」意指科技的運用講求效率；另一種是「價值理性」或「終極理性」，意指西方傳統哲學的信念，深信宇宙有放諸四海而皆準的真理。

3. 結構層面（Structuere level）：指政治參與的組織及形式，其中民主政治是一種典型的範例。

從我們看來，民主政治在現代化的過程中是一種理性在政治、社會結構上的求安置，以求發揮政治、社會的功效，滿足人類政治及社會生活的需要，亦當屬功效理性的運作。然而，儘管民主政治可帶給全體人民方便、安適的生活，究竟是不能滿足人內在心靈身處的價值需求。孟子民本思想使政治注

〔註69〕參見曾春海，《儒家的淑世哲學》（台北：文津，1992年），頁15。

入道德的質素，在保民、養民之餘，以人文教養陶冶人的性情，把人的生活意義向人之所以為人的存有價值處提昇，使人的生活得到超越世俗價值的歸依，此種指導人類安身立命之道的哲學應該是當代民主社會中最具啓發性的價值理性之一。〔註70〕

（五）民本精神較民主精神仍有值得取法之處

譬如民本思想中的安民保民養民教民，雖似君主的恩德，不是人民的權利，沒有確切的保障，但卻對君主以聖賢相期，要求他做得好。民主思想中的為民服務，雖然執政者的職責是人民的權利，有確切的保障，但因為對執政者以公僕看待，只要求他不違法；不違法只是與法律規定相符合，未必做得很好。能夠做得好當然優於僅是不違法，這是民本精神較民主精神崇高而值得取法者之一。

再如我們曾說民本思想下的政治是一種仁政，是要君主「以不忍人之心，行不忍人之政」（〈公孫丑上〉），也就是存著恤民愛民之心，去做安民保民養民教民的工作。而民主思想下的政治是責任政治，而所謂責任政治，只是要求執政者為民服務盡責任負責任而已；盡責負責，只是交差，而未必有恤民愛民之心。有恤民愛民之心當然優於無恤民愛民之心，這是民本精神較民主精神仍有值得取法之二。

〔註70〕魏元珪先生在解釋民主精神的眞諦時說：「民主不僅是一種政體，或政治制度它乃是社會文化高度發展的產物，直根於文化素養，和社會經濟的基礎。」作者以為孟子民本思想中超越政治教化面之道德價值恰可補西方民主政治之不足。參見〈民主政治的哲學思考〉《東海哲學研究集刊第6輯》

第六章　結　論

　　孟子民本思想源自《尚書》，並以性善論為其理論基礎，展現「民為邦本、民貴君輕、尊重民意、順應民心、愛民保民、注重民生、革命理論」等觀念，孟子雖處戰國重利輕義的時代，但仍能不隨俗沉浮，在「內聖」心性方面下工夫，希望能在政治、經濟、教育、軍事等方面開拓其「外王」的事業。經過前述各章對孟子民本思想的討論，本章將分別從以下幾方面總結之：

一、孟子民本思想的重新詮釋

　　孟子民本思想的義涵雖如前章所述「民為邦本、民貴君輕、尊重民意、順應民心、愛民保民、注重民生、革命理論」等觀念，但從其最高原則來說，就是德治思想，是道德取向的而不是法律取向的，是一種內發的政治思想，統治者不是站在權力的上面，去壓縛人民，而是站在性份上作內聖的功夫，推己及人達到外王的境界。簡言之「德治是通過各人固有之德，來建立人與人之內在的關係」，[註1]《尚書》「民為邦本」的觀念，正與德治觀念相互輝映，在民本思想中，一切重心皆在人民，甚至將宗教天的觀念，落實到民的身上。《尚書‧皋陶謨》所謂「天聰明，自我民聰明。天明畏，自我民明畏。」《尚書‧泰誓》說：「天視自我民視，天聽自我民聽。」因此孟子「民為貴，社稷次之，君為輕」的理念自然蘊育而生。

　　孟子當時處於重利輕義的環境中，以其「不忍人之心」的性善論，與各國國君展開著名的「義利之辨」、「王霸之爭」。然孟子的政治理想就是「仁政王道」，

〔註 1〕參見徐復觀，《學術與政治之間》（台北：台灣學生，1985 年），頁 50。

欲以「仁政」展現王道精神，而明顯且清晰的以「仁政」要求國君以民為本，以民為利，以民為重，亦即希望統治者能經由「誠意、正心、修身、齊家、治國、平天下」的工夫，將內在的修身養性推及於治國天下的外在政治行為，甚至將政治行為道德化，讓天下人民感受其人格的光輝，而成就德化社會。這種「仁政王道」的客觀實踐，表現在與各國國君談論「政治、經濟、教育、軍事」的建言裡。在這些建言中最令後人稱頌就是他的「暴君放伐革命理論」的政治理想，孟子認為腐敗、殘暴的國君，隨時都可以革命（武力）的手段加以推翻。其次就是具體經濟制度的「養民」設計，孟子這種不畏權勢，弔民伐罪的理念及殷切的經濟變革措施，深深地對後人產生極大的影響力。

二、孟子民本思想的困境與轉化

西方近代民主政治的本質概括「主權在民、契約政治、多數原則、權力制衡」四要義，是以「我的自覺」為其開端，面對統治者，主張並爭取自己的生存權利。因此徐復觀先生說：「爭取個人權利，劃定個人權利，限制統治者權力的行使，是近代民主政治的第一義。在劃定權利之後，對個人以外者盡相對的義務，是近代民主政治的第二義。」〔註2〕這裡所謂的權利及他人權利之間必以「法治」作一明確之規範，才能維持生存的秩序。

民本思想是一種德治思想，而德治是一種內發的政治，著重自反自覺，以盡人的義務，不重外在相互關係的制限。「法」重在外制，而「禮」來自內發，德治所賴以為治的工具，當然重「禮」不重「法」，這是孟子民本思想無法發展為西方民主制度的原因之一，其它的因素尚包括：

（一）重從賢甚於重從眾，未能形成多數決之制度：中國古代注重賢者，不採多數之議，多數決制度，無法形成。

（二）人治觀念濃厚，未能突破一治一亂政治思想：這從傳統儒家觀念「人存政舉，人亡政息」、「徒法不能以自行」可明顯看出傾向人治，若主政者不善，遭到推翻，則進入治亂相循的歷史循環裡。

（三）只重義務不講權利，缺乏鬥爭精神：中國社會以倫理為本位，不爭權利，只講義務，習於推讓，不尚鬥爭。

（四）崇古價值取向，形成保守個性：中國數千來以農立國，安土重遷，

〔註2〕 參見徐復觀，《學術與政治之間》（台北：台灣學生，1985年），頁53。

在加上儒家將古聖先賢理想化，遂引發後人崇古價值，較易偏向保守個性。

（五）因果報應說的信仰：國人普遍存有「個人業障個人了」之因果報應觀，不會主動去爭取自己權益，不利民主的發展。

（六）真命天子思想作祟：我國自古相信天子由天所命，人民不敢反抗天，自然不敢反抗天子，直到民國，受長期混亂所苦，還希望有真命天子出現，不易有民主政治產生。

以上所舉皆是孟子民本思想的困境，然如何轉化成民主，比較典型的二派就是牟宗三先生所提透過理性辯證發展，亦即由道德理性的「自我坎陷」（self-negation），轉而為逆其自性之觀解理性；由是，理性之運用表現辯證發展為理性之架構表現，民主與科學即可由此開出。另一派為林毓生先生所謂「創造性轉化」，依林先生說法即「把一些中國傳統中的符號、思想、價值、與行為模式加以重組與（或）改造，使經過重組與（或）改造的符號、思想、價值、與行為模式變成有利於變革的種子，同時在變革中繼續保持文化的認同。」還有其他學者如王邦雄、劉述先、蔣慶、干學平與黃春興諸位先生也都表達了他們的看法，對他們的努力表示肯定。筆者認為當代新儒學民主政治的轉化路向，有必要從心性儒學開展到政治儒學。不過，在此必須指出的：畢竟在復興儒學與中國現代化的自我轉化道路上，吾人仍應抱持著「心性儒學優先於政治儒學」的觀念與立場，才能使「德」與「能」相得益彰，而不至於形成有能無德的境地。

三、孟子民本思想的影響力

（一）對哲學、思想、文化史的影響

孟子是儒學理論的重要建構者、完成者，也是一位出類拔萃的中國傳統哲學建構者；孟子的思考、反省與所處的時代環境，永遠是息息相關，不可或離，是中國傳統型思路的一個極佳的典範。因此孟子是一位為中華文化慧命與道統的中繼者及光大者。

（二）對政治的影響

1. 在專制政治方面：將儒家人文精神注入當時政治環境中，尤其民本思想之教育扮演著沖洗君主專制毒害之角色，使中國政治雖專制但卻開明。多

數君主總對人民相當關懷，以人民的安居樂業爲己任，以擾民虐民爲大戒。並且爲表示對人民的愛護，而下詔賑災、安撫，甚至自責；這是開明的一面。就這開明的一面而言，可能多少受民本思想的影響。另外開明的執政者，對人民的謗言總是相當重視的，不但不橫加壓抑，而且頗樂於聽聞，甚至用私訪的辦法，探測民間的隱情。這種重視人民謗言的態度，可能與民本思想多少有些關係，也可說是民本思想的表現。

2. 在民主政治方面：孟子的民本思想面對當代的民主政治來做反省時，雖有若干限制。然而吾人發現對民主政治有極具正面的影響力，可引導民主政治走上較圓融、健康的正途，其影響力包括：（1）對推翻滿清建立民國有深遠的影響：孫文先生曾言他的三民主義思想深受中國固有道統思想之影響，這裡所謂「固有道統思想」指的是孔孟學說，尤其是孟子的民本思想。（2）培養德性建立民主人格的基礎：孟子的民本思想在培養人民及爲政者自尊、自愛及自律的人格，此種強調德性修養和注重律己精神的哲學，可做爲民主理想人格的出發點。（3）建立和諧的世界觀與親和的政治氣氛：儒家的德治思想隱含了人與自然、人與物、人與人三重和諧的形上思想，其核心在於極富包容性的仁愛基礎上，種態度在民主政治中有助於政治胸襟的開拓，化解政治衝突與對抗所造成的分裂現象。（4）有益於民主社會之價值理性的引導：儘管民主政治可帶給滿足人類政治及社會生活的需要，但究竟是不能滿足人內在心靈身處的價值需求。孟子民本思想使政治注入道德的質素，使人的生活得到超越世俗價值的歸依，是當代民主社會中最具啟發性的價值理性之一。（5）民本精神較民主精神仍有值得取法之處：民本思想下的政治是一種仁政，也就是存著恤民愛民之心，去做安民保民養民教民的工作；出自內心，必做得很好。而民主思想下的政治是責任政治，而所謂責任政治，只是盡責負責，只是交差，只要求他不違法，而未必有恤民愛民之心。有恤民愛民之心當然優於無恤民愛民之心，這是民本精神較民主精神仍有值得取法之處。

四、孟子在中國歷史上的地位

孟子繼承儒家道統，是儒家學術的發揚者，其志向所學的是至聖孔子，故被封爲亞聖，配享孔廟。〔註3〕孟子學說經歷代儒者之獎掖推許之後，〔註4〕

〔註3〕宋神宗元豐年間追封孟子爲鄒國公，配享孔廟。正式尊孟子爲亞聖，始於元文宗。

其書被列入為經書的範疇，〔註5〕宋朝朱熹取與《論語》、《大學》、《中庸》並稱「四書」而集註之後，更為宋代理學者的經典，元、明、清規定考朱註四書，《孟子》一書是一般士人必讀之書，今日各級學校將《孟子》列入基本教材或通識教育課程，並為國內外學者研究儒家政治哲學必須參考之書目，由此可見孟子學說之重要性。

五、結　語

　　以上是孟子民本思想對後世的影響力及其在中國歷史上的地位；孟子以反省戰國時代傾頹的政治環境產生，以儒者修己達人、內聖外王的心願出發，而以實現仁政王道、以民為本的內容為具體的目標，因此在四處論辯之時，畢竟能步步扣緊儒家的理想，遂能發前者之所未見、所未言。

　　但是，也由於這種具強烈思想性、觀念性的政治意識型態，使得孟子在轉折入現實政治當中，不免四處受到制肘，而不能真正用行於當時的天下。

　　這種現實環境對真實義理的反動，一方面可由各國人君戮力從事爭戰，不欲採納孟子的建言看出；一方面反射回孟子的政治思想理論結構內，更可以看出缺乏具體化的解決之道，〔註6〕的確是孟子政治思想體系中一項莫大的缺陷。此一偏失，稍晚於孟子的荀子即已看出，不過，在荀子偏重於客觀制度問題之下，卻帶動了完全偏於客觀，忽略主觀性之學的中國法家誕生，這又是對儒學極端化的反動。

　　從知識社會學的眼光看來，任何思想家的思想，都有其相對的客觀時代背景，因此就難免有其客觀環境與條件上的制約、侷限。但是，這並不影響

〔註4〕　孟子在漢文帝時曾一度置為博士，廣開游學之路，其後專立五經，罷免傳記，孟子亦被黜之列。唐肅宗時，禮部侍郎楊綰上疏，請以孟子為兼經，懿宗時，皮日休講廢莊子、列子等書，以孟子為主，科選同明經，宋真宗大中祥符五年命孫奭等校孟子，神宗時，王安石等議定以論孟同科取士，孟學遂大昌。

〔註5〕　五代蜀主孟昶刻十一經，宋代仁宗嘉佑六年刻篆正二體石經，始列孟子於經部。

〔註6〕　袁師保新曾言：「大體而言，我們不能說兩千多年前孟子的王道仁政的思想，就已發展了西方民主的理論，但是，孟子從人性論出發所主張的『民本』思想，的確含有『主權在民』的成分，卻也是不容否認的事實。遺憾的是，孟子在揭舉民本思想的同時，未能進一步從法制層面來規劃，而秦漢之後的儒者，又後繼乏人，結果只有在西風東漸之後，我們才能真正接續上孟子的思想，為孟子民本理念注入法制架構的思想。」參見袁保新，《孟子三辨之學的歷史省察與現代詮釋》（台北：文津，1992年），頁117。

該思想家超越時空背景而應有的價值〔註7〕與地位。孟子的政治思想的具體內容或有其相對上、客觀上的侷限，但基本原則與提示則具有客觀性的普遍性。

孟子在政治上談仁義，談王道的具體內容，只是要把政治從以統治者為出發點，以統治者為歸結點的方向，給予徹底扭轉過來，使其成為一切為人民而政治。這個創造性的論點，在經歷二千多年的現在，有時還不能完全達成，甚至連扭轉這樣的觀念也相當成問題，因此，孟子此項觀念，在古老中國可謂極其驚天動地。

孟子不僅把當時統治者的利益從屬於人民的利益之下，由人民的利益來做一切政治措施得失的衡斷；並且建議當時的統治者隨時關心人民的生活，人民生活安定才能推行教化，所以孟子才一再強調「無恒產者無恒心」（〈滕文公上〉），以及「此惟救死而恐不贍，奚暇治禮義哉」（〈梁惠王上〉）。

由此可見，孟子的創造性貢獻〔註8〕即是肯定的指出，任何美好的主義、名詞、意識型態都可以偽裝、利用，只有人民的現實生活不能加以偽裝利用，這才是各種政治思想最後的試金石。

其次，孟子的民本思想固然與現代民主政治制度有所不同，但是，西方以議會為中心的民主制度，是在幾萬人口的城邦國家中自然產生的。中世紀若干小的城市，也自然而然的採用了這種制度，這些都不是由思想家的理想中產生出來的，因此缺乏內在人性的根源，人道的基礎。

以上所說，並非表示儒家的理論可以取代現代的民主政治。和民主理論比較，儒家所處理的問題與其說是一套政治哲學，不如說是一套教養哲學。儒家的主張是：先把人教養好，然後從政。再推而廣之，人生的一切活動，都要有道德基礎，所以《大學》說：「自天子以至於庶人，壹是皆以修身為本。」

〔註7〕高柏園先生談到孟子政治哲學的價值時，更能深入孟子的看法，他說：「蓋孟子之政治哲學既以生命價值為其目標，則其政治哲學之極成，實亦即其價值意義之極成。……因此孟子之政治哲學正可相類於孟子人生修養之論，此中同為一無限之追尋過程，無限之盡心、盡性以求知天、與地一之過程。」參見高柏園，《孟子哲學與先秦思想》（台北：文津，1996年），頁100～101。

〔註8〕孟子的政治哲學非單純之現實政治，有強烈理想主義之質素，超越政治的教化面。誠如黃俊傑先生所說：「例如孟子有機理論立場看政治問題，例如他以『三代』的理想來論政，在在都對專制王朝的統治者及齷齪的現實政治，產生有力的批評效果。所以，理想主義不但不是孟子的缺陷，反而是孟子在幾千年的東亞歷史上，不斷地對歷代專制政權產生批判，造成壓力的重要原因。從這個角度來看，理想主義反而加強了孟子的批判力。」參見黃俊傑，《孟子》（台北，東大，1993年），頁110。

人能夠在社會站立，首先要依賴它的文化教育、人格教育，而不是今天社會上流行的職業社會，專業社會，後者雖可使我們成為專家，但卻失去教養。知識是平面的，只有修養纔可以挖深生命，貞定生命，而不為外境所動。儘管時代的噪音喧鬧，但我們不應隨風而轉，而應該深識中西兩個文化的真知灼見。我們亦非抱殘守缺，以為從中國的「內聖」工夫可以直接開出「新外王」，今天的民主政治與中國的「外王」異質，亦有其存在的價值，但我們必須認識中國的「內聖」仍有優位，民主政治如果真的要做到一切個體彼此尊重，不淪為赤裸裸的力量對比，則應先推行儒家所說的人格教育、文化教育；先化解人內心的私慾、權力欲、貪欲，政治的光明才有起點，否則無論設計多周詳的制度也會被人心污染的。我們是看今天被舉為民主典範的英美社會的實質上的腐惡，與社會風氣的敗壞，與古典社會，中國儒家禮教之重視人格修養、重視社會禮樂、重視精神生活的超升，便知道民主平面化的危機。這只有借助東方的教養觀念，以「內聖」和文化教養來提高「外王」的質素，亦即使「內聖」和文化教養成為民主政治的超越的前提，才能維繫民主政治於不墜。中國和西方的慧識在這種關係中亦可以得到一個有系統的結合，共同創造人類更美好的未來

參考書目

壹、古典文獻（略依年代順序排列）

1. 《周易》。
2. 《尚書》。
3. 《禮記》。
4. 《詩經》。
5. 孔子，《論語》。
6. 孟子，《孟子》。
7. 墨翟，《墨子》。
8. 商鞅，《商君書》。
9. 司馬遷，《史記》。
10. 班固，《漢書》。
11. 董仲舒，《春秋繁露》。
12. 趙歧，《孟子注》。
13. 程頤、程顥，《二程全書》。
14. 陸象山，《象山語錄上》。
15. 朱熹，《四書集註》。
16. 王船山，《讀通鑑論》。
17. 焦循，《孟子正義》。
18. 畢沅，《續資治通鑑》。

貳、當代著作（依姓氏筆畫順序）

1. 牟宗三，《中國哲學的特質》（台北：學生，1965 年）。

2. 牟宗三,《心體與性體第一冊》（台北：正中，1981 年）。

3. 牟宗三,《政道與治道》（台北：學生，1996 年）。

4. 牟宗三,《現象與物自身》（台北：學生，1984 年）。

5. 牟宗三,《圓善論》（台北：學生，1985 年）。

6. 伽達瑪著 洪漢鼎譯,《真理與方法》（台北：時報，1993 年）。

7. 余英時,《猶記風吹水上麟——錢穆與現代中國學術》（台北：三民，1995 年）。

8. 吳經熊,《中國人的心靈——中國哲學與文化要義》（台北：聯經，1984 年）

9. 吳瓊恩,《儒家政治思想與中國政治現代化》（台北：中央文物供應社，1985 年）。

10. 李明輝,《當代儒學之自我轉化》（台北：中央研究院中國文哲研究所，1994 年）。

11. 李瑞全,《當代新儒學之哲學開拓》（台北：文津，1993 年）

12. 李瑞全,《儒學與當今世界》（台北：文津，1993 年）。

13. 杜維明,《傳統儒家的現代轉化》（台北：中國廣播電視出版社，1992 年）。

14. 杜維明,《儒學發展的宏觀透視》（台北：學生，1997 年）。

15. 周道濟等著,《三民主義研究》（台北：政治大學公企中心編印，1982 年）。

16. 屈萬里,《尚書今註今譯》（台北：台灣商務，1997 年）。

17. 林毓生,《政治秩序與多元社會》（台北：聯經，1989 年）。

18. 金耀基,《中國民本思想之史的發展》（台北：嘉新水泥公司文化基金會，1964 年）

19. 金耀基,《從傳統到現代》（台北：時報，1983 年）。

20. 胡適,《中國古代哲學史》（台北：台灣商務，1986 年）。

21. 胡毓寰,《孟學大旨》（台北：正中，1973 年）。

22. 韋政通,《中國文化概論》（台北：水牛，1973 年）。

23. 韋政通,《儒家與現代中國》（台北：東大，1984 年）。

24. 唐君毅,《中國文化之精神與價值》（台北：正中，1982 年）。

25. 唐君毅,《中國哲學原論·原性篇》（香港：新亞，1968 年）

26. 唐君毅,《中國哲學原論·原道篇》（台北：學生，1976 年）。

27. 唐君毅,《中國哲學原論·導論篇》（台北：學生，1986 年）

28. 唐君毅,《文化意識與道德理性》（台灣：學生，1986 年）。

29. 孫中山,《三民主義》（台北：中央文物供應社，1985 年）。

30. 孫中山，《國父全集》（台北：中央文物供應社，1985 年）。

31. 孫廣德，《中國政治思想專題研究集》（台北：桂冠，1999 年）。

32. 徐復觀，《中國人性論史・先秦篇》（台北：台灣商務，1994 年）。

33. 徐復觀，《中國思想史論集》（台北：學生，1975 年）。

34. 徐復觀，《學術與政治之間》（台北：學生，1985 年）。

35. 徐復觀，《儒家政治思想與民主自由人權》（台北：八十年代，1979 年）。

36. 徐復觀：《中國思想史論集》（台中：中央，1959 年）。

37. 袁保新，《孟子三辨之學的歷史省察與現代詮釋》（台北：文津，1992 年）。

38. 高柏園，《孟子哲學與先秦思想》（台北：文津，1996 年）。

39. 康有爲，《孟子微》（台北：臺灣商務，1987 年）。

40. 梁啓超，《中國近三百年學術史》（台北：中華，1956 年）。

41. 梁啓超，《清代學術概論》（台北：中華，1962 年）。

42. 梁啓超、賈馥茗標點，《先秦政治思想史》（台北：東大，1986 年）。

43. 梁漱溟，《東西文化及其哲學》（台北：台灣商務，2002 年）。

44. 陳大齊，《孟子待解錄》（台北：台灣商務，1991 年）。

45. 陳顧遠，《中國文化與中國法制》〈台北：三民，1970 年〉。

46. 傅偉勳，《批判的繼承與創造的發展》（台北：東大，1986 年）。

47. 傅偉勳，《從創造性的詮釋學到大乘佛學 ——「哲學與宗教」四集》（台北：東大，1990 年）。

48. 曾春海，《儒家的淑世哲學》（台北：文津，1992 年）。

49. 馮自由，《華僑革命開國史》（台北：台灣商務，1953 年）。

50. 黃俊傑，《孟子》（台北：東大，1993 年）。

51. 黃俊傑，《孟學思想史論卷二》（台北：中研院中國文哲所，1997 年）。

52. 黃俊傑，《當代儒家對孟學的解釋》（台北：文津，1994 年）。

53. 葉慶勳，《多數決的理論與實際》（台北：世紀，1977 年）。

54. 劉述先，《當代新儒家論文集・外王篇》（台北：文津，1991 年）。

55. 錢穆，《國史新論》（台北：東大，1998 年）。

56. 蕭公權，《中國政治思想史》（台北：聯經，1982 年）。

57. 薩孟武，《儒家政論衍義》（台北：東大，1982 年）。

58. 羅義俊，《評新儒家》（上海：人民出版社，1991 年）。

59. 江日新等著，《當代新儒學論文集・外王篇》（台北：文津，1991 年）。

60. 林尹、高明等編，《中文大辭典》（台北：華岡，1979 年）。

61. 楊祖漢主編 牟宗三等著，《儒學與當今世界》（台北：文津，1994 年）。

62. 陳奎德主編 楊炳章著《中國大陸當代文化變遷》〈台北：桂冠，1991 年〉。

63. 戴華、鄭曉時主編 干學平、黃春興著，《正義及其相問題》（台北：中央研究院中山人文社會科學研究所，1991 年）。

參、期刊論文（含論文集）

1. 王邦雄，〈論儒學客觀化的曲成問題——為「一心開二門」進一解〉《人文學報》，國立中央大學（1987 年 3 月）。

2. 王邦雄，〈儒家思想在兩岸中國的未來出路〉《台海兩岸文化思想學術研討會論文集》中央大學文哲所編印（1989 年 2 月）。

3. 杜維明，〈儒家第三期發展潛力〉《當代》第六十四期（1991 年 5 月）。

4. 沈清松，〈哲學在台灣之發展：1949～1985 年〉《中國論壇》，第二四一期（1985 年 6 月）。

5. 林安梧，〈當代新儒家在中國思想史上的意義之檢討——對一九五八年《文化宣言》的一個省察〉《張君勱學術研討會論文集》（1987 年 3 月）。

6. 金耀基，〈東亞經濟發展的一個文化詮釋：論香港的「理性傳統主義」〉，《信報財經月刊》，十一卷八期（1987 年 7 月〉。

7. 洪漢鼎，〈從詮釋學看中國傳統哲學「理一而分殊」命題的意義變遷〉，《中國文哲研究通訊》，第九卷・第三期（1990 年 4 月）。

8. 陳文章，〈中國文化中之政治理想境界——「聖王」之理念探原〉，《國立屏東技術學院學報》，第五卷，第四期（1996 年 12 月）。

9. 陳德和，〈荀子性惡論之意義及其價值〉《鵝湖學誌》，第二〇卷，第三期（1994 年 9 月）。

10. 馮耀明，〈揚棄的超越還是創造的轉化——儒家思想與現代化問題〉《當代》第九十一期，（1993 年 3 月）。

11. 黃俊傑，〈孟子思維方式的特徵〉《中國文史哲通訊》，第一卷・第三期（1989 年 1 月）。

12. 蔡仁厚，〈心的質性與實踐〉《鵝湖學誌》，第九十四號，（1983 年 4 月）。

13. 魏元珪，〈民主政治的哲學思考〉《東海哲學研究集刊第 6 輯》（1990 年 3 月）。